新时代金融服务乡村振兴理论与实践

以重庆市乡村振兴实践为蓝本

高永强　肖忠意　高钰　朱华娜　著

商务印书馆
The Commercial Press

高永强，重庆市人民政府参事，西南政法大学客座教授。深耕金融行业近四十年，曾任中国建设银行资深专家，荣获全国"建设银行系统思想政治工作先进个人"，人民银行、建行总行"一等功臣"等荣誉称号。先后出版专著3部，发表数十万字的经济时论纵谈。

肖忠意，西南政法大学商学院教授、博士生导师，民建中央经济委员会委员，重庆市第六届政协委员，曾先后获"为全面建成小康社会合作贡献先进集体"等国家级荣誉称号3次，主要从事公司金融、审计学等领域的研究。先后出版专著4部，在SSCI与CSSCI收录期刊发表论文60余篇，主持参与国家自然科学基金和省部级课题20余项，曾多次获得省部级科研奖项。

高钰，博士，重庆现代产业研究院副院长，重庆智库副理事长，第十三届全国人民代表大会代表。主要研究领域是产业价值网络和商业模式创新，先后获得重庆市首批英才A类"创业领军人才"、"十大新锐渝商"、"重庆市向上向善好青年"、"重庆两江新区优秀共产党员"等省部级荣誉称号。

朱华娜，中国建行银行重庆市分行个人金融部高级专务、高级经济师，持有金融理财师（AFP）、私人银行家（CPB）、国际审计师（CIA）、国际IT审计师（CISA）、国际项目管理师（PMP）等资格证书，主要从事金融理论和实践工作，曾获中国人民银行"科技进步特等奖"。

序 言

乡村是中华民族繁衍与发展的摇篮,与中华民族的历史文化唇齿相依。乡村是中国根与魂的精神家园,看得见稻田麦浪,望得见炊烟袅袅,听得见曲水流觞,留得住乡愁,是中国历代文人墨客笔下描绘的宜居美好的乡村画卷。"农为邦本,本固邦宁",以习近平同志为核心的党中央,在脱贫攻坚伟大实践中立足我国国情,把握减贫规律,出台了一系列政策举措,构建了一整套行之有效的政策体系、工作体系、制度体系,走出了一条中国特色减贫道路,经过八年持续奋斗,到2020年底,中国如期完成新时代脱贫攻坚目标。在党中央的领导和关怀下,重庆市不负重望,特别是党的十八大以来,通过八年脱贫攻坚,1919个贫困村全部出列,累计动态识别的原190.6万建档立卡贫困人口全部脱贫。来之不易的脱贫攻坚成果,为有效衔接乡村振兴奠定了坚实基础。

从2018年起,我们几位作者用两年多的时间编辑整理并出版了反映新时代重庆大地上金融精准扶贫的专著《新时代金融精准扶贫理论与实践:以重庆市金融机构扶贫案例为蓝本》,用一个个金融精准扶贫案例、一组组生动翔实的硬核数据向人民报告,以彰显在"山城"波澜壮阔的脱贫攻坚历程中,创造了减贫奇迹的重庆金融篇章。该书得到了政府部门、金融业界的一致好评,从而增强了我们对研究金融持续做好乡村振兴这一课题的信心和底气。乡村的发展事关亿万人民的福祉,所以我们又用两年多的时间,马不停蹄,行走于乡村，通过调查研究，掌握了重庆市各级政府、各家金融单位服务乡村振兴的数据和典型案例，终于完成本书。本书向读者们展示了重庆牢记习近平总书记的殷殷嘱托，以"六要素"金融体系建设为抓手，踔厉奋发绘制出金融服务乡村振兴的"巴山蜀水图"。

"民族要复兴，乡村必振兴"，全面推进乡村振兴，实现"三农"工作重心的历史性转移，是弥补农业农村发展短板、实现全国城乡一盘棋、开启公正公平高质量发展的战略抉择。作为经济资源配置的核心环节，金融支持、服务乡村振兴是践行以新发展理念实现金融反哺农业的重大举措，也是数字时代金融业开启创新发展之路的关键抓手。当前农业领域仍有较多历史欠账和发展短板，最突出的是资金、人才、技术、信息等关键要素的长期流失，已经形成了农业薄弱化、空心化、边缘化风险，农村地区普遍存在缺资金、缺项目、缺人才等痛点问题，急需金融业，特别是国有大行、中小股份制银行勇于担当，入手破题。乡村振兴不只是乡村的事，它需要社会各界的关心和努力。全面推进乡村振兴，加快农业农村现代化，促进农业高质高效、乡村宜居宜业、农民富裕富足，关乎实现中国式现代化，关乎实现中华民族伟大复兴。金融是实体经济的"血脉"，乡村振兴同脱贫攻坚一样，同样离不开金融的支持。新时代中国式现代化金融的主题仍是绿色、安全、包容、流动、普惠、微利。让各类金融机构下沉到最需要资金的乡村振兴活动中，是新时代金融服务乡村振兴的内在要求。要在乡村振兴战略中满足产业振兴、人才振兴、文化振兴、生态振兴、组织振兴的实际需求，就需要发挥国家与地方政府的作用，加快完善金融要素供给，由表及里、形神兼备地全面提升立足乡村振兴且具有自生能力、自给能力、自主能力的现代乡村金融服务体系，同时构建高质高效、"统而不死，放而不乱"的现代乡村金融新格局，实现农业强国，扎实推进共同富裕。

我们认为乡村兴则中国兴，建立服务乡村振兴的中国式现代化金融体系应是国家的金融"国策"。在实际工作中，怎样在金融服务乡村振兴的体系建设上出实招，在精准推进上下功夫？我们认为，关键是金融机构应在新时代金融实践中把普惠属性、共享属性、科技属性与传统金融属性结合起来，始终坚持利他视角，在解决人民"急难愁盼"问题的基础上，推出更多为基层所需、受"三农"欢迎的新模式、新工具；始终秉承"以天下苍生为念""与天下同利"的理念，以义驭利，义利兼顾，引导金融之水激活乡村振兴之源，提高金融服务乡村振兴的广度和深度以及资金使用效率，为全面推进乡村振兴作出贡献。

本书旨在以重庆市金融服务乡村振兴实践为蓝本，从"六要素"金融体系框架角度系统地阐释金融市场、金融组织、金融法制、金融监管、金融基础设施、金融生态等金融要素的组成及功能。要建设现代乡村振兴金融体系，不仅需要加快金融市场建设，增加金融产品供给，而且需要针对乡村金融制定明确的法律法规，完善金融市场、金融组织和金融监管的协调机制、协调内容和协调措施。唯有如此，才能严控金融风险，增强市场活力，加快乡村振兴战略步伐。在撰写过程中，我们深知自己的认识水平和理论水平无法完全驾驭金融服务乡村振兴这么宏大的课题，因此不求面面俱到，但求抛砖引玉。如果能够为后继研究者摸索出一个大体的轮廓，为中国式现代化乡村振兴理论添砖加瓦，便已足矣。由于自身水平有限，在资料的整理、引用和分析方面难免存在一些错漏，殷切希望专家和读者批评指正。

最后，感谢胡寄望、杨中仑、杨东等，他们经常与我们交流讨论"三农"金融创新，介绍开展涉农金融业务的经验，正是他们的热情帮助，给了我们不断探索、坚持研究与写作的动力。感谢重庆市人民政府办公厅（重庆市人民政府参事室）的领导和同事的大力支持和帮助。感谢陈海涛为本书数据收集和资料汇集做了许多助研工作。感谢中国人民银行重庆市营业管理部、中国银行保险监督管理委员会重庆监管局、重庆市地方金融监督管理局以及重庆市辖内金融机构，特别是国家开发银行重庆市分行、中国建设银行重庆市分行、中国工商银行重庆市分行、中国农业银行重庆市分行、中国银行重庆市分行、中国邮政储蓄银行重庆市分行、中信银行重庆市分行、兴业银行重庆市分行、重庆小雨点小额贷款有限公司、马上消费金融股份有限公司等金融机构在调研和实践素材上提供的无私帮助。

高永强

2023 年 6 月 18 日

目 录

第一篇 乡村振兴之意

第一章 乡村振兴战略的内涵与目标 …………… 3
第一节 乡村是文明之源 ……………………………… 3
第二节 乡村振兴战略的提出 ………………………… 7
第三节 乡村的特征与结构变迁 ……………………… 14
第四节 建设宜居宜业和美的现代版"巴山蜀水" ………… 36

第二篇 金融服务乡村振兴"六要素"理论

第二章 金融服务乡村振兴应有之义 ……………… 45
第一节 金融服务乡村振兴关键在"新" …………… 45
第二节 金融"活水"赋能乡村振兴 ………………… 49
第三节 金融服务乡村振兴体系"六要素" …………… 58
第四节 金融"下里巴人"服务乡村振兴 …………… 62

第三章 金融市场与乡村振兴 …………………………… 68
第一节 乡村振兴金融市场基本情况 ………………… 68
第二节 货币市场 ……………………………………… 78
第三节 中长期资本市场 ……………………………… 88
第四节 保险市场 ……………………………………… 102

第五节　金融衍生品市场 …………………………………… 111
第四章　金融市场组织与乡村振兴 ……………………………… 123
　　第一节　中央银行 …………………………………………… 124
　　第二节　政策性金融机构 …………………………………… 130
　　第三节　商业性金融机构 …………………………………… 135
　　第四节　其他新兴金融机构 ………………………………… 147
第五章　金融市场环境与乡村振兴 ……………………………… 152
　　第一节　乡村金融市场环境现状 …………………………… 152
　　第二节　乡村金融市场与农村集体产权制度 ……………… 165
　　第三节　乡村金融信用体系建设 …………………………… 170
第六章　金融市场法制与乡村振兴 ……………………………… 181
　　第一节　中国"三农"立法历程 …………………………… 181
　　第二节　乡村振兴金融相关立法 …………………………… 196
　　第三节　乡村振兴金融相关执法 …………………………… 205
　　第四节　乡村振兴金融相关司法 …………………………… 217
第七章　金融市场基础设施与乡村振兴 ………………………… 223
　　第一节　乡村振兴金融硬件设施 …………………………… 223
　　第二节　乡村振兴金融软件设施 …………………………… 236
　　第三节　乡村振兴金融基础设施功能设置 ………………… 243
　　第四节　乡村振兴金融科技与信用体系 …………………… 248
第八章　金融市场监管与乡村振兴 ……………………………… 258
　　第一节　乡村振兴金融监管体系 …………………………… 259
　　第二节　金融监管体系服务乡村振兴 ……………………… 268

第三篇　金融赋能乡村振兴实践探索

第九章　重庆市金融赋能乡村振兴案例 …… 275
　第一节　金融市场巩固脱贫攻坚有效衔接乡村振兴 …… 275
　第二节　金融下沉力挺农户农企经营 …… 291
　第三节　金融创新保障农业生产组织 …… 311
　第四节　金融普惠提振乡村振兴消费市场 …… 322
　第五节　金融科技服务赋能现代农业 …… 329
　第六节　法制保障营造良好金融环境 …… 343
　第七节　金融市场监管建构有序市场 …… 351

未来展望：发挥金融力量，建设农业强国 …… 358

第一篇

乡村振兴之意

第一章
乡村振兴战略的内涵与目标

第一节　乡村是文明之源

中国村落是中国历史上家国一体建构的重要载体与历史起点,是中华民族传统文化的根与魂。[1] 乡村与中华民族的历史文化唇齿相依,美好的乡村是中华民族繁衍与发展的摇篮,从中得以孕育出华夏五千年的灿烂文明和悠久历史,乡村更是文人墨客和历史人物寄托情感、为之歌咏、奋斗的梦中桃源。中国魏晋诗人陶渊明在《桃花源记》中写道:"林尽水源,便得一山,山有小口,仿佛若有光。便舍船,从口入。初极狭,才通人。复行数十步,豁然开朗。土地平旷,屋舍俨然,有良田、美池、桑竹之属。阡陌交通,鸡犬相闻。其中往来种作,男女衣着,悉如外人。黄发垂髫,并怡然自乐。"北宋大文豪苏轼笔下的《浣溪沙·照日深红暖见鱼》曾如此形容乡村美好的生活:"照日深红暖见鱼,连溪绿暗晚藏乌。黄童白叟聚睢盱。麋鹿逢人虽未惯,猿猱闻鼓不须呼。归家说与采桑姑。"南宋诗人翁卷的七言绝句《乡村四月》写道:"绿遍山原白满川,子规声里雨如烟。

---

[1]　胡彬彬,邓昶. 中国村落的起源与早期发展. 求索,2019年第1期。

乡村四月闲人少,才了蚕桑又插田。"这首诗以清新明快的笔调,出神入化地描写了江南农村初夏时节的旖旎风光,表达了诗人对乡村生活的热爱之情。

那么,乡村的界定是什么呢?自新石器时代以来,畜牧业与农业逐步分离发展,而主要从事农业的氏族开始定居于一定的地理空间内,自此人类社会出现了"乡村"的早期雏形。在国家进程发展到殷周时期时,形成了分权制度,再经春秋战国过渡到秦汉的集权体制,构建起了"皇帝—父老阶层—自然村"的社会组织形式,[1] 乡里编制得以推行至全国,而汉承秦制,依然以乡里作为乡村社会的基本行政编制,与自然村落基本重合。随着领土国家的建立,为了保证更大范围内的国家安全,农民开始离开城池,在领土所至之处生活,乡村因此出现。而在此之前,从王到武士,从商贾到农民,都居于城墙之中,农民的耕作活动通常只局限在城墙附近的少量土地之上。[2] 各学科关于乡村或村落的定义多种多样,各有侧重。其中,社会学家费孝通提出,村庄是一个社区,其特征是农户聚集在一个紧凑的居住区内,与其他相似的单位隔开相当一段距离,它是一个由各种形式的社会活动组成的群体,是一个为人们所公认的事实上的社会单位。[3] 聚落考古学家张光直认为,人类群体的聚落是一种处于"稳定状态"、据有一定地域并延续一定时间的文化单位。[4] 至龙山文化时代,城邑逐渐在各个地区涌现,聚落分化为城邑聚落与城邑之外的普通聚落,城邑和村落的二元分化结构逐渐出现。[5] 随着人类聚落的逐渐分化,

---

[1] 池田雄一. 中国古代的聚落与地方行政. 郑威译,复旦大学出版社,2017年。
[2] 马新. 文明起源视野下的中国早期村落形态. 中国社会科学,2019年第8期。
[3] 费孝通. 江村经济:中国农民的生活. 江苏人民出版社,1986年。
[4] 张光直. 聚落,中国历史博物馆考古部编:当代国外考古学理论与方法. 三秦出版社,1991年。
[5] 巩启明. 仰韶文化. 文物出版社,2002年。

一些中心聚落将此前聚落中的管理功能、防护功能、祭祀功能收拢集中，发展成为所谓的城邑地区；而普通聚落则由于聚落重心的失去、聚落功能的分解、聚落的贫困化三大趋势的影响，发展成为所谓的村落。[1] 例如，河南洛阳盆地中东部约 638 平方千米的地区在仰韶与龙山文化时期分别拥有聚落遗址 105 处和 95 处，其中最大的聚落控制的区域达到了 66.5 万平方米。[2] 中国古代典籍对"乡村"也有自己的解释。比如，《说文解字》对"乡村"有专门的界定，即"乡，国离邑，民所封乡也。啬夫别治。封圻之内六乡，六乡治之"。其可以解读为：乡是距离国都遥远的、百姓开荒封建之所在，交由乡官和啬夫管理。国都的四周被划分为六个乡，分别由六个乡官管理。《广雅》中指出，"十邑为乡，是三千六百家为一乡"。《辞源》将乡村解释为从事农业、人口分布较城镇分散的地方。

现代社会一般认为，乡村是综合经济实体，是农业生产与农民居住的空间，具有农业生产、分散居住和大量开敞空间等特征。[3] 乡村不仅是农业生产和农民聚居的地方，而且是经济生活的整体，具有生产、生活、生态多功能性；不仅是社会生活食物供给的保障地，而且是传统文化、传统建筑、地方生活方式和民俗习惯的载体，囊括了经济、政治、环境、文教、风俗等方面的功能，更是维系城乡生态安全的重要开敞空间。[4]

过去，乡村在很多人眼中是落后、荒凉和愚昧等的代名词。[5] 现

---

[1] 马新. 远古聚落的分化与城乡二元结构的出现. 文史哲, 2008 年第 3 期。
[2] 胡彬彬, 邓昶. 中国村落的起源与早期发展. 求索, 2019 年第 1 期。
[3] 张小林. 乡村概念辨析. 地理学报, 1998 年第 4 期。
[4] 王成, 李颢颖. 乡村生产空间系统的概念性认知及其研究框架. 地理科学进展, 2017 年第 8 期。
[5] 孙伟, 刘崇刚, 闫东升. 乡村精明增长——起源与实践. 地理科学进展, 2019 年第 3 期。

在，谈及乡村，也有不少人心中会映现出南宋诗人翁卷在《乡村四月》中所描绘的屋舍俨然、炊烟袅袅、山塘水渠、稻田麦浪、野花绿地的美好画卷。事实上，乡村的内涵和特征随着时代的推进而变化，乡村大致经历了原始型、古代型、近代型、现代型四个发展阶段，并进一步向未来型演进。目前，中国的乡村正处于由近代型向现代型过渡的阶段。随着工业经济的发展和变迁，城市的自然生态环境遭到了破坏，并且越来越拥挤，污染越来越严重，人们开始向往田园牧歌式的生活，选择到乡村去度假和安家，去享受清新自然的生态环境。[1]

乡村是中华民族伟大复兴之根，是中国生态文明的摇篮。只有读懂中国的乡村，才能保护好、建设好美丽乡村。这里首先要明确乡村的内涵是什么，以己之见，乡村的核心内涵在于以下几点：一是绿水青山的自然生态，二是古朴纯粹的乡土文化，三是熟人社会的互助方式，四是生态环保的特色农产品。"绿水青山就是金山银山"，良好的生态环境是最普惠的民生福祉，也是乡村的魅力所在。因此，不能以建设城市的思维来建设美丽乡村，而应还自然以和谐美丽，真正践行生态文明，只有这样，乡村才能富饶美丽。乡村美则中国美，乡村强则中国强。简言之，对于中国而言，"乡村兴则中国兴"。

历史上中国一直是农业国家，而截至2022年末，我国乡村常住人口仍多达49104万人，农村户口占全国总人口的比例为36.11%。乡村的发展事关亿万人民的福祉。可以说，乡村的全面振兴与现代化发展是我国全面建设小康社会和全面建设中国特色社会主义的必由之路。随着国家对"三农"投入和扶持力度的加强，乡村吸引了越来

---

[1] 高永强．江城心语．商务印书馆，2020年．

越多的企业、合作社以及乡贤和人才投资创业。与十多年前相比，我国乡村的面貌已经发生了翻天覆地的变化。机遇与挑战并存，虽然当下乡村的发展水平距离党和国家制定的目标还有距离，但是可以明确的是，当代中国的乡村已经逐步摆脱了贫困、偏僻、破落的旧有形象，在新时代的乡村振兴战略下，风景秀丽、蓬勃发展已然成为现代乡村的崭新面貌，越来越多的村庄不懈地为建设山清水秀的美丽乡村而奋斗，许多村民的生活逐渐富裕起来，乡村正在以史无前例的步伐焕发新的青春，成为令人心驰神往、心旷神怡、遐想无限的美丽之地。

第二节 乡村振兴战略的提出

一、将乡村发展问题作为全党工作的重中之重

党中央历来高度重视"三农"工作，秉持以"三农"问题为全党工作重心的理念，始终将广大农民的切实利益牢记心间。乡村振兴是实现"两个一百年"奋斗目标和中华民族伟大复兴中国梦的重大战略选择。2017年10月18日，国家正式提出乡村振兴战略，这在中国"三农"发展史上具有里程碑式的意义。为推进实施这一国家战略，2018年9月，国家印发了《乡村振兴战略规划（2018—2022年）》，要求各地区、各部门结合实际认真贯彻落实。按照战略规划的要求，到2022年，乡村振兴的制度框架和政策体系初步健全；到2035年，乡村振兴取得决定性进展，农业农村现代化基本实现；到

2050年，乡村全面振兴，农业强、农村美、农民富全面实现。[①]

作为乡村振兴战略的重要一环，国家强力推进精准扶贫。2020年底，我国实现了现行标准下农村贫困人口全部脱贫。在此基础上，2021年2月21日，国家印发了《关于全面推进乡村振兴加快农业农村现代化的意见》。2021年3月，国家印发了《关于实现巩固拓展脱贫攻坚成果同乡村振兴有效衔接的意见》。2021年6月1日，《中华人民共和国乡村振兴促进法》正式实施，为实施乡村振兴战略提供了法律基础和保障。乡村振兴战略提出了"产业兴旺、生态宜居、乡风文明、治理有效、生活富裕"的总要求，放在国家现代化的大环境中看，其本质要求在于推动乡村的现代化建设。可以说，乡村振兴战略的提出是中国社会主义现代化历史规律的必然，也是我国乡村现代化发展历史规律的必然。因此必须尊重历史规律，按规律办事，稳步推进中国乡村振兴战略的顺利实施。

（一）新中国成立到改革开放初期阶段

1949—1978年，新中国成立之后，农村社会经济关系不断变化。1949—1952年，通过全国范围农村土地改革，中国农民有了土地，而个体农民经济成为最主要的经济成分。1953—1957年，经过农业合作化改革，土地等被确定为主要生产资料，并实行集体所有制，对农业产出试行按劳分配制。1958—1978年，我国农村大面积实行人民公社化，虽然在建设农田水利基础设施、促进农业生产发展方面具有一定的积极作用，但"左"的政策和"以农养城"方针使农村经济发展受阻。

[①] 范建华. 乡村振兴战略的理论与实践. 思想战线，2018年第3期。

(二）农业改革推进阶段

1979—2013 年，国家实施了一系列农业土地所有制改革政策，不断地释放农民的活力和积极性，我国农业产业发展水平不断提升。自从全国范围内实行家庭承包经营政策以来，农村征派行为逐渐减少，"放活、少取多予"和"工业反哺农业、城市带动农村"等一系列的政策促进了农村面貌的变化。20 世纪 80 年代，农村家庭联产承包责任制改革和乡镇企业发展一度使我国农村出现加快发展的势头。[1] 但在城镇化的浪潮中，由于就业机会等的不均衡发展，大量的农村劳动力被吸引至城市中，如此空前规模的城乡人口流动，尤其是农村青壮年劳动力的出走，使我国农村的社会结构发生了巨变，相继出现了空巢老人村、留守儿童村和贫困村等问题。1998 年，党的十五届三中全会报告进一步提出了"小城镇、大战略"的方针，以促进城乡发展。2007 年，党的十七大提出"要统筹城乡发展，推进社会主义新农村建设"，但后续的城市化进程却进一步拉大了城乡收入差距，降低了农村农业的发展速度和质量，诱发了城乡矛盾。

(三）乡村振兴战略提出阶段

党的十八大以来，党中央、国务院和各级政府将农业农村发展问题摆在了突出位置，通过加大对农业农村的投入，以解决我国长期以来农业农村发展过程中所积累的矛盾，并致力于推动农民收入增长、农民脱贫。[2] 2014 年 3 月，中共中央、国务院印发《国家新型城镇化规划（2014—2020 年）》，全面提出了新型城镇化的新思路、新主线

---

[1] 姜德波，彭程. 城市化进程中的乡村衰落现象：成因及治理——"乡村振兴战略"实施视角的分析. 南京审计大学学报，2018 年第 1 期.

[2] 夏青. 乡村振兴开启新征程. 农经，2021 年第 3 期.

和新举措。2016年《国务院关于深入推进新型城镇化的若干意见》提出，要充分发挥市场主体作用，推动小城镇发展与疏解大城市中心城区功能相结合，与特色产业发展相结合，与服务"三农"相结合，着力发展具有特色优势的休闲旅游、商贸物流、民俗文化传承、科技教育等魅力小镇。2017年中央一号文件指出，支持有条件的乡村建设以农民合作社为主要载体，让农民充分参与和受益，建设集循环农业、创业农业、农事体验于一体的田园综合体。2018年中央一号文件提出了乡村振兴战略的实施意见，全面推动乡村振兴工作，随后还印发了《乡村振兴战略规划（2018—2022年）》，要求各地区、各部门结合实际认真贯彻落实乡村振兴战略。

（四）乡村振兴战略加速推进阶段

2021年2月25日，习近平总书记在全国脱贫攻坚总结表彰大会上庄严宣告，经过全党全国各族人民共同努力，在迎来中国共产党成立一百周年的重要时刻，中国脱贫攻坚战取得了全面胜利，现行标准下9899万农村贫困人口全部脱贫，832个贫困县全部摘帽，12.8万个贫困村全部出列，进而在中国的大地上根除了区域性整体贫困的顽疾，使绝对贫困问题彻底成为历史，创造了人类发展进程中的奇迹。脱贫攻坚期间，我国成功实现每年使相当于一个中等国家总人口的1000多万群众脱离贫困。我国的脱贫攻坚工作不单是实现贫困居民收入的提升，更是为其实现了"两不愁、三保障"，不仅使脱贫群众不愁吃穿，而且使其在基本医疗、义务教育、住房安全、饮水安全等方面获得保障。鉴于此，能够被载入世界历史的奇迹在中国产生，即中国提前10年实现了《联合国2030年可持续发展议程》中提出的减贫目标，不仅赢得了全球范围内的广泛赞誉，更为全球的脱贫事业树立了标杆。① 这不仅体现为百姓实实在在的获得感，更是中国共产党、中国人民、中华民族的伟大光荣！党的十八大以来，党总揽全局，建立和完善中央统筹、省市自治区等负总责、市县抓落实的工作机制，构建以五级书记为骨干、全体党员为主力的脱贫攻坚格局。自脱贫攻坚开展以来，累计有25.5万个驻村工作队、300多万名第一书记和驻村干部不懈努力，奋战在扶贫一线，鲜红的党旗始终高高飘扬在脱贫攻坚主战场上。

"脱贫摘帽不是终点，而是新生活、新奋斗的起点。"一方面，贫困是一个相对概念。2020年解决了绝对贫困问题之后，农村贫困以相对贫困的形式存在。如果说治理绝对贫困主要是解决生存问题，那么治理相对贫困则重在解决发展问题。乡村振兴就是要推动农村农业的彻底、均衡发展，力求突破城乡二元发展结构的桎梏，力求弥补"三农"问题这一全面建成小康社会进程中的短板；就是要从以解决绝对贫困问题为主，向以解决相对贫困问题为主转变。另一方面，"胜非其难也，持之者其难也"，仍应切实做好巩固拓展脱贫攻坚成果同乡村振兴有效衔接的各项工作。正如党的十九届五中全会指出的那样，要优先发展农业农村，全面推进乡村振兴，实现乡村产业振兴、人才振兴、文化振兴、生态振兴、组织振兴。乡村振兴工作要做到"巩固"脱贫攻坚成果，防止返贫致贫；"拓展"推进扶贫产业，不断延伸产业链条，推动农产品深加工，畅通物流运输渠道，提高抗风险能力，确保脱贫群众持续稳定增收；"衔接"实现全面振兴，使金融的链条向农业农村进一步延伸，使人才、产业、设施、技术等进一步向农村涌流，推动农村地区在产业、人才、文化、生态、组织五

---

① 孙吉胜. 全球发展治理与中国全球发展治理话语权提升. 社会科学文摘, 2023年第2期。

个维度的全面振兴。

全面巩固脱贫攻坚成果,并使其有效衔接乡村振兴路径,要求中国金融体系认真总结提炼金融体系在脱贫攻坚中的经验和做法,拓展脱贫攻坚成果,担负起新使命,深刻把握全面参与乡村振兴的战略机遇,强化新金融不断支持乡村振兴的供给能力;拓展新格局,打造包容性增长与生态发展的共生模式。仍然要将支持脱贫地区的产业发展作为长期目标,并依此基础逐渐向新时代金融赋能乡村振兴转型升级,筑强赋能乡村振兴的中国农村金融体系。进一步拓展农村金融服务广度和深度,不断深化城乡融合共生的发展,畅通城乡之间的内循环,推动工商资本、科技和人才"上山下乡",吸纳乡村特色农副产品进入"城市",使得金融资源下得去、农村产品上得来、产业发展接得住。乡村是进一步扩大内需、构建海陆双循环的主要发力点,应使政策、资本、人才、科技等资源和要素向乡村聚集。乡村振兴必须把握新时代金融发展的历史性机遇,加快搭建城乡对接、双向赋能、互惠共赢平台,建设产业兴旺、生态宜居、乡风文明、治理有效、生活富裕的美丽乡村。①

二、乡村振兴的重要性

党的十八大以来,党中央、国务院高度重视"三农"工作,并通过每年出台的与"三农"有关的中央一号文件来强调"三农"优先、政策倾斜和乡村发展。习近平总书记高度关注"三农",心系农民,把精准扶贫作为"三农"工作的核心。2015年11月,在中央扶

---

① 姜正君. 脱贫攻坚与乡村振兴的衔接贯通:逻辑、难题与路径. 西南民族大学学报(人文社会科学版),2020年第12期。

贫开发工作会议上，习近平总书记强调：消除贫困，改善民生，逐步实现共同富裕，是社会主义的本质要求，是我们党的重要使命；全面建成小康社会，是我们党对全国人民的庄严承诺；坚决打赢扶贫攻坚战，确保到2020年所有贫困地区和贫困人口一道迈入全面小康社会。

实施乡村振兴战略，有助于从根本上解决"三农"问题，牢固树立创新、协调、绿色、开放、共享的发展理念，实现生产、生活、生态的协调，促进第一、二、三产业的融合发展，最终实现"看得见山、望得见水、记得住乡愁"、留得住人的美丽乡村和美丽中国，实现"两个一百年"的奋斗目标，实现全体人民的共同富裕。

农民富则国民富，农业强则国家强。党的十九大报告提出了乡村振兴战略、科教兴国战略、人才强国战略、创新驱动发展战略、区域协调发展战略、可持续发展战略、军民融合发展战略等七大战略。其中，乡村振兴战略是全局性、长远性、前瞻性的国家总部署，是国家发展的核心和关键。乡村振兴战略重点解决农民群众对美好生活的需求与城乡差距大、乡村发展不平衡不充分之间的矛盾，其关系到我国经济总体发展均衡、城乡融合、农业一体化和可持续发展的大问题、大格局。

实施乡村振兴战略，是我党以人为本、人民至上理念与中国新时代发展格局的有机结合，是我国实现高质量、均衡发展的必然道路。乡村振兴战略反映了以习近平同志为核心的党中央对于农业农村问题和农民利益的深度关切和深思熟虑，有利于夯实我国全面建成小康社会和社会主义现代化强国的基础，有利于让发展成果由全民共享，是实现绿水青山发展路径和全体人民共同富裕的重要前提。必须坚持以人民为乡村振兴战略实施推进工作的重心，承接精准扶贫工作成果，着力于缩小城乡贫富差距,让农民在改革发展成果中分到更多的"蛋糕",提升农民的安全感、幸福感和获得感。乡村振兴战略还根植于我国优秀的乡村传统文化,有利于保存我国乡村的风貌,传承优秀习俗,为弘扬中华优秀传统文化提供坚实的支撑。

第三节　乡村的特征与结构变迁

一、乡村主体村落特征

(一)人与自然的协调性

乡村聚落最明显的特征就是人与自然的协调性。传统村落的选址通常是因地制宜的,充足的耕地、良好的通风、稳定的水源供给等是村民首要的考虑点。乡村居民往往会选择将聚落布置在缓坡之上,这样既可以使村落免受洪涝等自然灾害的影响,又可以保证其家族和家庭可以较为容易地获得充足的耕地用于维持生计的农业生产活动。如果条件允许,耕地与居民点一般还保持着合适的距离,以满足交通需要。此外,一些考虑长远的村落会将生存和生产的空间延展性纳入选址的考量依据,通常还会考虑家族或宗族子孙后代的发展空间,以便未来后代在邻近区域建造房屋,继续壮大乡村人口规模。[1]

---

[1] 胡侃.中国乡村聚落特征及生态宜居的科学标准.农村经济与科技,2020年第2期。

(二)"三生"空间的融合性

传统乡村的生产力水平较低，村民生活方式单一，资源相对缺乏，因此乡村聚落还存在生活空间、生产空间、生态空间三者有机融合的特征，即"三生"空间的融合性。[1] 生活空间是村民居住、消费和休闲娱乐的主要场所，为村民的生存和发展提供必要的空间承载、物质和精神保障功能；生产空间是从事农业生产经营相关活动的空间载体，以提供农产品和服务产品为主要功能；生态空间是维持村民生命活动的自然载体，以提供生态产品、生态服务和生态防护为主要功能。[2] 其中，乡村的生态空间为村民的生活提供了基础，乡村的生产空间是村民进行生产活动的根本所在，而创造舒适的生活空间，是村民生产活动的最终目的。生态空间、生产空间和生活空间三者存在尺度、功能、范围以及用地需求等方面的差异。

(三) 乡村建筑群在空间上的聚合性

乡村聚落还有较强的聚合性，这一特征更多地体现在乡村的建筑中。一些村落通过构筑物的相互穿插，形成特定的空间序列关系，与自然环境形成鲜明的对比。由于民族差异、地区差异，以及自然资源禀赋的差异，乡村的聚合性显得更为独特。例如，位于重庆市武隆区平桥镇的红隆村，整个村庄坐落在青山绿水之中。由于血缘关系以及防御等原因，村落里的建筑形成以四合院、小聚落组合为主，散点分布的特征，院落四周是层层叠叠的荷田，甚是美观。位于重庆市武隆

---

[1] 窦银娣, 叶玮怡, 李伯华, 等. 基于"三生"空间的传统村落旅游适应性研究——以张谷英村为例. 经济地理, 2022 年第 7 期。

[2] 李广东, 方创琳. 城市生态—生产—生活空间功能定量识别与分析. 地理学报, 2016 年第 1 期。

区土地乡天生村的犀牛寨,是一个充满土家风情的静美古村落。这里竹林青翠、流水潺潺、民风淳朴、景色宜人。在这里,清一色的传统吊脚木楼依山而建,翘角飞檐,配上秀美的山水风光,民俗文化与自然相协调的震撼感扑面而来。位于重庆市武隆区浩口苗族仡佬族乡的田家寨,四面青山环绕,风光秀丽的珠子溪依傍流淌,蕴含民族气息的古吊脚楼掩映在茂林修竹中,呈阶梯形分布,如同世外桃源。可见,仅仅在重庆武隆区一地就可以看到丰富且存在差异的村落结构。

(四)公共场所的标识性

村落内部的公共场所也是乡村聚落特征之一。存留至今的中国乡村,在其几何中心往往会建造供村民活动的公共区域。这些公共区域不同于一般的村民住宅,它们都会配有一定面积的功能建筑。这些建筑一般具有公共活动功能并且造型特殊,因此具有标识性。例如,祠堂、庙宇、集市、牌坊都是中国传统村落中经常可以看到的主要标识性建筑。祠堂是村落的礼制中心,它的位置及朝向必须依风水而定。祠堂的形制一般是封闭式的,有围墙、照壁、门屋、正厅等。一些规模较大的祠堂还常常单独建有戏台,村民们可以在此观看具有地方特色的戏曲节目,寓教于乐,戏台对村民行使一定的教化作用。此外,一般的村落中没有正规的佛寺或道观,只有一些小型的非正规的宗教庙宇,但所供奉的神祇都是与人们生活密切相关的,如财神、送子观音及灶君等等。一些地方还可能设置关帝庙、妈祖庙、孔庙等用于满足村民祭祀的需求,而这些庙址多选在村口或村中心广场等相对繁华的地段。在祠、庙的庭院或院前广场一般会定期举行贸易活动,形成村民从事商业活动的公共集市。村民定期在这些地方开展社交、贸易活动,这些活动一般被称为"赶集"或"赶庙会",而在一些地方,集市也被称为"墟",赶集被称为"趁墟"。不过需要指出的是,在孔庙前开展贸易活动一般是被禁止的。在古代,一些经济实力较强的村落中可能还设有私塾,这些私塾在文化空间中也发挥着一定的公共空间标识作用。现今由于学校已经普及,私塾便不再存在了。

(五)文化的表达性

中国几千年来都是乡村社会,几乎每一个村庄都是聚族而居,形成具有一定共同血缘纽带的宗族社会组织关系。乡村自主发展和自我循环的社会结构在家庭与家族基础之上建立了宗族血缘认同和民族文化认同的共同体,演化为中国传统乡村社会所独具的家国情怀和民俗风情,成为中华民族共同的心理归属。[1] 村落是农耕时代文化的重要载体,村落文化是一种根性文化。共同的文化认同也许就是中华文明成为世界文明中唯一没有断代而传承五千年的文明的一个重要原因。[2] 可以说,中国传统文化是一种农耕文化,古代的村落是中国传统思想和人文精神的载体,经过几百年保留下来的古村落以其所特有的古风古貌、民俗民居、文化秉承而成为当代人感知和传承优秀传统文化的重要场所。其中,耕读文化尤其发挥了巨大的影响力。"耕"与"读"相结合是指乡人亦耕亦读,过着田园牧歌式的悠闲生活。事实上,耕读文化不是从来就有的,它的形成有一个漫长的历史过程,是中国古代农耕社会与士文化相结合的独特产物,其充分体现了中国传统文化中对乡村意境的追求。[3]

---

[1] 宋天阳. 论弘扬齐家传统的三重根据. 学术交流, 2020 年第 9 期。
[2] 陈文胜. 城镇化进程中乡村社会结构的变迁. 湖南师范大学社会科学学报, 2020 年第 2 期。
[3] 王维, 耿欣. 耕读文化与古村落空间意象的功能表达. 山东社会科学, 2013 年第 7 期。

二、乡村社会结构变迁

(一) 人口结构向多元混居分化

城镇化进程加速了农村人口向城市的流动,深刻改变着整个中国的社会结构。1978年中国城镇化率只有17.9%,2000年为36.2%,到2021年就达到了64.7%。快速推进的工业化、城镇化等把中国由一个传统的农业大国变为制造业大国,农民从世代困守的土地上解放出来,从世代相传的传统农业生产中解放出来,由农业向非农职业不断分化,由此乡村社会结构也处于不断变革的进程中,发生了全新的变化。截至2021年,中国农民总量约为2.92亿人,其中在本地就业的约为1.21亿人,占41.4%;而外出农民工约为1.71亿人,占58.6%。农民工在整个建筑业中占80%,在全国第三产业从业人员中占52%,占全国工人总数的2/3以上。[①] 伴随着数以亿计的农民进入城镇并加速形成职业分化,乡村也逐渐演化出经济多元化、利益多元化、阶层多元化的社会结构。乡村居民的社会角色也在不断发生变化,变得更加复杂和多样。例如,许多农村居民既要在农忙时节依旧保持从事农业耕作的农民身份,又要在农闲时节外出务工,承担农民工的身份,即身兼农民与工人两重角色。另外,还有部分经商和从事个体养殖、加工等行业的农民,也扮演着复杂的乡村社会角色。各种社会力量与民间性组织逐渐发展起来,社会分化推动着中国乡村社会结构发生巨大的变迁。

[①] 陈文胜. 城镇化进程中乡村社会结构的变迁. 湖南师范大学社会科学学报,2020年第2期。

在传统的乡村，聚居的都是世代以土地为生的农民，其身份就是职业，职业就是身份，社会结构具有一元性与稳定性。一方面，随着城镇化的推进和农村劳动生产效率的提升，出现了越来越多的农业剩余劳动力，一批批农民不断从土地上分化出来，乡村社会结构由稳定性向"大流动"演变。这就导致中国不仅存在依托户籍因素划分的城乡社会二元结构，而且还存在着乡村劳动力在城镇范围内的"二元分化特征"，这也被称为体制内与体制外的二元化格局。[1] 另一方面，囿于土地规模和农村居民消费水平较低，农业在长期内存在发展速度缓慢的情况，与之相反，由于规模经营要求和聚集效应特征，城市中的第二、三产业快速发展，吸引了越来越多的农民进城务工经商，以获取更高的收入，城乡之间差异也就越来越大。虽然这些进城的农民大多数时间都居住在城市并就地务工经商，但是他们依然保留了在农村的住房和土地承包权，其户籍关系没有发生变化。[2] 由此产生一个客观的事实，即农民在其户籍地反而缺少就业与获利机会，从而出现大量青壮年劳动力主动离开乡村，进入城镇发展的现象，这势必导致农村青壮年劳动力明显减少。

随着农村人口结构的变化，根据工作和居住情况的差异，大致可以将农户划分为三种不同的类型：第一类是举家进城的农户家庭，这些家庭已经具备了较好的经济物质条件和职业技能，能够实现举家进城务工经商、从事专门职业工作以及正常生活，但是户籍依然保留在农村。这类举家入城的农户家庭的收入全部来源于城市务工和经商等，且在城市构建了其大部分的社会关系。他们只有在重要的传统节

---

[1] 陆益龙. 流动的村庄：乡土社会的双二元格局与不确定性. 中国农业大学学报（社会科学版），2008 年第 1 期。

[2] 贺雪峰，大国之基. 东方出版社，2019 年。

日或进行祭祖等活动时才会短暂地回到农村。第二类是半耕半工的农户家庭,这类家庭中的成员一般要承受"分离之苦",一般表现为家庭成员中的青壮年劳动力进城务工或经商,而缺乏劳动能力的老年人和儿童留守农村。这类农户家庭的成员,尤其是青壮年劳动力会在农忙季节频繁地在城乡之间进行"候鸟式"流动,有时在外务工,有时临时留在乡村照顾留守的家庭成员,并少量开展以维持家庭自给自足为目的的粮食生产活动。第三类是全家留村的农户家庭,其主要收入来源于从事生产农作物和经济作物以及畜牧等劳动,并且他们的全部社会关系依然留在农村。[①] 这些留在农村的农户家庭大多数依靠传统方法开展农业生产,且由于可供生产的耕地较少,其通常难以达到较高的收入水平。事实上,这样的家庭往往缺乏足够的劳动力以应对繁重的劳动需求,当子女尚幼,父母年老失去劳动能力时,这部分青壮年就失去了外出务工的可能性,使整个家庭积贫积弱。如果此时遭遇疾病或其他事故的打击,则会使原本就困难的生存状况雪上加霜。

  从规模和比例来看,在上述三类农户中,第二类半耕半工的农户家庭的占比是最大的。这样的农户,一旦进城获得稳定就业与收入,具备了全家进城的条件,就会有在务工城市买房定居的强烈意愿,并逐渐脱离农村,转变为第一类农户家庭,即可能举家成为"市民"。半耕半工的农户家庭是城镇化进程中城市延伸的主要力量,其中有约 41.5%的人认为自己已经融入了所居住城市,并称自己为"本地人"。[②] 另外,在城市定居的村民,受经济发展中的不确定性或所从事行业的周期性等因素影响,若未能在经济和生活等方面融入城市的,也有可能随时返回乡村;而在乡村常年居住、从事农业生产的村

[①] 贺雪峰. 巨变中的中国乡村向何处去. 中州建设,2016 年第 5 期.
[②] 陈文胜对话曹锦清:集体经济与集体化. 中国乡村发现,2017 年第 4 期.

民同样具有不确定性,其仍可能在为自己或下一代流向城市努力创造条件。换言之,不论是在城市定居的村民还是在乡村常年居住的村民,或是在城乡之间流动的农民工,都在事实上处于一种动态的结构性变化之中,而这种村民结构的动态性会导致乡村社会结构的复杂化。

农户家庭向城市转移是城镇化的大趋势,一些农户家庭向外流动的同时也加速了资本的外流,这不仅导致农村的社会结构发生了巨大的变化,而且导致不少农业产业变得萧条甚至凋敝。农村青壮年劳动力进城务工经商,而农村成为老弱病残群体的留守地,农业变成以老年人为主的老人农业,势必导致城镇化进程加剧乡村"空心化"。换言之,在广袤的农村地区出现了村落空心化、家庭空心化与劳动力空心化的发展态势。[1] 城镇化的大趋势难以逆转,随之而来的人口向城镇集中的大趋势也难以逆转,但大量农民进城也会给留守农村的青壮年劳动力留下若干在农村获利的机会。[2] 如果留守青壮年劳动力能够获得足够的资本支持,并处理好城镇化进程中的城乡就业和创业的关系,想方设法扩大农业经营规模,提高产业实效,农民留在农村从事农业生产依然可以获得经济利益,增加自身收入,缩小城乡差距,实现整个社会结构关系的再平衡。[3]

(二) 家庭结构向核心家庭演变

家庭与家族的社会共同体是中国乡村社会最重要的特征,而家族制度决定了家庭结构。在中国传统乡土社会,以血缘为纽带组成的家

---

[1] 许彦彬. 人口学视角下的空心村治理研究. 西北人口, 2012 年第 5 期.
[2] 贺雪峰. 关于实施乡村振兴战略的几个问题. 南京农业大学学报(社会科学版), 2018 年第 3 期.
[3] 陈文胜. 中国迎来了城乡融合发展的新时代. 红旗文稿, 2018 年第 8 期.

庭是其基本的社会关系，纵向的亲子关系乃是婚姻家庭生活的主轴，而横向的夫妻关系只是一种配轴，夫妻关系从属于血缘关系。① 中国乡村传统的家庭形式比较复杂，根据家庭形式的差异一般可以划分为联合家庭、主干家庭和核心家庭三种不同的类型。一是联合家庭，即家庭中任何一代含有两对以上夫妻的家庭，如父母和两代及两代以上已婚子女组成的家庭，或是兄弟姐妹婚后不分家的家庭。这种类型的家庭成员规模通常较大，成员之间关系较为复杂，且表现出较强的离心力。这种家庭形式只能在一定条件下形成，目前已非常少见。二是主干家庭，又称直系家庭，即父母和一个已婚子女或未婚兄弟姐妹生活在一起所组成的家庭形式。简单来讲，主干家庭其实就是"三代家庭"，其成员通常包括祖父母、父母和未婚子女等直系亲属三代人。② 这类家庭的形成一般有两种方式，一种是父母与多子分家后，最终与其中一子的家庭生活在一起，另一种是父母与婚后的独子不分家。三是核心家庭，即两代人组成的家庭，其成员包括父母及未婚子女。

随着市场经济的影响逐渐向乡村渗透，乡村利益关系和利益主体多元化，乡村社会基本摆脱了对家族制度的依赖。自20世纪90年代以来，乡村家庭规模日益向小型化发展，一般以3—5人为主，几代同堂的大家庭已经不再常见了。③ 社会关系的逐渐分化造成联合家庭在乡村已经不再是主要的形式，而分化为以核心家庭为主、主干家庭为辅的乡村社会结构。因此，乡村社会变迁对家庭结构带来的这一根本性影响导致家族关系不断淡化。随着乡村社会组织的发展、社会保

---

① 费孝通. 乡土中国生育制度. 北京大学出版社，1998年.
② 杨华. 中国农村的"半工半耕"结构. 农业经济问题，2015年第9期.
③ 陈波. 二十年来中国农村文化变迁：表征、影响与思考——来自全国25省（市、区）118村的调查，中国软科学，2015年第8期.

障水平的提升以及户籍制度改革的进一步推进，劳动力获得了更多的自由流动机会。虽然家庭与家族的血缘纽带在削弱，[1] 但是现代的社会保障制度在构建乡村居民的新的社会结构关系中却发挥了重要的作用，其中乡村居民的"市民化"等加速了乡村社会利益结构和社会秩序的变化。

（三）人际结构向"熟悉的陌生人"社会演变

中国传统乡村社会是一种半封闭的"熟人社会"，村落里的村民之间互相往来，邻里关系和谐融洽，偶有小摩擦，但也都在相互帮扶中逐渐抹平。邻里交往密切，串门访亲是日常生活的一部分。熟人社会属于传统农业社会的交往形式，[2] 而在熟人社会中，社会关系主要基于由亲缘、血缘和地缘而形成的身份认同，强调交往对象的特定身份、特殊声望以及与自己的特殊关系。[3] 同一血缘关系或同一姓氏的人集中居住在一个村庄，家庭和宗族在人际关系中起着重要作用。村民彼此之间不仅知根知底，而且存在着多重复杂的关系。个体之间的人情交往与互助合作极大地依附于熟人关系这一基础，乡里乡邻形成了一种最基本的社会结构关系。

生产力的解放不仅推动生产关系和社会关系发生变化，而且导致乡村社会人际关系的联系半径得到前所未有的延伸，人际交往突破了地域局限，以血缘为基础的身份社会加速走向解体。[4] 在传统乡村社会中，村民受制于户籍因素，与生俱来地与土地捆绑在一起。在此情

---

[1] 郑杭生，潘鸿雁. 社会转型期农民外出务工现象的社会学视野. 探索与争鸣, 2006 年第 1 期。
[2] 西美尔. 货币哲学. 陈戎女, 等译. 华夏出版社, 2002 年。
[3] 莫斯. 礼物：古式社会中交换的形式与理由. 汲喆译. 上海人民出版社, 2005 年。
[4] 马林诺夫斯基. 西太平洋的航海者. 梁永佳, 李绍明译. 华夏出版社, 2002 年。

况下,乡村社会及村落共同体的时空基础依旧存在,人际关系仍然主要由熟人关系构成,那么乡村社会也就仍然具有一定的熟人社会的特质。① 然而,随着举家进城或进城务工经商等经济行为在乡村居民中发生的频率逐渐提高、涉及面逐渐扩大,村民交际圈的封闭性被削弱了,所以熟人关系也就失去了原有的效力。② 原来村民的生产和生活已经与乡村发生了分离,越来越多的村民将大部分时间投入到非农业生产经营活动之中,乡村熟人社会也就演变为相互脸熟而不相互了解的"半熟人社会"。③ 换言之,村民彼此之间关系的松疏化加速了熟人社会的不断陌生化,久而久之,村民之间从熟人演变成了"熟悉的陌生人",即只知其人、不见其人,在一些极端情况下,地方村干部和村民之间甚至也互不相识。同时,一些地方大规模推进"合乡并村",进一步打破了乡村原有的社会结构,使城镇化冲击所带来的乡村空心化问题进一步恶化,使乡村由传统的"熟人社会"加快向"陌生人社会"转型。④

(四) 乡村社会"乡村病"日趋严重

城镇化加速了整个社会的发展,通过投资、消费推动了中国经济的持续增长,但是城乡不均衡发展的问题也对社会结构造成了负面的影响。城镇地区家庭相对于乡村地区家庭具有更高的收入、更多的就业机会、更好的教育医疗条件,因此,越来越多的农村劳动力、流转土地和社会资本等生产要素及各类资源加速朝城市地区集聚。城镇化

---

① 陆益龙. 后乡土性: 理解乡村社会变迁的一个理论框架. 人文杂志, 2016 年第 11 期.
② 焦玉良. 熟人社会、生人社会及其市场交易秩序——与刘少杰教授商榷. 社会学评论, 2015 年第 3 期.
③ 贺雪峰. 半熟人社会. 开放时代, 2002 年第 1 期.
④ 陈文胜. 城镇化进程中乡村文化观念的变迁. 湘潭大学学报 (哲学社会科学版), 2019 年第 4 期.

一方面提升了城市的发展空间和发展动力，另一方面却让乡村在可持续发展方面饱受诟病，甚至引发了十分严重的"乡村病"。[1]

首先，持续推进的城镇化导致乡村生态环境问题越来越突出，成为全社会普遍关注的问题。2014 年国家公布的《全国土壤污染状况调查公报》显示，全国土壤污染物总超标率为 16.1%，耕地点位超标率为 19.4%，土壤镉超标率为 7.0%，重污染企业及周边土壤点位超标率为 36.3%，固体废物集中处理处置场地土壤点位超标率为 21.3%。根据披露出的一系列数字来看，我国部分地区土壤污染较重，耕地土壤环境质量堪忧，工矿业废弃地土壤环境问题突出。除此之外，我国乡村环境污染还表现在空气污染、地表水污染，以及地下水、土壤和农作物的污染，影响到乡村种植和养殖产业的粮食安全。所有这些情况，如果不能得到有效的治理，可能引发严重的后果。

其次，中国传统乡村长期依赖于小农经济且以地缘或血缘关系为纽带，然而伴随着中国城镇化和工业化进程的推进，中国乡村形态发生了巨大的变化。[2] 随着工业化、城市化和市场化的发展，中国已有 2.6 亿农村劳动力转向城镇就业，各个省份的乡村出现人地分离和人口城乡"双漂"之后，城乡地区呈现出了一些社会矛盾。除此之外，村庄的数量也在不断减少，其造成的一个客观事实是传统乡村受到冲击与挑战，逐步解构而走向萧条。国家统计数据显示，2000 年中国有 360 万个自然村，2010 年自然村减少到 270 万个，10 年间有 90 万个村子消失，平均每天有将近 250 个自然村落消失。[3] 其中部分原因

---

[1] 王成礼，薛峰. 城乡二元社会解构与乡村振兴的耦合. 河南社会科学，2018 年第 6 期。

[2] 张孝德，杜鹏程. 乡村生态文明建设的使命、道路与前景——基于文明形态与"现代化悖论"理论的分析. 中国农业大学学报（社会科学版），2022 年第 6 期。

[3] 中国探索"有根的"现代化之路：复兴乡村文明. 中国新闻网，2014-11-3。

在于2005年国家实施新农村建设，其中一项措施就是村庄的"撤扩并"。这一阶段中逐渐整合形成了一批人口相对集聚、社区服务功能基本健全的中心村。另外，也必须看到乡村"聚集化"并非完全消极的，其也有积极的方面。例如，重庆市合川区居民点密度达32个/km²，村域垦殖率普遍高达75%左右，旱地占比甚至超过了水田。在合川区居民点的住户数介于1—57户之间，均值大约为7.6户；姓氏数介于1—19个之间；约40%的受访者表示自己与所在聚落的其他农户有血缘关系。重庆市合川区下辖的乡村在空间上的相对集聚和优化分布，为乡村振兴战略的实施提供了创新空间。具体而言，乡村聚落的汇集有利于乡村组织、干部体制、产业结构、公共服务和产权制度等方面的深化改革和优化配置，实现新型城镇化与乡村振兴的深度融合。

最后，乡村社会人口结构不均衡问题日趋严重。第七次全国人口普查的资料显示，2020年末，我国城乡总人口14.1亿人，城镇人口达到9.0亿，乡村人口达到5.1亿，分别占63.9%和36.1%。从年龄结构来看，2017年，我国乡村社会60周岁及以上人口超过2亿，截至2020年，老龄人口规模提升至2.5亿，乡村老龄化率接近20%。如果乡村青壮年劳动力无法实现"回流"，乡村振兴就会失去赖以支撑的人力资源。[1] 此外，很多乡村青壮年劳力都在进行非农化转型，这导致乡村的"三留人口"越来越多，老龄化问题越来越严重。[2] 除此之外，乡村地区性别比例问题凸显。2020年，全国乡村人口性别比为107.91，高于全国总人口性别比105.07。进一步分省份来看，31个省份乡村人口性别比均大于100，"男多女少"的现象突出。其

---

[1] 申明锐, 沈建法, 张京祥, 等. 比较视野下中国乡村认知的再辨析：当代价值与乡村复兴. 人文地理, 2015年第6期.

[2] 王成礼, 薛峰. 城乡二元社会解构与乡村振兴的耦合. 河南社会科学, 2018年第6期.

中 14 个省份大于 110：北京（120.2）、山西（110.1）、内蒙古（112.3）、上海（130.9）、浙江（110.8）、福建（110.9）、江西（110.0）、湖北（111.3）、广东（111.4）、广西（111.8）、海南（116.5）、重庆（111.9）、云南（111.5）、宁夏（110.2）。[1] 城镇化加速了乡村人口向城镇的转移，而乡村男女比例的失调在未来一段时间内难以发生根本性的转变，如此可能导致两种经济后果：一是进一步加速乡村人口向城镇转移。农村劳动力减少，农民进城务工，进入工业或服务业，导致农民主要从事的农业工作反而成了"副业"，进一步加剧了农业生产的衰落。[2] 二是造成乡村结婚难度加大，生育率进一步下降，导致劳动力供给情况进一步"恶化"。上述情况无疑都可能进一步导致乡村劳动力缺失问题更加严重。

三、乡村经济结构变迁

（一）农村减贫成绩斐然，人均收入显著增加

截至 2020 年末，国家扶贫计划启动后，脱贫攻坚取得了伟大的成效。全国农村贫困人口从 2012 年末的 9899 万人减少至 551 万人，实现了 9348 万贫困人口脱贫，贫困县数量从 832 个减少至 52 个。1978—2019 年，农村贫困发生率从 97.5%下降到 0.6%，农村贫困人口从 7.7 亿下降到 550 万人，减少近 7.65 亿。[3] 按照世界银行的贫困标准，中国 7.65 亿农村人口摆脱贫困，占同期世界减贫人口的 70%

---

[1] 根据 2021 年《中国统计年鉴》数据整理。
[2] 张志敏. 乡村振兴背景下空心村的形成与复兴路径研究——以 Z 省 S 县陈村为例. 中国社会科学院研究生院学报，2019 年第 4 期。
[3] 唐任伍. 脱贫攻坚：中国方案、中国经验和中国贡献. 人民论坛，2020 年第 2 期。

以上。从城乡居民收入情况来看，1978年，我国人均国内生产总值（GDP）为385元，城镇居民人均可支配收入为343元，农村居民人均可支配收入为134元；到2021年，全国居民人均可支配收入为35128元，同比增长8.1%，其中城镇居民人均可支配收入为47412元，同比增长7.1%；农村居民人均可支配收入为18931元，同比增长9.7%。2021年全国居民人均可支配收入中位数为29975元，城镇居民人均可支配收入中位数为43504元，农村居民人均可支配收入中位数为16902元。1978—2021年，我国城乡居民收入差距比在1978年为2.6倍，于2003年增加到3.2倍，而到2021年城乡居民收入差距比略有下降，为2.5倍。①

（二）农业产业规模不断扩大，但粮食安全压力依然凸显

1978—2020年，我国国内生产总值从3678.7亿元增加到100.8万亿元，成就了世界经济增长的奇迹。依据第一、二、三产业划分，1978年第一产业、第二产业和第三产业占国内生产总值的比重分别为27.7%、47.7%和24.6%；而2020年第一产业、第二产业和第三产业占国内生产总值的比重分别为7.7%、37.8%和54.5%。第一产业增加值为77754亿元，增长3.0%。第二产业增加值为384255亿元，增长2.6%。第三产业增加值为553977亿元，增长2.1%。另外，我国农林牧渔总产值从1397亿元增加到147013亿元，增长了104.2倍，年均增速为11.4%。其中1978—2017年年均增长率为11.7%，2018—2021年的年均增速为9.0%。总体来看，第一产业相关产业的经济规模不断增长，但是增速明显落后于第二产业和第三产业，存在农业产业发展动力不足的压力。

---

① 根据《中华人民共和国2022年国民经济和社会发展统计公报》数据整理。

另外，粮食是关系国计民生的重要战略物资，1949 年我国粮食产量为 1.3 亿吨，到 1957 年已经提高到 1.9 亿万吨。随着粮食供求关系的改善，中国很快改变了"以粮为纲"的农业发展格局，走上市场化发展道路。粮食播种面积从 1978 年的 12058.7 万公顷减至 2013 年的 11195.6 万公顷，而到 2020 年，全国粮食播种面积又增加到 11676.8 万公顷。据国家统计局公布的数据，2020 年全国粮食总产量为 6.7 亿吨，其中稻米 2.1 亿吨，小麦 1.3 亿吨，玉米 2.6 亿吨。可见，自党的十八大以来，我国粮食生产实现连年丰收并且产量保持在每年 6 亿吨以上。在粮食生产上，我国粮食生产空间格局发生了重要变化，区域性结构特征明显。1980 年，粮食主产区、产销平衡区、主销区产量占粮食总产量的比例分别为 69.3%、16.5%、14.2%，而近年来，粮食主产区的这一比例已经多年超过 75%，产销平衡区为 18% 左右，主销区下降到 6% 左右。由于珠三角地区、长三角地区经济快速发展，人口迅速增加，耕地数量明显减少，加上西部地区农村出现"孔雀东南飞"热潮，大量乡村劳动力流向城镇和工业领域，使得务农种粮的劳动力供给进一步减少。如果按照全国人均粮食消费水平与全国人均粮食占有量相当来估计，主销区粮食缺口为 7000 万吨以上，人均需要调入 280 千克。[①] 因此国民口粮的一部分需求不得不通过进口来满足。

（三）小农经营模式单一，农业产业链"空心化"

20 世纪 80 年代以来，我国以家庭承包经营为基础、统分结合的双层经营体制，让农户拥有了土地生产经营自主权，激发了经营主体的积极性，解放和发展了农村生产力。然而，随着社会主义市场经济

---

① 张天佐. 粮食安全与农业结构调整（2013—2017）. 中国农业出版社，2019 年.

的进一步发展，分散小农户的"小生产"与农业产品"大市场"之间的供需矛盾日益凸显，导致区域农产品经营模式、产业链结构比较单一。而在现实社会中，一方面，小农户对农产品的生产和加工多处于初级阶段，农产品储存时间不长，规模化水平不高，销售期较短，质量不过关，与规模化生产的农产品相比处于劣势，难以满足农产品消费结构调整的需求；另一方面，小农户由于自身条件的制约，难以及时、精准地掌握市场变化信息，难以及时调整生产结构，农产品生产盲目化、从众化现象严重，导致产业链深度发展不够。除此之外，农村大量人口外出务工，导致不少农村空心化，进而使得农村产业空心化。懂得农业技术的人少，愿意从事农业生产的年轻人更少，种种因素导致了农业产业发展困难重重，具有较高的产业"空心化"风险。

产业"空心化"导致农产品种养覆盖率低，品种多元性不足，灌溉等农业基础设施建设进程滞后于发展的实际需求，病虫害防治不及时，管理粗放，导致质量不一、产量不高。现有的农产品深加工产业链难以达到规模经济的要求，缺少进行深加工的厂房和专业设备，农产品只能以初级加工产品形式进入市场，进而可能削弱农户的财富创造能力。中国自主农业产业发展也遭遇了农业技术和种子资源等方面的"卡脖子"问题，这抑制或延缓了中国农业产业的发展进程，并可能提高国家农业产业链安全方面的风险。

（四）农村资本供给不足，金融"空心化"亟待优化

金融资本等要素自乡村向城市近乎完全的单向流动也成为乡村发展的一个关键桎梏。在相当长的一段时间内，其他金融机构，特别是涉农领域和位于农村的其他金融机构，是我国金融业发展的明显短

板，仅有为数不多的几家机构涉及此类服务。此外，在我国银行业改制，涉农国有银行、农村信用社等纷纷转变为商业银行的背景下，受制于金融监管的要求与市场机制的驱动，一般的金融机构均将业务的重心放在风险更低、收益更高的城市范围内，逐渐偏离了其设立初衷。例如，中国邮政储蓄银行的储蓄业务于1989年起在农村地区开展，但直至2007年，相对应的贷款业务才在农村地区开展，在这期间，中国邮政储蓄银行持续性地吸纳农村地区的储蓄并将其投放到城市中，且其农村地区的网点也随着商业化改革的推进逐渐缩减，使得其涉农贷款业务体量进一步萎缩，加剧了农村地区的金融资源劣势。[1]

但是，随着我国乡村振兴战略的不断推进，农村金融在支持乡村振兴上发挥了明显作用。2017—2020年，全国涉农贷款余额分别为30.95万亿元、32.7万亿元、35.2万亿元和38.9万亿元。总体而言，涉农贷款余额逐年增长。但是，涉农贷款占各项贷款总额的比例呈逐年下降态势，农业贷款对农村农业生产经营的支持力度有限，对于涉农贷款的重视程度与投入水平有待增强。分地区来看，就东部地区而言，其相关涉农贷款余额增速最为显著。区域信用信息平台、农村普惠金融标准化服务点等创新金融服务模式相继在东部地区得到推广和使用，东部地区农村金融服务覆盖范围进一步扩大，金融数字化水平和普惠金融水平进一步提升，农村金融服务持续向纵深发展，已逐步实现由追求量的增长向普惠、高质量发展方向转变。就中部地区而言，其农业生产金融相关涉农贷款余额增长幅度高于全国平均水平，涉农贷款支持农业生产的作用凸显，金融支持现代化农业生产发展的

---

[1] 王向阳，申学锋，康玺. 构建城乡要素双向流动机制的实证分析与创新路径——基于以资本要素为核心的视角. 财政科学，2022年第3期。

力度不断增强,但农业生产的金融需求仍十分迫切。西部地区作为脱贫攻坚主阵地,脱贫攻坚工作取得巨大胜利,截至2020年底,西部地区精准扶贫贷款投入不断增加,精准扶贫贷款余额约占全国精准扶贫贷款余额的60%,但西部仍为三个地区中涉农贷款余额增长幅度最低的地区。① 自2020年以来,西部农村地区的发展重心由脱贫攻坚逐步向乡村振兴方向转变,西部农村地区的金融需求依旧旺盛,而金融是助力乡村振兴顺利衔接脱贫攻坚的重要因素。② 然而,各地区普遍存在农村金融资源需求和供给不匹配的问题,具体表现出以下几个特点:

1. 农村金融组织体系结构单一和风险较高

根据《中国农村金融服务报告(2020)》,2020年农林牧渔业贷款余额中,农村金融机构发放的贷款余额占比为64.69%。涉农金融机构已然成为解决农户与农村小微企业融资难问题的主力军。国家银保监会也陆续出台了一系列文件,要求农村商业银行和村镇银行提高涉农及小微企业贷款占比。在2020年底,这两项指标分别达到了80%和90%。③ 此外,农村金融组织体系不断拓展,农村金融资源供给主体不仅有传统的银行类金融机构,而且担保、保险、证券、期货等金融机构也逐渐融入农村金融组织体系之中。

我国农村金融体系仍未改变以银行业金融机构为供给主体的金融市场结构,保险市场、股权市场、债券市场、期货市场占农村金融市场的份额较低,发展相对滞后,农村金融体系结构较为单一,农村融

---

① 刘定华. 反贫困思想与政策性金融扶贫. 中国金融,2017年第18期。
② 王妍,孙正林. 乡村振兴背景下我国农村金融资源高效配置研究. 苏州大学学报(哲学社会科学版),2022年第3期。
③ 张岳,周应恒. 数字金融发展对农村金融机构经营风险的影响——基于金融监管强度调节效应的分析. 中国农村经济,2022年第4期。

资渠道受限。[1] 例如，根据中国人民银行金融消费权益保护局发布的《中国普惠金融指标分析报告（2020年）》，截至2020年末，农村地区个人银行结算账户累计数已达47.4亿户，活跃账户占比为88.0%，银行卡发卡量达38亿张。目前，我国农村地区购买保险服务的农村居民占比为32.1%。[2] 此外，虽然农产品期权期货产品市场已经建立，但是累计上市农产品期权期货产品仅有34个，远远滞后于广大的农产品市场和丰富的农产品种类对于金融的需求。不仅如此，农村金融机构的风险管理能力和技术落后，[3] 加之农业生产季节性强、附加值低以及小微企业信息披露不健全、抵押担保不足等，造成了长期以来农村金融机构风险居高不下的局面，[4] 农村金融机构占全部高风险机构总量的93.1%。

2. 农村银行业金融机构和金融基础设施存在不足

农村金融机构多元化发展的格局在我国农村金融改革开始后逐步显现。随着农村经济发展形势的向好，不仅是政策性涉农金融机构，各类商业性金融机构也纷纷将目光投向广大的农村地区。截至2020年末，从网点覆盖面来看，银行业机构乡镇覆盖率达97.1%，但是银行业金融机构网点往往只配置至乡镇一级，村屯并未普及。虽然一些国有大型银行和股份制商业银行尝试使用一系列金融科技手段将金融服务延伸到村口银行，下沉到基层金融服务的最前沿，但是其服务内容的广度和深度与乡村发展的需求相比仍存在不足。此外，农村金融

---

[1] 张林，温涛. 农村金融高质量服务乡村振兴的现实问题与破解路径. 现代经济探讨，2021年第5期。
[2] 根据《中国普惠金融指标分析报告（2020年）》整理。
[3] 周鸿卫，田璐. 农村金融机构信贷技术的选择与优化——基于信息不对称与交易成本的视角. 农业经济问题，2019年第5期。
[4] 许泽想，闫昱彤，郭宇睿. 新时代农村商业银行风险与效益的再认识：一个文献综述. 中国经贸导刊（中），2018年第29期。

机构组织构成单一特征明显。农村地区金融机构的构成主要是农业银行、各地农商行、信用社、村镇银行等传统的区域性银行机构,其中农业银行、农业发展银行等重点涉农金融机构提供的涉农贷款占全国涉农贷款总额的60%以上。但囿于农业地区金融业务的成本高、风险高,农村地区的商业银行等金融机构也越发市场化,其逐步降低了对农业农村金融的支持力度,转而将涉农资金投放到其他能够获得较高收益的业务中。而且,具有较强创新意识的股份制银行、外资银行等金融机构很少在农村地区开设网点,其涉农信贷规模十分有限。2020年,我国行政村基础金融服务覆盖率达99.9%,ATM、联网机具等基础设备配置结构得到进一步优化,而银行卡取款服务点也达到89.3万个。随着互联网金融和数字金融的发展,普惠金融下沉乡村的进程加快推进,银行网点布局也在逐渐重构,一方面ATM设备配置数量略有下降,另一方面可进行扫码支付的联网设备数量有所增加。

除了银行业相对覆盖率较高之外,其他金融机构在乡村设置的分理处或者网点都相对较少,相关的金融服务还不能满足乡村发展的要求。以涉农保险为例,由于农业种植受到气候因素的重大影响,一旦出现自然灾害,农业种植就会遭受巨大损失,因此涉农保险的赔付率较高,而涉事地点往往又在较为偏远的农村地区,所以事后的勘察和评定也存在较大的困难,有违商业保险市场化经营的初衷,因此开展涉农保险的金融机构数量较少。保险类金融机构在乡村的发展主要存在两个明显的问题:一是保险业务发展现状与市场监管力度不相对称。保险业相关监管机构只设立省级或较大城市级别的分支机构,而以下层级均由保险业协会对保险业务展开监管,存在基层保险监管不力的问题。此外,在保险公司营销机制的影响下,保险销售人员不固定，保险理赔困难打击了农户参保的积极性，诱发大面积的农村脱保和退保。二是保险公司普遍注重保险的销售，在销售过程中极尽美言，而一旦保险得以出售，其后续的理赔过程不仅手续繁琐、条件苛刻，甚至可能存在故意刁难的情况，对广大农民群众的涉农业务理赔造成了巨大困扰。这些问题都极大地限制了农村保险类金融机构的发展。

3. 农村金融生态环境建设有待完善

农村金融生态环境的概念，可以理解为涉农金融机构在其发展中与内部各组织之间和外部环境之间所形成的一个体系，而良好的金融生态环境是农村金融体系运行的基础和保障。[1] 乡村振兴战略实施以来，农村信用环境、支付环境和法律环境都得到了较大改善。信用环境方面，农村信用体系逐步完善，农村信用信息系统逐步优化，有效提升了农户信贷审批率。截至 2020 年，农户信用信息系统已累计为 1.89 亿农户建立信用档案，52% 的建档农户信贷申请获得审批。需要指出的是，在农村地区开展征信数据采集工作，与城市地区相较，困难程度要高得多。农村地区小微型企业财务制度不健全，财务信息缺乏甚至造假情况频现；个体农户难以提供抵押品或寻找到担保人，导致其还款能力难以得到精准识别；农村公共信息平台资源共享机制不完善，工商部门、税务部门等职能部门信息对接技术难度大；现有信息数据挖掘方式较落后，难以满足普惠金融发展模式的要求。上述问题均广泛存在于农村地区。因此改善征信环境是构建农村金融生态圈的基础环节，也是促进经济良性循环的重要保证。[2]

---

[1] 周小川. 完善法律制度，改善金融生态. 金融时报，2004-2-3。
[2] 黄纯迪. 金融科技服务农村金融生态圈构建思路——以清远市为例. 营销界，2021 年第 37 期。

此外，农村金融的法治建设存在一定的滞后性，在经济和文化建设相对落后的条件下，农民缺乏对于法律法规的基本认知，更缺乏相关的法律意识和法治观念，这在一定程度上阻碍了金融资源向农村地区的延伸，表现为部分农户借贷后，可能恶意拒绝履行还款义务、故意逃单，也可能受他人唆使参与跑分、洗钱等恶性违法犯罪活动。从法律实施方面看，农村地区执法效率较低，违法者难以得到相应惩罚，导致农村金融借贷领域的违法成本较低，金融业务出现权利与义务不统一的情况。① 另外，从法律环境方面看，农村金融法律不健全还对乡村振兴造成了一定的阻碍。例如，我国先后对《人民币管理条例》《中国人民银行法》等法律法规进行了征求意见和修订。虽然 2021 年《乡村振兴促进法》的颁布为金融支持乡村振兴提供了法律依据，但是针对农业生产、农村金融服务的法律法规尚有待补充和完善，农村金融生态环境仍需进一步优化。

第四节　建设宜居宜业和美的现代版"巴山蜀水"

21 世纪以来，第 20 个指导"三农"工作的中央一号文件《中共中央、国务院关于做好 2023 年全面推进乡村振兴重点工作的意见》不仅指出全面建设社会主义现代化国家，最艰巨最繁重的任务仍然在

---

① 赵志宏. 生态银行（BANK THE WORLD）贯彻新发展理念　打造赋能生态新纪元. 当代金融家，2021 年第 3 期.

农村，而且明确提出要全面推进乡村振兴工作，并对扎实推进乡村发展、乡村建设、乡村治理等重点工作，加快建设农业强国，建设宜居宜业和美乡村进行了具体部署。① 中央一号文件内容涉及抓紧抓好粮食和重要农产品稳产保供、加强农业基础设施建设、强化农业科技和装备支撑、巩固拓展脱贫攻坚成果、推动乡村产业高质量发展、拓宽农民增收致富渠道、扎实推进宜居宜业和美乡村建设、健全党组织领导的乡村治理体系、强化政策保障和体制机制创新等方方面面的内容。② 中央一号文件释放的强烈的市场信号，就是"农业会更强，农村会更美，农民会更富"。2023年是全面落实党的二十大系列重要精神的开局之年，新时代、新征程、新奋斗，各地区各部门都锚定了农业强国的目标，全面推进乡村振兴，建设和美乡村，打造格局特色的"富春山居图"。保持乡村的独特风貌，在广袤的田野上形成一个个生机勃勃的场景，留住村庄的乡土情和烟火气，推动农村地区在产业、人才、文化、生态、组织五个维度的全面振兴，汇聚成一幅乡村振兴的美好图景。

2023年重庆市委市政府踔厉奋发，着力探索一条具有重庆特色的城乡融合发展新路子，推动农业农村现代化迈出坚实步伐，着力实现乡村由表及里、形神兼备的全面提升。重点实施脱贫成果巩固提升行动、脱贫地区与脱贫群众内生发展动力提升行动、宜居宜业和美乡村建设行动，奋力交出巩固脱贫攻坚成果、全面推进乡村振兴的"高分报表"，推动更高质量巩固拓展脱贫攻坚成果、更高标杆打造乡村振兴示范。到2027年，拟实现脱贫人口人均纯收入年均增长

---

① 陈松友，周慧红. 党建引领乡村治理的理论逻辑、历史逻辑和现实逻辑. 山东社会科学，2022年第12期。

② 浩农. 全面推进乡村振兴　加快建设农业强国——2023年中央一号文件重要精神解读. 党课参考，2023年第5期。

13.5%以上；脱贫村村级集体经济组织年经营收入达到5万元以上；打造1000个宜居宜业和美乡村示范村。重庆奋力绘制出独具特色的现代版"巴山蜀水"的美丽画卷，推动本市农业农村现代化走在我国西部地区前列。

一、系统规划谋愿景

与美丽乡村相比，和美乡村对乡村的建设工作提出了更高的要求，其不仅要求"绿水青山"的乡村生态美，更强调和谐乡风的人文美，强调乡村建设既要见物也要见人，既要塑形也要铸魂，既要抓物质文明也要抓精神文明，实现乡村由表及里、形神兼备的全面提升。因此，和美是宜居乡村和宜业乡村的灵魂，是我国新时代乡村建设所应遵循的"中轴线"。只有用乡村的优秀传统美德浸润人心，用乡村振兴的美好蓝图凝聚人心，才能构建出和谐稳定、人心向善的和美乡村画卷，为新时代的乡村建设注入新的动力和灵魂。

（一）宏观和中观层面的规划

在宏观层面，要规划好区域乡村振兴发展蓝图，明确短期科学规划和中长期远景目标，做到战略定、政策定、指标定、功能定。在中观层面，要科学制定乡村振兴专项规划，严格保护农业生产空间和乡村生态空间，切实为实施乡村建设提供科学指导意见和"路线图"。

（二）微观层面的规划

在微观层面，要绘定村落发展路径。充分考虑乡村实际、乡村生活特点、农民群众意愿等综合因素，因地、因村分类，科学编制村落规划。要把乡村建设行动作为实施乡村振兴战略的重要内容，遵循规划，一任接着一任干、一张蓝图绘到底。

二、统筹协调配资源

(一) 多方合力，筹集资源

乡村建设综合性强、涉及面广，只有调动各方力量共同参与，才能凝聚最大合力，释放最大能量。要用好政府"有形之手"，从政策上、组织上发挥引导作用。要用好市场"无形之手"，可结合"万企兴万村"行动等资金平台，撬动更多社会资本支持乡村经营性建设项目。要用好农民主体之手，只有打破制约农民主体作用发挥的体制机制障碍，把农民组织动员起来，建立自下而上、村民自治、农民参与的实施机制，采取以工代赈、投资投劳、自建自管等方式来建设乡村、发展乡村，才能更好激活乡村建设的内生动力。

(二) 软硬齐发，向美而建

乡村建设是一项系统工程，离不开硬件的支撑和软件的保障。要织密基础设施"一张网"，加快推进道路、供水、能源、物流、信息化、综合服务、农房、农村人居环境等八大重点领域的基础设施建设。要实现公共服务"一站式"，加快补齐教育、医疗、体育等设施设备的短板，积极提供文化、养老、助残等基本公共服务，让惠民答卷更有"温度"。要实现低碳生活"一体化"，以绿色发展引领乡村振兴，通过人居环境综合整治、垃圾污水分类处理、倡导低碳生活等方式，让良好生态成为乡村建设的支撑点。

(三) 互动增效，城乡融合

乡村建设不能就乡村论乡村，要注重强化以城带乡、以乡带村，着力于破解城乡二元发展格局，促进城乡资金、技术、人才等要素的公平交换和双向流动，推动服务、资源等进一步向农村地区延伸。围绕县城扩容、集镇提质、乡村增效，率先在县域内破除城乡二元结构。要坚持"县城为主、集镇补充"的发展思路，做大做强区域中心集镇，充分发挥区域中心集镇连接县城、服务乡村的作用。广大乡村既是服务"三农"工作的一线，也是实施乡村建设行动的前线。要合理确定重点建设区域、公共基础设施配置和基本公共服务标准，着力推动资源下沉、服务前移。

三、协同治理建工程

(一) 建管治理并重

乡村公共基础设施建设与管护犹如车之两轮、鸟之两翼，缺一不可。可采取"清单化+台账化"模式，明确项目管护主体、管护责任、管护方式、管护经费等，推行"门前三包"、受益农民认领、组建使用者协会等方式，提高管养护水平，提高和延长乡村公共基础设施的使用频率和使用寿命。文化建设是乡村振兴的灵魂，也是乡村建设的难点。要加强乡村文化保护，保持传统村落独特风貌，留住村庄的乡情味和烟火气，打造各具特色的现代版"富春山居图"。在乡村建设的推进过程中，必须坚持党的绝对领导，同时在乡村自治、依法治国、以德育人等方面齐头并进，构建起有机统一的现代化乡村治理体系，确保乡村地区的经济活力与发展秩序。

（二）确保机制健全

乡村建设离不开人力、物力、财力的有效支持，健全的机制支撑和精准的评估考核。要强化乡村建设"人、地、钱"要素保障。健全乡村建设多元化投入机制，创新金融服务，拓宽乡村建设融资渠道，大力引导和鼓励社会力量投入乡村建设。积极培育乡土人才，做好"引才、育才、留才、聚才"四篇文章，建立乡村工匠培养和管理制度，引导支持熟悉乡村的专业人员参与村庄规划设计和项目建设。围绕乡村建设行动"一个规划、八大工程、三个体系"，细化、量化各项考核指标，推动宜居宜业和美乡村建设落到实处、见到实效，展现中国式现代化城乡美美与共的新图景。

第二篇

金融服务乡村振兴"六要素"理论

第二章
金融服务乡村振兴应有之义

第一节　金融服务乡村振兴关键在"新"

　　金融之术,博大精深,银行之业,云谲波诡。金融乃国之重器,坚守"金融为民"的理念是新时代的呼唤。金融,作为一个词,在《现代汉语词典》中的解释是:"货币的发行、流通和回笼,贷款的发放和收回,存款的存入和提取,汇兑的往来以及证券交易等经济活动。"经济学家陈志武认为,金融的核心是跨时间、跨空间的价值交换,所有涉及价值或者收入在不同时间、不同空间之间进行配置的交易都是金融交易。① 可见,在现代社会,金融的概念早已超越了货币和信用的范畴,而外延扩大至多种具有价值、可供交易的资源。金融是一种交易活动,金融的本质是价值流通,但是金融机构开立的高门槛也许是乡村金融服务供给不足的原因之一。

　　当前,中国正处于乡村振兴战略实施和推动高质量发展的关键节点,迫切需要补足涉农金融服务的短板,为农业农村经济发展与实现乡村振兴战略目标注入新的动力。要进一步解决嫌贫爱富、锦上添

---

① 陈志武. 金融的逻辑. 中信出版社,2020年。

花、重大弃小、重工重商弃农、奉"二八"定律为真理等金融市场乱象。"本固则稳,水活则兴。"从金融服务乡村振兴的理论与具体实践来看,历史催生了新时代新金融的视角。新时代、新征程、新重庆的乡村振兴战略的实施呼唤着新金融。重庆是中国西部唯一的直辖市,重庆国有商业银行、股份制银行等都在思考如何更好地服务乡村振兴,服务"三农"经济,完善金融体系,创新金融工具和产品,加强金融法治保障,脚踏实地为乡村振兴提供丰富的金融服务,赋能新时代。

在社会治理中,金融发挥着关键资源配置的重要作用,能够为诸多的社会难点与痛点提供解决方案。本书所探讨的服务乡村振兴的新金融就是在高质量发展的背景下,通过向农业农村倾斜金融资源,增进农村居民的福祉,推动农业产业升级,拉动农村居民消费,从而筑牢农业农村经济平衡、可持续发展的根基。新金融服务乡村振兴就好比是"温柔的手术刀",做得不好,便显冷酷;做得到位,便显温柔。金融机构要主动用好金融资源,让金融资源的源泉充分涌流,"润物细无声"地破解当前社会和人民生活的痛点,尤其解决"三农"长期被排斥在金融服务之外的困境。这些变化要求金融机构完善功能、创新商业模式、划分产品结构和市场取向、演化客户和演替结构,也要求重塑完全新型的金融生态,这就是"新金融"。

新金融与西方金融都是建立在现代金融运行体系之上的,二者的基础架构、交易规则、系统技术、制度标准等基础设施基本上是相同的,前者与后者的主要区别在于初心和使命。新时代的新金融,是以人民为中心的,为的是实现人的最终解放和自由全面发展,其特质和表现令人耳目一新。

一、普惠金融的发展

普惠金融的本质主要体现在对乡村振兴过程中对于涉农中小企业和农户家庭,以及弱势群体金融服务需求的满足,尤其是改变农村、农业、农民对于金融服务犹隔浓雾、可望而不可即的现实问题。

二、价值观的调整

新金融破除了金融业依靠传统金融体系的地位和法定利率空间形成的"养尊处优"地位,使其广泛地参与到市场运作的机制之中,广泛地服务于人民的需求,形成与民生共进、与大众共享,以服务换取收益,不与民争利、不与企业争利的新金融价值观。

三、金融资源的共享

金融资源边际效用和价值发现功能只有在开放和贡献的使用中才能够实现。此外,金融的资源不仅仅在于资本,更在于金融人才的储备,我国金融业从业人员已经达到800余万人,这笔资源定能在全社会中迸发出强劲的财富创造动力。更多的金融从业者在新金融的服务方式下与乡村振兴各领域深度合作,将在推动社会的整体进步和具体行业的发展中释放出巨大的能量。

四、金融科技的运用

现代科技在金融领域的运用与发展极大增强了个人融资需求者的信息搜集能力，有效降低了个人与金融机构间的信息不对称，使金融资源更为便捷高效地实现跨界流动和共享。金融科技在涉农金融领域的应用进一步提供了农村金融的源头活水，乡村振兴各个领域在共享中实现共赢，每位涉农金融需求者均可分享金融资源，获取金融服务。

五、服务模式的创新

打造"金融+科技+产业+N"和"综合业+N"的孵化生态，全周期地向涉农中小企业和农业农村家庭提供信贷、支付、汇兑、风险、理财等多方面多维度的金融服务，不仅能服务乡村振兴的新金融实践，摆脱规模冲动，追求卓越服务，紧扣社会脉搏，担当社会责任，纾解社会痛点，分享社会价值，更是新时代金融服务乡村振兴理念的重塑，是金融服务乡村振兴能力的重建，其内在逻辑使金融真正成为服务于实现人民对美好生活向往的基础设施，使金融及相关生产要素跨界流动，消除壁垒，应享尽享。

第二节　金融"活水"赋能乡村振兴

中国共产党通过百年的努力在 2020 年有效解决了中国的绝对贫困问题，但是相对贫困的问题仍会在未来一个阶段长期存在，因此全面实施乡村振兴战略是逐步升级以解决相对贫困问题的关键性战略路径。到 2035 年，我国乡村振兴将取得决定性进展，农村现代化基本实现。乡村振兴是我国实现全面现代化的坚实基础，在实现金融扶贫与乡村振兴衔接的进程中，特别需要比对金融扶贫与乡村振兴战略两者的目标任务和路径安排，探索金融扶贫顺利过渡到乡村振兴的路径。新时代的发展特点、历史使命赋予了金融业新的历史责任。金融体系和金融机构应始终高举习近平新时代中国特色社会主义思想伟大旗帜，毫不动摇坚持党的领导，牢牢把握金融深化改革的正确方向，立足新发展阶段，贯彻新发展理念，服务新发展格局，推动高质量发展，为"三农"的发展提供更好的金融支撑，为乡村振兴提供更具针对性、普惠性和时效性的金融服务，满足人民群众的美好生活需要，为乡村振兴战略的开展提供持续的发力点。

一、构建服务乡村振兴的金融服务体系

乡村振兴战略思想的精神实质是秉持以人民为中心的发展思想，做到"发展为了人民，发展依靠人民，发展成果由人民共享"。一是

乡村振兴需要构建既能服务好广大农民，又能服务好广大市民的乡村振兴普惠金融服务体系。只有不断满足全体人民的美好生活需要，乡村振兴之路才是可持续的。二是要遵循乡村发展规律和金融需求演变趋势，坚持从农村经济实际出发，准确把握城乡人民金融需求差异，强化顶层设计，因地制宜、量力而行构建乡村振兴普惠金融服务体系。三是要坚持乡村振兴中金融服务体系的普惠性，着力改善城乡发展不平衡的问题，保障农业产量，增加农民收入，改善乡村基础设施建设，在乡村振兴中改善和保障民生，不断提升人民群众的获得感、幸福感和安全感。

支持各级金融机构联合构建支持乡村振兴的普惠金融服务体系，强化各级和城乡金融机构服务国家大局的责任，更好地发挥政策性金融、开发性金融和商业性金融的作用合力。进一步深化农村金融市场改革，深度发展服务"三农"的农村金融市场，加快各类金融机构进入农村金融市场，增加村镇银行、小额贷款公司、农民资金互助社等新型农村金融机构数量，优化县域金融机构网点布局，降低社会资本进入门槛。创新服务乡村振兴的金融产品和服务，提升融资服务全产业链的能力，提高金融机构的服务意识，简化贷款审批流程，设计多样化的贷款期限标准，适当延长贷款期限。

不断建立健全涉农金融服务体系建设，深化担保体系改革，扩大金融机构信用贷款产品池，拓宽融资渠道，鼓励社会资本参与农村产业融合发展，加大对普惠金融服务体系建设的支持力度，从而满足从业主体的融资需求。一方面，金融服务基础设施建设情况是影响居民金融可得性的重要因素。人民银行以及政府部门必须有意识地引导和支持金融资源进一步下沉到基层农业和农户，大力推进农村地区的金融服务设施全面覆盖，提升农村金融机构营业网点密度和服务质量。

增加 ATM 自助设备、POS 机、电话支付终端和金融服务终端等设施在乡镇和行政村的布放量，同时不断完善和拓展助农取款服务点的金融服务功能，让出行不便、受教育水平较低、金融知识较薄弱的农民享受到方便快捷的金融服务。鼓励农村金融机构积极发行面向"三农"、便农惠农的银行卡，使农村居民享受到更便捷的银行卡支付转账服务，进一步优化农村地区的银行卡特色服务。

另一方面，不断完善落实农村信贷抵押担保政策。政府可以着力于惠农金融服务支持担保体系创新，在财政、税收方面为惠农担保机构提供相关的优惠机制，鼓励涉农保机构坚持服务农业、优惠农民的原则，降低涉农融资担保和再担保业务费用，为农村产业融合主体提供贷款担保服务。开展资产产权抵押贷款在农村的试点运行，扩大可用于贷款抵押的标的物范围，将集体经营性建设用地使用权、宅基地使用权、农业附属设施、仓储物流设施等纳入贷款抵押办法，推广以农机设备、承包土地收益权等为标的物的新型抵押担保方式。优化和创新涉农财产担保的制度，推动各类担保机构将融资担保和再担保服务业务开展到农村，建立担保风险补偿金，进一步为农村龙头企业和农户担保贷款。强化农村信息网络建设，进一步扩展农户征信体系，将各类经营主体和订单农户违约行为纳入人民银行征信体系，并对相应的违约行为进行处罚。[1]

二、强化服务乡村振兴产业链的金融业务

乡村振兴中产业兴旺的实质是通过农业发展方式的转变，实现农

---

[1] 国家发展改革委宏观院和农经司课题组. 推进我国农村一二三产业融合发展问题研究. 经济研究参考，2016 年第 4 期。

业生产结构的优化，从而内生地激发农业农村发展动力，实现农业强、农村美、农民富的绿色高质量发展。在金融支持农村产业融合发展的过程中，各类金融机构必须因地制宜、推陈出新，主动探索和研究新产业、新业态、新主体的金融需求特征，大力改革创新现有模式，推出针对农村金融产品创新和农村金融服务的新模式；各类金融机构应在明晰自身优势和专场的基础上，进一步深化分工，以政策性金融为主导，以商业性金融为骨干，以合作性金融为基础，以互联网金融为补充，促进金融服务效率的全面提升。一方面，以政策性金融机构发放的中长期贷款为农村产业融合发展项目的资金来源，促进农村基础设施建设水平的提升，为农村产业融合发展提供坚实的基础。在农村产业融合发展处于探索试点初期的现状下，唯有由政策性金融机构提供大量中长期低息贷款，才能满足资金需求规模大、期限长、投资回收期长的农村基础设施建设贷款要求。[①] 另一方面，各类商业性金融机构应当发挥自身灵活、反应迅速的优势，深度结合当地农业产业链发展状况，针对农业产业链发展的不同环节、不同进程，开发相应的信贷、保险、担保等金融产品。[②]

引导三农发展的"市场化"发展导向，鼓励金融机构参与乡村振兴，将乡村振兴过程中形成的产业打造成"新蓝海"领域。通过资本的助力作用，深化农村产业的融合，强化农村产业的集聚集群发展，形成以主导产业为支撑、衍生产业为补充、配套产业为外沿的多层次、细分工、长链条的农村产业格局。秉持绿色发展的理念，提升农业经济发展的循环性，推进金融链和产业链相互铆合。一是形成农

---

① 张林，张雯卿. 农村产业融合发展与金融支持：经验借鉴与政策启示. 农村金融研究，2020年第2期.

② 樊英，张明. 供应链金融视角下农户融资困境缓解的策略研究. 经济论坛，2021年第1期.

产品区域品牌效应，注重提升区域农产品企业的信息化、企业化、品牌化、链条化程度，打造专业化和区域品牌化产业集群；二是强化龙头企业和产业链核心企业引领、带头作用，扩大区域辐射能力，通过订单、联合、参股等方式，精准企业定位，完善企业分工，形成产业关联度高、功能互补性强的产业集群航母模式，[①] 打造出具有鲜明中国特色的，农业、工业、服务业融合发展的现代化农村产业格局。

三、推进支持乡村振兴的基础设施建设

城乡二元体制束缚着我国经济的协调发展，而实现城乡融合是实现乡村振兴的题中之义和必然道路。其中，必须优先实现基础设施和社会公共服务的城乡均衡发展，为城乡的融合交互提供先决条件。交通运输类基础设施有利于促进乡村振兴中农村居民家庭人居环境的改造、医疗健康环境的优化、教育设施的完善，以及高效快速的农产品配送运输体系的形成。此外，通信类基础设施建设的优化能够大幅提升城乡间信息传递交换的速度，有效降低农产品、农村劳动力与市场间的信息不对称。简而言之，基础设施建设是实现乡村振兴、推动农业农村发展的重要前提。在此方面，应充分发挥政府财政和金融的主导作用，引导金融机构广泛参与到农村地区的基础设施建设中来，鼓励社会资本通过信贷、专项债券、PPP等金融工具和路径，加大对乡村基础设施建设的投入。缩小城乡基础设施的差距是十分重要的，可以从以下几方面入手。一是发挥现有金融工具的作用，使政府财政与社会资本相结合，共同促进以道路网络建设为重要目标的农村基础设

---

① 国家发展改革委宏观院和农经司课题组. 推进我国农村一二三产业融合发展问题研究. 经济研究参考，2016年第4期。

施建设。在社会资本的赋能下，使乡村道路接入主干道路系统，实现村道、乡道与县道、省道及国道相互连通，进而形成完整的乡村道路网络；针对村（间）内"断头路""空白路"开展专项整治，实施"道路通村组、道路入户"工程，把路修到农民的家门口；努力实现产业基地、居民点道路全部连通，使柏油路连通乡级单位、水泥路连通村级单位，并实现基础交通网络的相互连通、村落内部各组间相互连通，客运车辆网络基本覆盖全乡村。[1] 金融资本积极参与农田水利设施、高效节水灌溉、土壤综合治理等项目建设，全力补齐农业农村基础设施"短板"。二是加强金融机构参与乡村生活用水安全、垃圾处理、厕所革命等人居环境改造活动。以市场化的金融手段，加快项目审批流程，加强金融支持力度，推动相关企业开展农村生活垃圾、污水和厕所等的治理，加强对农村面源污染治理等领域的投资。通过金融资本输血与造血功能的结合，形成"金融机构+建设企业"的经营模式，积极推广低成本、低能耗、易维护、高效率的人居环境改革。三是引导金融机构形成前瞻性视野，支持新兴的乡村振兴基础设施建设。加大农村地区的数字信息基础设施建设，为乡村振兴长效机制的城乡对接和高质量发展等提供有力保障；支持数字科技人才深入乡村，推动产业融合进程与数字化进程相互交融，相互促进；将数字信息与产前、产中和产后的整个价值体系结合，使传统农业更加具有智慧。[2]

进一步强化乡村振兴中金融业、数字产业与农业、工业和服务业的相互交织，使数字产业加持乡村旅游、农业生产、农业加工等等，

---

[1] 刘长江. 乡村振兴战略视域下美丽乡村建设对策研究——以四川革命老区 D 市为例. 四川理工学院学报（社会科学版），2019 年第 3 期.

[2] 王铮，唐小飞. 数字县域建设支撑乡村振兴：逻辑推演和逻辑框架. 预测，2020 年第 4 期.

为产业兴旺发展提供更广阔的前景。在农村金融领域积极应用与推广数字技术，使农村地区的互联网金融发展规范化、合理化，运用大数据、区块链等技术降低信息的不对称性，进而使涉农信贷风险的识别、监控、预警和处置水平得到提升；注重积累和共享涉农信贷数据，对客户信息进行更详细的识别和筛选，利用创新的信用评价模式，在做好风险防范的同时，适当扩大涉农信贷的规模。[1] 同时，推进大数据和互联网金融技术深度结合，共同赋能农村信用体系建设，建立乡镇、村、用户三级的征信信息系统，使信用信息更好地服务涉农主体信用融资；多渠道整合社会信用信息，推进电子信用档案覆盖各类农业农村经营主体，创新用户守信激励和失信惩戒机制，实现各机构之间信用评价的互联互通，促进农村地区信息、信用、信贷联动，提升农村各经济主体对于信用的认识，最终使农村金融生态环境得到优化。[2]

四、发挥支持乡村振兴产业和社会的金融保障作用

乡村振兴战略实施过程中应继续加强对社会保障领域的重视，切实关注广大农村居民所面对的医疗保障相关痛点问题，进一步推动完善教育和医疗社会保障制度，防止返贫现象大面积发生。通过使优质教育资源向农村地区倾斜，以优质的教育提升农村劳动力的知识和技能，阻断农村贫困的代际遗传；健全农村地区的医疗保障水平和医疗服务水平，在基本的医疗保障之外，积极促进农村居民大病保险全覆

---

[1] 人民银行、银保监会、证监会、财政部、农业农村部关于金融服务乡村振兴的指导意见. 中华人民共和国国务院公报, 2019-6-20.
[2] 董翀, 冯兴元, 孙同全. 农业农村现代化的金融支农保障机制：变化、问题与对策. 农村金融研究, 2020 年第 8 期。

盖，解决农村居民看病难、看病贵的问题，避免因病致贫、因病返贫。此外，还需要构建市场化的社会保障体系，鼓励农村群众参与投保，使其更充分地享受到城市金融发展的成果。

具体来讲，一是进一步完善我国政策性的农业保险法律制度建设，继续对《农业保险条例》进行修订和完善，这样可以保障相关政策的稳定性和持续性，为农业保险的发展提供有效的法律保障。在遵守自主自愿原则的基础上，支持各金融机构有针对性地开发多元化的保险品种，从供给端给予农户参与政策性农业保险的多样化选择，以财政资金补贴撬动农村居民参保，进而有效提高政策性农业保险的覆盖范围和保障程度。[①] 二是要以国家乡村振兴战略要求为目标，针对全产业链的各个环节，多元创新，推出满足各类主体需要的产品，增加保险产品层次，提升保险产品综合性，促使农险公司以支持保护"三农"为主要目标，规范自身经营，使农民收入获得持续较快增长，最终推动乡村振兴建设。[②] 三是创新模式要抓融合，不断丰富农业保险功能。一方面，充分利用数据信息共享、物流网络、人工智能和区块链等信息技术，结合卫星遥感、无人机等技术精准定位与测量，实现信息采集、保险赔付的线上下一体化，使承保更精确、保险赔付更精准，全面提高农业保险的经营效率；另一方面，更多元的经营主体、更综合的要素资源以及不同目标的政策融合给农业保险带来了更多的挑战，要深度开展保险和农业的进一步有机结合，并使农业保险与政府救灾以及其他金融工具相辅相成，拓展农业保险的业务边界。四是相关部门制定涉农金融优惠政策，通过税收优惠、财政补

[①] 薛敏，郭金龙. 政策性农业保险保障农业发展的国际经验及启示. 中国保险，2021年第2期。

[②] 金鑫. 关于推动农业保险更好服务"十四五"农业农村发展的思考. 中国保险，2021年第2期。

贴、利率下调等方式形成银保合作的激励机制。鼓励更多商业保险公司与银行等金融机构加强合作，做到风险分担、利益分享，有针对性地开发乡村振兴的相关"三农"项目，创新金融产品，合理地满足农户的需求，助力乡村振兴。

五、增强支持乡村振兴主体消费升级的金融服务

在乡村振兴中，农村居民消费质量的提升、农村居民消费水平的提高均有利于满足农村居民日益增长的美好生活需要，增强农民消费的获得感、幸福感和安全感。应逐步构建"金融+消费升级"金融商业平台，开展乡村振兴消费金融示范试点工程。首先，在政策银行和开发性银行的引领下，政府针对农村居民的信贷进行政策鼓励与补贴支持，并逐步引导商业银行及民营金融机构进入农村信贷系统，破除大型机构的垄断地位，多方位、多层次地提振农村居民消费，理顺各级政府部门、金融管理部门、金融机构与终端金融用户之间的关系，进一步构建协同工作机制。其次，营造农村金融承接现代化金融科技的良好外部政策环境。地方政府与金融管理部门应及时完善相关规章制度，一方面营造鼓励"农村振兴+消费金融"发展的政策条件和商业环境；另一方面及时加强监管，建立健全对涉农金融机构的审核以及违规处罚机制，充分发挥金融对于农村居民消费升级的正向驱动作用。[①] 最后，加强金融创新高端人才队伍的建设，积极与高校、科研机构开展合作，注重现代金融技术专业人才培养，为"乡村振兴+消费金融"创造良好的人才支撑

---

① 李阳，于滨铜."区块链+农村金融"何以赋能精准扶贫与乡村振兴：功能、机制与效应. 社会科学，2020年第7期。

和技术条件。

第三节　金融服务乡村振兴体系"六要素"

金融服务乡村振兴是一个系统性工程，其相关金融体系可以解释为一个经济体中资金或资产在专门体制机制和制度规范约束下流动与交易的基本框架，是资金流动的工具、市场参与者和交易方式等服务乡村振兴的金融要素构成的综合体体系。尽管金融体系的内涵在不断地深化和细化，然而近十余年来，随着云计算、大数据、人工智能和区块链等新兴技术的发展及其在金融服务领域的运用，已有的金融体系观点也不断被重新认识，并被应用到新的实践领域。[1]

金融服务乡村振兴是实现中国乡村振兴战略的重要环节，必须围绕"三农"特征，构建一个满足"三农"需求的乡村振兴金融市场体系。只有这样才能提高资本的配置效率，保证金融下沉服务乡村振兴，保证金融活水源源不断地汇聚到乡村振兴之中。既然乡村振兴是国家战略，那么，只有形成一套相对应的完善的国家金融体系，才能起到支撑乡村振兴战略的作用。本书认为国家金融学提出的"金融市场六要素"理论，[2] 能够被运用于乡村振兴的金融领域，有助于认识如何构建完备的金融服务乡村振兴相关金融体系，并理解六要素如

---

[1] 陈云贤. 关于创设"国家金融学"的几点思考. 中山大学学报（社会科学版），2021年第2期.

[2] 王彩萍，李建平. 国家金融视角下现代金融体系理论的衍化和创新——基于"六要素论"体系的新思考. 金融经济学研究，2022年第2期.

何发挥单因素的作用,又如何系统地发挥作用,形成金融助力乡村振兴的合力。所谓乡村振兴金融市场体系"六要素",包括与乡村振兴相关的金融市场要素、金融市场组织要素、金融市场环境要素、金融市场法制要素、金融市场基础设施要素以及金融市场监管要素等(见图2-1)。

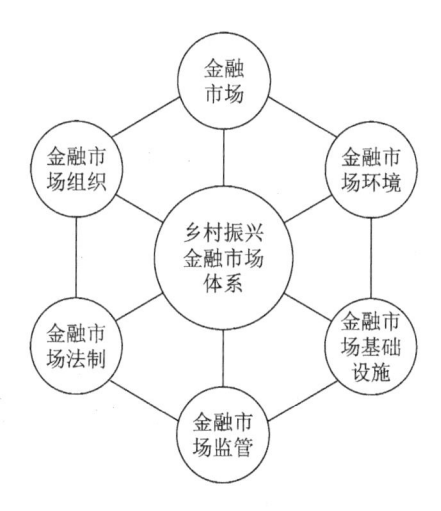

图 2-1 乡村振兴金融市场体系"六要素"架构

一、金融市场要素

金融市场要素体系由各类金融市场以及相关交易的金融产品的价格、供求和竞争等所构成,其中包括货币市场、资本市场、保险市场、外汇市场和衍生性金融工具市场等金融市场。

二、金融市场组织要素

金融市场组织是指由金融市场要素与金融市场活动的主体或管理机构构成的参与金融市场的基本单位，其中包括各种类型的市场主体、各类市场中介机构以及市场管理组织。例如证券交易所、期货公司、银行、证券公司，以及人民银行、证监会、银保监会等金融监管部门。

三、金融市场环境要素

金融市场环境是现代金融体系得以有效发挥作用的土壤，主要包括实体经济、社会信用体系以及产权制度等。金融市场环境要素主要包括实体经济基础、企业治理结构和社会信用体系等三大方面。对这一体系而言，重要的是建立健全金融市场信用体系，以法律制度规范与约束金融信托关系、信用工具、信用中介和其他相关信用要素，以及以完善金融市场信用保障机制为起点建立金融信用治理机制。在社会信用体系方面，当下信用体系问题是制约乡村振兴急需的金融体系向涉农中小微企业和农户家庭群体等经济发展薄弱环节渗透的一大主要因素。[1] 在产权制度方面，因为在现代市场经济中，市场在资源配置中起决定作用，只有以产权明晰为前提，才能深化乡村振兴相关要素市场的改革，进而更好地配置、优化、整合各类要素资源，引导资源流向乡村振兴的各个领域，全面提升"三农"经济发展效率。

---

[1] 邱兆祥，陈名萃，安世友. 构建服务高质量发展的现代金融体系. 理论探索，2019 年第 6 期。

四、金融市场法制要素

金融市场法制体系是由规范市场价值导向、交易行为、契约行为和产权行为等的法律法规构成的。金融市场法制的界定有广义和狭义两种。狭义的金融市场法制包括了金融立法、金融执法、金融司法、金融法制教育等多个方面,其主要目的是推进依法监管,确保金融市场的公正与效率。广义的金融市场法制则涵盖了金融市场和金融活动在通行规则、惯例、秩序等方面的法制系统。

五、金融市场基础设施要素

金融市场基础设施是指为各类金融活动提供基础性公共服务的系统及制度安排,是现代金融体系有效发挥作用的基础条件,是金融市场稳健高效运行的基础性保障,也是实施宏观审慎管理和强化风险防控的重要抓手。例如,金融市场基础设施可以是金融市场服务网络、配套设备及技术、支付清算体系、科技信息系统等,成熟的金融市场通常具备多样丰富的服务金融市场功能发挥的基础设施系统。一个国家如有良好的金融市场基础设施,往往会具有更高的金融服务效率和经济增长速度,并且这种现象在发展中国家表现得尤其显著。[1]

---

[1] 程炼. 金融科技时代金融基础设施的发展与统筹监管. 银行家,2019 年第 12 期。

六、金融市场监管要素

金融市场监管是建立在金融市场法律体系基础上的、符合金融市场需要的政策执行体系，包括对金融机构、业务、市场、政策法规执行等的一系列监管体系。监管机构对于金融体系的监督和管理，主要是为了释放分散金融风险、维护金融稳定等功能。金融市场监管一般主要包括对金融机构设立的监管、对金融机构资产负债业务的监管、对金融政策法规执行落实情况的监管、对金融分业的监管等。

从上文不难看出，乡村振兴金融市场体系"六要素"构成了服务乡村振兴各个环节、各个方面和各个领域有序市场的基础。只有具备完备的要素，金融市场体系才能有序地发挥作用，高效地服务乡村振兴，提升资源配置效率，为实现乡村振兴战略提供源源不断的金融活水，盘活农村资产。

第四节 金融"下里巴人"服务乡村振兴

一、巩固拓展脱贫攻坚成果同乡村振兴有效衔接

中共中央、国务院明确提出，打赢脱贫攻坚战、全面建成小康社会后，要进一步巩固拓展脱贫攻坚成果，接续推动脱贫地区发展和乡村全面振兴。"十三五"时期，特别是党的十九大以来，重庆市委市

政府坚持以习近平新时代中国特色社会主义思想为指导，深学笃用习近平总书记关于扶贫工作重要论述和视察重庆重要讲话精神，坚决把脱贫攻坚作为重大政治任务，坚决贯彻落实党中央决策部署，尽锐出战、攻坚克难，同全国一道如期完成脱贫攻坚各项目标任务，脱贫攻坚战取得全面胜利。14 个原国家扶贫开发工作重点区县（含自治县，以下简称区县）、4 个原市级扶贫开发工作重点区县全部脱贫摘帽，1919 个原贫困村全部脱贫出列，累计动态识别的原 190.6 万建档立卡贫困人口全部脱贫，人均纯收入增加到 2020 年的 1.2 万元，完成脱贫人口易地扶贫搬迁 25.2 万人。全市 5800 个驻乡驻村工作队、5.7 万名驻村工作队员、20 余万名结对帮扶干部扎根一线，广大扶贫干部舍小家为大家，把汗水和心血洒遍千山万水、千家万户，涌现出一大批扎根基层、甘于奉献、带头致富的先进典型。全市累计表彰脱贫攻坚先进集体 649 个、先进个人 1114 名。荣获全国脱贫攻坚奖的先进集体有 34 个，先进个人有 53 名。[①] 脱贫攻坚战的全面胜利，让我们成功翻过了全面建成小康社会的最后一座高山，让所有脱贫群众真正实现了"两不愁、三保障"，让区域性整体贫困得到了有效解决，让脱贫地区发生了翻天覆地的变化，山乡巨变、山河锦绣的时代画卷徐徐展开，为全面推动乡村振兴打下了坚实根基、吹响了前进号角。

"十四五"时期，是我国开启全面建设社会主义现代化国家新征程、向第二个百年奋斗目标进军的第一个五年，是打赢脱贫攻坚战之后，全面推进乡村振兴，"三农"工作的重心发生历史性转移的关键时期，是巩固拓展脱贫攻坚成果同乡村振兴有效衔接的五年过渡期。在外部环境日趋复杂严峻、国内经济下行压力持续加大、风险和困难

---

① 根据重庆市人民政府网站公布的《重庆市巩固拓展脱贫攻坚成果同乡村振兴有效衔接"十四五"规划（2021—2025 年）》整理。

明显增多的情况下,深入贯彻中央部署和习近平总书记关于"三农"工作重要论述、对巩固拓展脱贫攻坚成果同乡村振兴有效衔接的重要指示要求,科学编制全市"十四五"巩固拓展脱贫攻坚成果同乡村振兴有效衔接规划,加快推进农业农村现代化,意义重大。

二、金融"下里巴人"的任务表

(一)完善农村金融市场体系

推动农村金融机构回归本源,引导区县域金融机构将吸收的存款主要投放到当地。发展农村数字普惠金融,推进普惠金融服务到村,开展金融科技赋能乡村振兴示范工程,完善"三农"绿色金融产品和服务体系。扩大农村资产抵押担保融资范围,开展农业设施和地上附着物抵押融资试点工作。建立健全信贷风险担保机制,完善政策性农业信贷担保体系,健全农业信贷担保费率补助和以奖代补机制。加大对农业农村基础设施投融资的中长期信贷支持。鼓励符合条件的农业企业开展债券融资,支持发行乡村振兴债券及碳中和债、可持续发展挂钩债等绿色债券。强化农村中小金融机构支农主力军作用,保持农村中小金融机构区县域法人地位和数量稳定。推动农业保险高质量发展,推进政策性农业保险扩面、增品、提标,稳步扩大相关大宗农产品保险覆盖面,支持区县因地制宜开发优势特色农产品保险。探索进行完全成本保险和收入保险试点,扩大"保险+期货"试点范围,开展"订单农业+保险+期货"试点工作,并不断健全农业再保险制度。[①]

[①] 根据重庆市人民政府网站公布的《重庆市巩固拓展脱贫攻坚成果同乡村振兴有效衔接"十四五"规划(2021—2025年)》梳理。

(二) 金融服务现代农业销售体系

引导金融参与乡村产业布局，加快培育农村电子商务主体。强化金融在建立完善适应农产品网络销售的供应链体系、销售服务体系和支撑保障体系中的作用，创新金融工具和产品，下沉金融服务，推动小微农产品生产主体与各类销售平台的低成本精准对接。积极开拓批发电商、分销电商渠道，大力发展农产品社交电商、直播电商等新模式，打造一批重点网络直播带货生产基地和产地直播基地。完善农村电商物流配送体系，利用新金融健全市场信息服务和反馈机制，推动市场信息指导生产、引导市场和服务决策。

(三) 金融服务乡村振兴带头人创业

以高素质农民队伍为"人才库"，以新型农业经营主体为"孵化器"，以分行业、分产业培训为"主抓手"，注重前端培育、加强过程指导、强化后续扶持，打造一支创业能力强、经营水平高、带动作用大的农村致富带头人队伍。加强政策服务保障，利用金融工具和政策手段，以普惠金融模式为乡村振兴新型主体和农户家庭的生产经营、技术服务、产业发展等方面提供更有力的金融资金扶持，提高创业和带动成功率。

(四) 金融推动"三社"融合发展

探索供销社、农民专业合作社、信用社融合发展新机制，推动"三社"在组织形态、生产经营、利益联结等方面融合发展，提升为农服务能力。推动重庆农商行下沉金融服务，助力破解农业经营主体融资难、融资贵问题。开展农民专业合作社信用评价体系建设试点工作。深化供销合作社综合改革，开展生产、供销、信用"三位一体"

综合合作试点，提升供销社农业社会化服务能力和农产品流通服务能力。实施"三社"融合主体培育工程，加强基层供销社、农民专业合作社规范化建设，到2025年，争取重庆地区乡镇基层社总量稳定在800个，培育基层社示范社400个，改造建设农村综合服务社8000个以上。①

（五）金融促进小农户和现代农业发展有机衔接

稳定完善小农户土地政策，健全针对小农户补贴机制，提升金融服务小农户水平，加快构建扶持小农户发展的政策体系。坚持以小农户家庭经营为基础与多种形式适度规模经营为引领相协调，提升小农户发展现代农业的能力。实施家庭农场培育计划，加强小农户科技装备应用，改善小农户生产设施条件，提升小农户发展能力。引导小农户开展合作与联合，积极发展"农户+合作社""农户+合作社+公司"等模式，强化新型农业经营主体带动作用，提高小农户组织化程度。强化金融思维模式，健全面向小农户的社会化服务体系，大力培育适应小农户需求的多元化、多层次农业生产性服务组织，加快农业大数据、物联网、移动互联网、人工智能等技术向小农户覆盖，鼓励小农户开展网络购销对接。

（六）金融服务重大项目建设

加强财政资金撬动社会资本的作用，坚持资金、土地等要素保障跟着项目走，严格落实农业农村项目用地政策，创新财政支农资金投入方式、工程项目投融资方式和建设管理模式，撬动和引导社会资

---

① 根据2018年中共重庆市委办公厅、重庆市人民政府办公厅《关于推进"三社"融合发展的实施意见（试行）》整理。

本、金融资本投入农业农村,参与工程建设与管护。加强项目建设监督管理,严格执行项目建设程序,提高金融资金使用的精准性、指向性和实效性。

第三章
金融市场与乡村振兴

第一节　乡村振兴金融市场基本情况

一、乡村振兴金融市场概述

(一) 乡村振兴金融市场的概念

金融市场是资金流通的场所，以各种金融资产为交易对象，由因金融资产交易而形成的一切供求关系及其机制所构成。① 金融市场不仅是市场参与主体之间进行交易的场所或平台，而且反映了在金融资产供求关系中所展现的资金动员、资金配置和分散风险三个方面的功能。②

乡村振兴金融市场服务于乡村振兴，是广大农村地区资金融通和交易的场所与平台，为"三农"发展的资金供求双方调剂暂时性或长期性的资金余缺，并发挥媒介交易、稳定交易、便利交易、动员储蓄、分散风险和提供流动性等功能，以促进县域农村经济的发展，推

---

① 张亦春，郑振龙，林海. 金融市场学（第三版）. 高等教育出版社，2008年。
② 林毅夫. 金融改革与农村经济发展. 上海改革，2003年第10期。

动国家乡村振兴战略。① 我国乡村振兴金融市场的功能可以划分为显性功能和隐性功能。其中，显性功能包括清算和支付结算、促进资本积累、在时间和空间上转移资源、提供价格信息、管理风险和解决激励问题等六个方面；而隐性功能主要体现在乡村金融对一国经济整体发展的宏观效应上。②

（二）乡村振兴金融市场的功能定位

当前，中国经济发展已经由增量时期迈入经济发展方式转变、经济结构升级的关键时期，打破城乡二元的经济发展模式，推动农业农村迈向现代化的发展模式，是我国经济发展的重点工作。在此方面，仍需要大力推动乡村振兴金融市场的蓬勃发展，缓解农业农村发展资金相对短缺的窘境，以满足农业农村发展日益多元化的金融需求。本书认为，乡村振兴金融市场的发展仍需聚焦于聚敛、配置、调节、反映和分散风险等五个方面。由于我国农业发展基础薄弱的现实，"三农"发展离不开政府提供的大量资金支持和政策倾斜，所以，广大金融机构应该将金融业务拓展到"三农"领域，将普惠性金融服务下沉乡村，将金融科技延伸到乡村场景，涉农乡村金融机构必须承担起服务"三农"的责任，即在金融供给方面向"三农"倾斜。因此，从农村金融制度安排的目标以及农村经济发展的现实需要来看，引导农村金融机构服务于"三农"，实现资金在农业领域的有效配置，是

---

① 黄惠春. 我国农村金融市场改革路径选择——基于"机构"和"功能"的综合视角. 经济体制改革，2012 年第 5 期。

② 李喜梅，彭建刚. 经济变迁中的中国农村金融体系：一个从隐功能角度的解释框架. 农业经济问题，2005 年第 10 期。

当前农村金融市场最重要的功能。[①]

1. 聚敛功能

乡村振兴金融市场的聚敛功能表现在其为"三农"发展所需资金提供"蓄水池"的功能，它可以将城乡社会资金供应者手中的闲置资金聚敛起来并将其提供给"三农"相关产业资金需求者用于乡村经济发展。由于闲置资金广泛地分散于各个城乡经济单位手中，因此相关的实践及地理差异是乡村振兴建设追踪资金供给所需要克服的一个重要难题。因此，乡村振兴金融市场的建立提供了汇集、融通所需资金的渠道，尤其将小额的闲散资金汇聚到一处，为满足"三农"发展资金需求提供了助力。

2. 配置功能

乡村振兴金融市场的配置功能体现为资源的配置、财富的再分配以及风险的再分配。与传统金融配置功能类似，乡村振兴金融市场能够促进城乡资金在乡村地区的有效配置，使其从其他部门转移到农业部门，从而最大化地发挥资金的配置作用，促进乡村振兴。城乡投资者可以通过乡村振兴金融市场将资金汇聚到"三农"相关产业链，促进第一、二、三产业的融合，延伸价值链，提高乡村价值创造能力，促进全社会价值创造。

3. 调节功能

乡村振兴金融市场的调节功能表现为通过乡村振兴金融市场的信息和资源交换纽带，将"三农"产业发展的资金需求者和提供者联系起来。乡村振兴金融市场发挥着直接调节和间接调节作用。在市场

[①] 黄惠春. 我国农村金融市场改革路径选择——基于"机构"和"功能"的综合视角. 经济体制改革, 2012 年第 5 期.

经济环境中，一方面，只要具备良好的投资效益，满足市场需要，就可以通过直接投资工具或间接投资工具等参与乡村振兴金融市场，并对乡村振兴的微观参与主体产生影响，通过供需关系对市场形成自我调节；另一方面，乡村振兴金融市场反映了乡村振兴经济发展的情况，不仅为政府制定政策提供有效参考，而且为市场调整货币政策、信贷政策提供有用信息，从而促进整个经济良性运行。

4. 反映功能

乡村振兴金融市场的反映功能，即乡村振兴金融市场的运行状态能够有效反映"三农"经济发展的基本面信息，换言之，可以发挥"三农"经济的"晴雨表"作用。微观层面上，乡村振兴有关投资项目的运营和风险情况可通过公开的市场交易以价格机制反映出来；宏观层面上，乡村振兴整体的经济效益情况也可以通过乡村振兴金融市场中金融产品的价格、收益率、信贷规模等指标予以体现。

5. 分散风险功能

乡村振兴金融市场丰富了传统金融市场中的金融工具。虽然农业项目本身并非零风险的，但是乡村振兴金融市场为资金盈余者的金融投资提供了一个风险分散的平台，根据投资者不同的风险厌恶程度和偏好，选择不同的金融工具进行投资组合，从而将风险从风险厌恶者手中转移到风险偏好者手中，实现风险的再分配，达到风险分散的功能。[1]

(三) 乡村振兴金融市场的类型

乡村振兴金融市场是针对"三农"发展的一种专门的金融市场，在此金融市场中的金融工具基本涵盖现有的所有金融工具。我们可以

---

[1] 游春，胡才龙. 发展我国信用风险缓释工具相关问题研究. 征信，2012年第4期。

按照不同分类标准对金融市场类型进行分类（见表3-1）。

表 3-1 乡村振兴金融市场的类型

分类标准	类型
标的物	货币市场、资本市场、外汇市场、衍生工具市场
中介机构特征	直接金融市场、间接金融市场
金融资产的发行和流通性质	一级市场、二级市场
成交与定价方式	公开市场、OTC 市场
固定的实体交易场所	有形市场、无形市场

资料来源：作者自制。

1. 按照标的物划分

按照标的物，乡村振兴金融市场可以划分为货币市场、资本市场、外汇市场、衍生工具市场等。在货币市场中，交易的标的物主要是期限在一年及以下的短期乡村金融资产；在主要包括银行中长期存贷款市场和有价证券市场的资本市场中，主要的标的物为期限在一年以上的乡村振兴金融资产；外汇市场则是指在农业国际贸易合作中以不同货币记值的两种票据交换的金融市场；衍生工具市场是为包括农产品期货、远期、互换合约等发挥套期保值、对冲风险、套利等作用的各类金融衍生工具提供交易场所的金融市场。

2. 按照中介机构特征划分

乡村振兴金融市场依照其中介机构的特征，可以分为直接金融市场和间接金融市场。其中，资金直接从供给者投资到乡村振兴的"三农"项目资金需求者手中的市场即为直接金融市场，主要涉及涉农企业发行债券或股票融资。间接金融市场则是指资金从所有者，例如城乡储户，转移到金融中介机构，再转移到乡村振兴中的"三农"

项目资金需求者手中的市场，一般指涉农信贷、惠农专项信贷市场。

3. 按照金融资产的发行和流通性质划分

按照金融资产的发行和流通性质，乡村振兴金融市场可被划分为一级市场和二级市场。在一级市场中，资金的需求者可以通过首次将金融资产直接出售给投资者募集资金。在二级市场（次级市场）中，主要进行发行后的证券在不同投资者之间的流通买卖。二级市场中的交易又分为场内交易市场和场外交易市场。二级市场以一级市场为基础，而二级市场是一级市场发展的重要条件，为一级市场提供流动性和定价的支持。

4. 按照成交与定价方式划分

按照成交与定价方式，乡村振兴金融市场可分为公开市场和议价市场。在公开市场中，资产的价格由卖家和买家通过公开竞价的方式确定。在议价市场中，卖家和买家通过私人商议的形式确定资产的价格。

5. 按固定的实体交易场所划分

按是否存在固定的实体交易场所，乡村振兴金融市场又可分为有形市场和无形市场。其中有形市场是指存在固定、实体的交易场所的金融市场，如深圳证券交易所等；无形市场是指除有形市场之外的金融资产交易市场，无形市场中的金融交易一般通过互联网工具得以实现。

二、乡村振兴金融市场的主体和结构

（一）乡村振兴金融市场的主体

乡村振兴金融市场的参与主体可分为投资者、筹资者、套期保值者、套利者及监管者等。投资者是指为了赚取差价、股息或利息收入而购买乡村振兴相关涉农金融资产的主体，在乡村振兴金融市场中扮演资金供应者的角色。筹资者属于参与到乡村振兴"三农"相关项目的资金需求者，包括农户、涉农企业等。套期保值者是指通过乡村振兴金融市场的资产配置和交易转移相关风险的主体。套利者是指通过乡村振兴金融市场赚取无风险利益的主体。监管者则是指对金融市场进行调控和监管的中央银行和其他金融监管机构，以及乡村振兴相关的政府职能部门。

此外，按照乡村振兴金融市场参与者身份，金融市场主体还可分为政府部门、涉农企业、农户、金融机构和中央银行等。

1. 政府

在乡村振兴金融市场中，中央和政府兼具资金需求者和提供者的身份。其一，中央和地方政府可以通过公开发行债券的方式筹措乡村振兴相关资金，并投资于乡村基础设施建设或弥补自身财政赤字；其二，中央和地方政府也可通过转移支付等方式发放乡村振兴相关资金，为乡村的发展建设注入活力。

2. 涉农企业

涉农企业在乡村振兴金融市场中也兼具资金需求者和资金供应者的双重身份，可以通过融资等方式开展"三农"产业相关的项目，实现现代农业振兴。

3. 农户

与涉农企业相似，农户既可以作为金融市场的资金供应者，又可以作为乡村振兴金融市场的资金需求者。

4. 金融机构

金融机构可分为银行类金融机构和非银行类金融机构。前者主要包括商业银行、储蓄机构、信用合作社，通过吸收存款并将资金贷给其他经济主体或投资于证券等谋取收益。后者包括保险公司、养老基金、投资银行等。

5. 中央银行

中央银行既是金融市场中的参与者，又扮演着监管者的角色。

（二）乡村振兴金融市场的结构

随着我国金融体系改革四十多年来的持续推进，我国金融体系业已建立较为完整的框架和体系。我国金融体系目前仍以大型商业银行占主导地位为基本格局，股份制商业银行、城市商业银行、保险公司、证券公司、基金管理公司也逐步占据着越发重要的市场地位，为我国乡村振兴事业提供源源不断的金融动力。[①] 2021年中国银保监会发布的金融资产份额显示，当前银行业金融机构中大型商业银行以39.3%的比例占据最大份额，农村金融机构以13.5%的比例占据较小市场份额。农村金融机构覆盖范畴主要包括农村信用社、农村商业银行、农村合作银行以及新型农村金融机构。农村金融机构业务法人数量从2015年的3673家增长至2020年的3898家，同比增长6.13%，随着市场经济进一步发展，农村金融机构占整个金融市场的份额不断增大。[②]

三、乡村振兴金融市场的运作流程

乡村振兴金融市场的运作可以简单地概括为投资者、筹资者与金融中介之间互动关系的总和。乡村振兴金融市场运作的一般流程如图

[①] 马金迪. 中国农村金融结构对农业全要素生产率增长的影响：作用机制与实证分析. 西南财经大学，2021年。

[②] 梁环忠，卢钰萍. 利率市场化对农村金融业务和绩效的影响分析. 中国集体经济，2022年第13期。

3-1 所示。

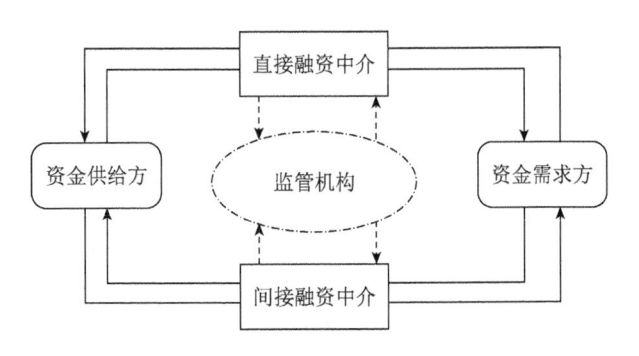

图 3-1 金融市场运作流程

乡村振兴金融市场的投资者为乡村振兴注入了最初的资金，而相关筹资者从乡村振兴金融市场中获取资金以满足自身的发展需求，其中，个人、企业、政府等均可扮演投资者和筹资者的角色。包括商业银行、证券公司、保险公司等的金融中介机构是联结乡村振兴金融投资者和筹资者的桥梁，为其提供相关的金融信息与存贷款等金融服务。此外，乡村振兴金融投资者和筹资者之间还存在直接的交易渠道，即投资者可通过购买相关股票、债券的方式直接参与乡村振兴金融投资。在乡村振兴的各项项目中，直接和间接的融资方式各有其优缺点。对于涉农企业来说，以发行股票为代表的直接融资方式存在没有按期还款压力的优势，但涉农项目受到自然因素和人为因素干扰的可能性较大，相关投资者风险较高，因此涉农企业的融资成本也会相对较高。而就投资者而言，间接融资方式主要是通过商业银行、信用合作社、农商行等银行类金融中介机构提供相关的金融服务。相对来说，这种投资风险分散化，风险更小，但收益更强调普惠性，因此收益回报水平一般较低。

四、乡村振兴金融市场工具的特征

乡村振兴金融市场工具是用来筹集开展乡村振兴相关活动资金的一系列金融产品。从金融市场工具的特征来看,可划分为基础性金融资产和衍生性金融资产。其中,基础性金融资产以权益性资产和债务性资产为代表,而衍生性金融资产以期货、期权和互换合约等衍生金融工具为代表。乡村振兴金融资产的价值取决于乡村振兴进程中农户或涉农企业通过开展一系列涉农项目和生产经营活动能够给投资者带来的收益。乡村振兴金融资产主要有两大功能:一是以乡村振兴项目为载体实现资金与资源的重新分配,二是帮助分散或转移风险。乡村振兴金融市场工具至少具有以下六个基本特征:

(一)普惠性

中国城乡具有二元结构的特殊性,涉农项目的收益通常也低于工业项目,因此乡村振兴中涉农项目的金融产品应体现小额、短期、差异性的需求,通过低利率等手段扩大信贷服务覆盖面,满足乡村振兴的普惠性需求。

(二)科技性

由于农村居民的居住较为分散,而涉农企业的分布也较为分散,因此,乡村振兴中的金融产品和服务亟须以金融科技的打破信息壁垒。在此方面,大数据、云计算、人工智能、区块链等金融科技可以有效地降低金融供需双方的信息不对称程度,有效降低交易成本,实现对于涉农支付清算、借贷融资、财富管理、零售银行、保险、交易结算等的全面支持，体现了乡村振兴金融市场工具的科技性特征。

（三）偿还性

涉农金融资产一般都要标明到期偿还的时间，当金融资产到期时，融资方要承担偿还责任。

（四）权益性

涉农金融产品和服务的相关资金提供者具有相关金融产品的所有权，并具有获取相关收益的权利。

（五）流动性

乡村振兴金融产品相关的金融资产具有转变为货币的能力，因此可以通过金融资产的交易规模、买卖差价等对其流动性进行衡量。

（六）风险性

乡村振兴金融资产风险主要包括系统风险和非系统风险。前者主要是操作风险、市场风险等，而后者主要是信用风险等。

第二节 货币市场

一、货币市场概述

随着中国城乡金融体制改革的深化，货币市场已成为我国各类金融机构发债筹资、调剂资金余缺和获取投资收益的重要场所。货币市场中交易品种日趋丰富、交易规模日益扩大,且在该市场交易的金融产品标准、透明、优质。此外,该市场为各金融机构进行资金安排提供了便利的金融工具。

货币市场指交易标的物为短期金融资产的金融市场,期限一般在一年或一年之内,其主要功能是使金融资产保持良好的流动性。乡村振兴金融市场中的货币市场能够为涉农经济发展注入源源不断的活水,定向地为农村农业建设提供资金支持。对货币市场的资金需求者而言,该市场可以用于满足乡村振兴中资金需求者对短期资金的需求;而对资金供给者来说,该市场能够提供短期的投资机会;对于政府而言,货币市场是政府宏观调控的工具。总体来说,我国货币市场多层次的结构安排为乡村振兴提供了丰富的金融产品选择,实现了农村金融服务的广域覆盖和乡村金融资金的定点定向投放。

二、乡村振兴相关货币市场

(一) 同业拆借市场

同业拆借市场是指金融机构间的短期货币借贷市场,其主要作用是弥补短期资金的不足、票据清算的差额和解决临时的资金短缺需要。[1] 同业拆借业务属于无抵押品的纯信用资金借贷,具有期限短、无担保、参与者广泛的特点。[2] 近年来金融市场参与主体的数量不断增加,新兴的融资技术也快速地渗透到金融业务之中,使得同行拆借

---

[1] 张亦春,郑振龙,林海. 金融市场学(第三版). 高等教育出版社,2013 年。
[2] 汪昊. 央行和商业银行视角下存款准备金率的实证分析. 上海经济研究,2011 年第 9 期。

业务的市场需求和业务规模也快速扩大,不仅为国内金融机构提供了资产负债管理的新手段,更是人民银行公开市场操作的主要场所,以及通过监测银根状况、进行宏观调控的重要渠道。由于同业拆借市场具有期限短、流动性好、风险小的特点,许多商业银行都会通过把短期闲置资金投放于该市场来调整资产负债结构,保持充足的流动性。① 同业拆借市场的参与者不仅有银行类金融机构,还有证券公司、财务公司等非银行类金融机构,这些机构也积极申请加入同业拆借市场,参与网上拆借业务。

客观上讲,农村金融机构的设立旨在改进和完善农村金融服务,为本地"小、微、农"及新农村建设发展提供金融产品和服务。然而,由于受信贷规模控制和放贷能力及信贷的有效需求问题的限制,一部分农村商业银行、农村合作银行、村镇银行等地方性法人金融机构存在资金闲置的现象。② 因此,农村金融机构大量闲置资金流向同业存放的现象也较为普遍,如此则无形中将资金输送到城市,使得农村资本"进城"现象显著。同时,也就可以看到全国性大银行一直充当着银行间市场上的资金净提供方,并且大银行持有更多流动性资产,而农村信用社、农商行等则一般是银行间市场的主要资金净需求方。③

(二) 回购市场

回购市场是指以回购协议的方式进行短期资金融通的市场,期限

---

① 陈超惠,叶安照. 从紧的货币政策对保险业的影响及其对策研究. 金融与经济,2008 年第 6 期。
② 姚平,曹晓飞,胡维静. 关于同业拆借市场发展与监管的思考. 金融纵横,2014 年第 3 期。
③ 张一林,刘雪松,周颖. 中国银行间市场的运行逻辑. 财经科学,2017 年第 11 期。

可长可短,从一天到数月不等,可以灵活满足参与者的需要。回购协议是指在出售证券的同时买卖双方签订协议,卖方在约定期限后按约定价格购回证券,其本质属于为满足即时资金需求而进行的借贷活动。在回购交易中,出售方通过售出证券以借入资金,购买方通过收购证券以借出资金。还有一种逆回购协议,相当于回购协议的逆操作。它是从资金供应者的角度来看的,买入证券的一方同意在约定期限后以约定价格出售所买入的证券。回购市场并非独立于其他市场,其与同业拆借市场、国库券市场等关系密切。由于回购交易中的抵押品通常为具有较高信用的证券,因此风险较小,利率也较低。回购利率一般以同业拆借利率为参考基准,与货币市场利率走势较为一致。

近年不少涉农银行类金融机构更加积极地探索新型回购金融产品,例如农村商业银行发行农产品回购票据,推动农产品跨期交易,通过民间资本扩大资金供给,盘活农村资金池。[1] 以 2021 年为例,票据回购交易金额达 22.98 万亿元,同比增长 15.0%。其中,质押式回购达 21.70 万亿元,增长 11.1%;买断式回购达 1.28 万亿元,增长 187.5%。分机构类型看,农村金融机构和国有银行回购交易金额分别同比增长 33.8%和 15.9%,股份制银行和城商行分别同比增长 10.7%和 6.9%。从资金融入和融出方向看,城商行和证券公司是主要的资金融入方,国有银行和股份制银行是主要的资金融出方;农村金融机构则由上年的资金净融出转变为净融入。[2]

---

[1] 傅兆君,张文杰. 服务乡村振兴战略的农村金融供给保障研究. 南京邮电大学学报(社会科学版),2020 年第 4 期。
[2] 王凌飞,郭宏坚,孙馨瑶. 2021 年票据市场发展回顾与展望. 中国货币市场,2022 年第 2 期。

(三) 商业票据市场

商业票据市场是指大公司通过贴现出售商业票据进行资金筹措的短期金融市场。商业票据的期限较短，一般不超过 270 天，大多数商业票据的期限为 20—40 天。商业票据只以信用做担保，因此往往只有具备良好信誉的大型金融或非金融公司才能通过商业票据进行融资。此处，金融公司包括附属融资公司、银行持股公司下属公司等。在发行商业票据的公司之中，金融公司占据了票据发行的大部分，而非金融公司往往只在应对短期资金需求以及季节性金融摩擦时才会发行票据。金融市场中的非金融公司、投资公司、政府部门等均可作为投资者投资票据。商业票据发行后，可以通过发行商自己和中间交易商的各种渠道进行直接销售和间接销售。例如，为了落实 2021 年中央一号文件要求，中国人民银行指导中国银行间市场交易商协会于 2021 年 3 月 15 日推出了"乡村振兴票据"。作为非金融公司在银行间债券市场发行的一种债务融资工具，乡村振兴票据坚持注册制理念和市场化原则，为非金融公司支持乡村振兴开拓了新的融资渠道，探索了金融市场支持与服务乡村振兴的"债市方案"。[1] 乡村振兴票据的发行，可以有效汇集金融资源，促进农村产业高质量发展，提高农民收入水平，推动我国农业农村现代化进程，推动农村地区基础设施建设等等，并可通过与其他金融工具的结合，催生多维度、全谱系的乡村振兴金融工具，为农业农村发展提供点对点支持。此外，乡村振兴票据还可作用于继承巩固脱贫攻坚成果，为农民平稳度过脱贫"过渡期"提供保障，有效防止返贫。总体而言，乡村振兴票据能够

---

[1] 谭智心，李文婧，李一枫，等. 乡村振兴票据惠农机制探讨. 金融市场研究，2022 年第 2 期。

发挥市场在资源配置中的决定性作用，做到既牢牢把握"三农"重点，又满足企业多元化、个性化需求，引导各方广范围、深层次、多类型支持乡村振兴。再如，2021年6月，广东省广新控股集团有限公司乡村振兴专项公司债券发行上市，成为首单交易所乡村振兴专项公司债券。截至2021年10月31日，已有重庆医药、新希望六合、中粮集团等91家企业累计发行111期乡村振兴票据，金额合计813.72亿元，其中用于乡村振兴的金额为338.42亿元，占总金额的41.59%。从募资后的资金支持领域看，农副产品采购、高速公路、水电能源和环保投入等领域的乡村振兴票据发行规模较大；从发行主体的性质看，国有企业成为发行乡村振兴票据的主力军，其中91家企业包括13家中央企业、69家地方国企和9家民营企业；从发行主体的信用级别看，企业信用评级普遍较高，大多数为AAA、AA+与AA评级企业；从募集资金的用途看，乡村振兴票据募集资金中专项支持乡村振兴的部分主要用于偿还乡村振兴项目借款、乡村振兴项目建设以及补充乡村振兴项目营运资金；从发行乡村振兴票据的期限种类来看，中期票据发行规模占优，而超短期融资券、短期融资券相对较少。①

（四）银行承兑票据市场

银行承兑票据市场是指交易银行承兑票据的短期金融市场。承兑汇票由买方向卖方签发，承诺到期支付货款的票据，其按照承兑人进行划分，又可分为由买方承兑的商业承兑汇票和由银行承兑的银行承兑汇票，在国际贸易领域，后者的应用较为普遍。当贸易发生时，出售方担心购买方不按约定付款，购买方担心出售方不按约定发货，因

---

① 根据中国银行间市场交易商协会官网数据整理。

此需要银行作为第三方进行担保。① 在此类交易中，购买方依据其所在国银行开具的信用证，授权卖方开具其对应担保银行承兑的汇票。若是即期汇票，则承兑银行见票付款，若是远期汇票，则承兑银行在汇票上进行签章以为凭证。一般来讲，银行承兑汇票主要适用于各类大中型企业，很少在农村经济业务中出现。究其原因，一方面是因为农村经济活动相关企业的资金流动量有限，自身资金紧张、现金存量少等特性决定了其经营活动以现金结算为主，若经常使用银行承兑汇票，将会严重影响其日常开支及经营；② 另一方面是因为虽然当地企业有需求，但是涉农金融机构在整个金融市场中依然处于弱势地位，其签发的银行承兑汇票市场认可度较低，导致相关金融机构出具承兑汇票的意愿较小，涉农的乡村票据业务发展较为缓慢。③

(五) 大额可转让定期存单市场

2010年5月，中国工商银行纽约分行在美国市场中发行了第一笔大额可转让存单，此举意味着我国重启大额可转让定期存单市场。据此，可以以大额存单业务为支点，撬动我国利率的市场化改革，不断深入完善我国社会主义市场经济体制，进一步发挥市场在资源配置中的决定性作用，为我国社会经济的全面发展提供新的动力。

大额可转让定期存单可以吸引短期的企业资金，并有利于防止存

---

① 吴穗华，谢端纯. 当前银行承兑汇票业务中存在的问题及对策. 南方金融，2001年第9期。
② 王林栋. 银行承兑汇票在农村集体经济活动中的运用. 山西农经，2019年第1期。
③ 胡晓媛. 农村小微金融机构票据业务发展对策研究——以山西为例. 时代金融，2016年第27期。

款外流。较之普通定期存款，其具备以下的特征：一是有固定面额，且金额一般较大；二是大额可转让定期存单是非记名的，流动性较高，虽不能提前支取但可以在二级市场流转；三是利率通常高于同期限的定期存款利率，并且可以按浮动利率计息。大额可转让定期存单的发行商一般为信誉较好的大型商业银行，且发行规模较大。目前涉农金融机构发行规模尚处在起步阶段。表3-2展示了2022年中国农业银行人民币个人大额存单产品的部分实例信息。

表3-2 个人大额存单产品实例

产品名称	认购起始日	认购结束日	期限	利率	付息方式	提前支取利率
金穗2022年121期个人大额存单	2022/9/15	2022/9/30	一个月	1.6%	利随本清	以农行活期存款挂牌利率计息
金穗2022年122期个人大额存单	2022/9/15	2022/9/30	三个月	1.6%	利随本清	以农行活期存款挂牌利率计息
金穗2022年123期个人大额存单	2022/9/15	2022/9/30	六个月	1.8%	利随本清	以农行活期存款挂牌利率计息

资料来源：作者根据中国农业银行官网信息整理。

（六）政府债券市场

政府债券市场是指以政府债券为交易对象的金融市场。政府债券是一种以政府为债务人的到期偿付本息的债务凭证。国家财政部、地方政府以及其代理机构所发行的债券为广义的政府债券，而狭义的政府债券仅仅是指由国家财政部门发行的债券，即国库券。政府债券以贴现的方式发行，主要目的在于满足政府宏观调控资金的需求，并为央行实施货币政策提供便于操作的工具，是连接财政政策和货币政策的契合点。投资者可以通过买价与面额之间的差价赚取利益。国债具有低风险、小面额以及收入免税的优势，是一种流动性较强的货币市场工具。在乡村振兴中，各级政府推动金融产品创新，除发行一般债券支持乡村振兴领域的公益性项目外，也将乡村振兴纳入发行项目收益专项债券的试点范围。[1] 例如，四川省于2018年8月发行全国首单乡村振兴专项债券，截至2021年末，全国共发行了52只地方政府乡村振兴专项债券，发行规模高达660.39亿元，[2] 并且多个省、市、自治区地方政府也将乡村振兴专项债券纳入政府性基金预算管理范围。[3] 目前，地方专项债券被允许作为符合条件的重大项目资本金，而乡村振兴专项债券可明确发挥财政投入的乘数效应和引导效应，以吸引社会资本积极参与现代农业农村建设，为乡村振兴资金不足破题，为农村财政政策实施增效。[4] 凭借着发行面额大、利率低和税收优惠等优势，乡村振兴债券可以在短时间内为涉农项目募集其所需要的资金，为农产品基地、农田、基础设施、环境整治等项目的建设提供支持，将极大增强农业农村项目融资能力，实现乡村振兴资金的开源拓渠。

---

[1] 宋颖杰，王维维. 我国乡村振兴债券发展现状及政策建议. 中国货币市场，2022年第2期。

[2] 戴晓燕，刘穷志. 双循环新发展格局下专项债券助力乡村振兴研究. 理论探讨. 2022年第4期。

[3] 根据中国银行间市场交易商协会官网数据整理。

[4] 李丽辉. 稳投资，专项债再发力. 人民日报，2019-6-12。

三、货币市场发展对于乡村振兴的作用

货币市场的蓬勃发展为国家的宏观金融调控政策提供了抓手和工具,并可以准确地通过利率信号反映金融的形势,为相关调控提供关键数据支撑。没有发达的货币市场,就不可能实现在市场机制下的高效的宏观金融调控。[①]

首先,银行类金融机构是乡村振兴金融市场的参与主体之一,也是规模最大的参与者。货币市场利率往往对银行类金融机构的金融活动具有引导作用,例如,银行存款利率为市场性基准利率,货币市场中的利率变化及时客观地反映了资金的供求变化,央行可据此拟定与之相适应的货币政策,以实现"逆周期"的调控目的。乡村振兴金融市场中货币市场工具的参与不可或缺,城乡资金的双向流动调控,需要锚定一定的货币市场工具,保障资金双向流动性的信息可以被市场及时反映,通过货币市场利率信号,乡村振兴金融市场的资金供求基本情况可以得到及时的反映,从而使国家能够对乡村振兴形成高效的实时调控。

其次,公开市场操作、贴现率、存款准备金率等货币政策工具的使用为国家战略提供金融性支持。无论是法定利率调控还是货币供应量调整,都会通过市场利率向市场传递信息。参与货币市场的银行类金融机构或非银行类金融机构也都会同时受到货币政策调控的冲击,而做出相应的市场操作调整。鉴于此,乡村振兴相关货币市场的投资者和筹资者等可以通过同业拆借市场、票据市场以及回购市场等向市

---

① 巴曙松. 当前国有银行内部资金利率管理与资金配置效率. 经济研究参考,1999 年第 54 期。

场投放或回笼资金，实现城乡资金向乡村振兴领域流入，并提升社会资金配置的有效性。

再次，货币市场也是乡村振兴相关实体经济参与主体的重要筹资渠道，与其他金融市场以及实体经济主体之间的投融资活动有着紧密的联系。因而货币政策可以直接作用于货币市场中的供求关系，通过银行、投资者预期等渠道将政策调控效力传导到经济的各个环节，进而改变个体的投融资和消费决策，实现政策调控的目的。此外，通过货币政策向市场中投放的资金具有灵活、稳定的优势，能够精准匹配乡村振兴融资需求，有效地传达宏观调控的政策意图。

最后，货币市场的发展也会推动乡村金融调控方式的改变。从中国乡村金融发展市场化的进程来看，农村地区货币市场的规模相对城镇地区较小，涉农金融机构参与的力度也还有限，但是涉农相关的货币市场业务的发展，例如同业拆借市场、回购市场等，实实在在地缓解和改善了传统经济体制资金管理迟钝、僵化的弊端，使市场经济体制改革与宏观调控手段发展相结合，释放出更强的经济驱动力和稳定效应。利率市场化进程无疑在农村金融发展中发挥了积极的作用，促进了中国新时代金融改革和金融市场结构的重塑与发展。

第三节　中长期资本市场

一、中长期资本市场概述

中长期资金市场，即资本市场，指主要进行证券融资交易以及进行一年期及以上资金借贷和证券交易的市场,其为长期的资本性资源提供了交易和配置的场所。中长期资金市场具有融资期限长、风险大但收益高、流动性相对较差等基本特点,其基本功能主要是资本配置、资金借贷和资产定价。以资金的融通方式划分资本市场,其可分为中长期信贷市场和证券市场。中国乡村金融市场主要是以银行类中长期信贷为主的融资模式。虽然农业农村领域的股票、债券、基金等直接融资渠道日益多元化,但能够通过直接融资渠道获得资金的仅有少数规模较大的农业产业化龙头企业,绝大多数的农户、家庭农场、农民专业合作社和涉农中小企业仍只能通过银行类金融机构提供的信贷融资。[①] 以中国沪深股市 A 股市场数据来分析,农业板块上市企业在资本市场上的份额仍比较小,占 A 股上市公司数量的 2.5% 左右,而仍有许多农业产业化龙头企业尚未上市。此外,虽然我国保险业不断推进农产品价格保险、天气指数保险、巨灾保险以及农业担保、期货期权等农业保险试点工作,并实实在在地取得了一些成效,但总体发展严重滞后,尚未形成合力,从而无法有效分担乡村金融风险和降低乡村金融服务成本。农业保险仍有许多潜在的应用场景和发展空间。[②]

二、中长期信贷市场

(一) 概述

乡村振兴相关的中长期信贷资金需求,以及一年期及以上的涉农

[①] 张林,温涛. 农村金融发展的现实困境、模式创新与政策协同——基于产业融合视角. 财经问题研究,2019 年第 2 期。

[②] 张林,温涛. 农村金融高质量服务乡村振兴的现实问题与破解路径. 现代经济探讨,2021 年第 5 期。

信贷项目等，可通过中长期信贷市场中的金融机构得到满足，这体现了一定的普惠性特征。在乡村振兴相关的中长期信贷资金需求中，时间高于一年、低于等于五年的为中期资金需求，时间高于五年的为长期资金需求。资金利率由多种因素共同决定，包括通货膨胀、金融政策等等。

中长期信贷市场的交易主要依据签订的协约执行，且通常采用浮动的利率，并可能由多家机构联合贷方。由于其资金需求时间较长，所以往往也面临较高的风险。涉农中长期贷款代表了银行类金融机构对"三农"发展的信贷支持，可以缓解农业资金紧缺的状况。

在农业农村现代化建设的过程中，随着农村经济结构和生产方式的转变，农业经济的经营理念也发生了根本性的变化，集约化、专业化的农村经济模式正逐步取代分散的、粗放的传统农业生产方式，更高的发展要求提高了"三农"经济对乡村金融服务的中长期信贷服务的需求。金融机构向涉农企业和农户提供中长期信贷，可以降低其对"民间"金融的依赖，减少非法融资或高利贷的发生，缓解融资难、融资贵等问题对于涉农企业和农户生产、经营的约束。涉农经济主体在农业生产经营中，可以依靠中长期信贷投资更新设备、研发改进技术等提高农业生产质量和效率的领域。这些高质量农业项目的周期一般较长，沉没成本较高，往往无法在短期内获得收益，因此这方面的专项资金供给对于涉农企业而言尤为重要。另外，基础设施建设的投资周期一般是三年以上，建设方对中长期信贷有需求。乡村振兴中涉及的大量相关基础设施建设，不仅涉及教育基础设施、饮用水供应设施、公路交通、水利设施、棚舍改造、公共服务设施，而且包括农村地区龙头企业在新建厂房、技术研发、构建设备、扩展仓储等方面的建设，这些都需要大量的中长期信贷支持。可见，长期内我国涉农企业的发展速度进一步提升，其所需的资金缺口也将进一步扩大，尤其需要涉农金融机构在此方面的长期金融支持。

(二) 政策与乡村振兴中长期信贷市场

1. 货币政策与中长期信贷市场

货币政策通过影响商业银行的杠杆率以影响其信贷行为,从而可以实现对于市场中中长期信贷资源的调控。一方面,紧缩的货币政策降低了货币供给,从而收紧银根,降低商业银行的中长期信贷投放力度;另一方面,宽松的货币政策扩大货币供给,从而起到促进中长期信贷投放的作用。与货币政策相协调配合的宏观审慎政策框架,可以通过定向降准、存贷款比限制等多种工具,在实行宽松货币政策的同时,抑制金融风险的顺周期累积,积极引导货币资金流向有需要的农业农村发展领域,为其提供长期的信贷支持。例如,人民银行重庆营管部近年来加强了资金精准直达区县行动的开展,创新推出支农再贷款"乡村振兴贷"专属产品,开通线上便捷申贷入口,持续推进建设支农再贷款示范基地48个,开设线下办贷绿色窗口,配备服务专管员,提供政策、产品、融资等一站式服务,引导法人金融机构围绕乡村振兴等重点领域进行创新,开发出"再贷款+欣农贷"等专属信贷产品68个,加大对乡村振兴重点领域的信贷投放。

2.《乡村振兴促进法》与中长期信贷市场

2021年6月1日起施行的《乡村振兴促进法》,将推进乡村振兴各项工作纳入规范性和合法性轨道,开启了乡村振兴法治化的进程。该法明确规定了金融部门在乡村振兴中的相关权利和义务,为金融服务乡村振兴提出了法律性要求,也提供了全新视角。[①]《乡村振兴促

---

① 李燕. 全面理解《乡村振兴促进法》中的金融观. 人民论坛,2021年第33期。

进法》第63条指出，国家综合运用财政、金融等政策措施，完善政府性融资担保机制，依法完善乡村资产抵押担保权能，改进、加强乡村振兴的金融支持和服务。财政出资设立的农业信贷担保机构应当主要为从事农业生产和与农业生产直接相关的经营主体服务。该法第65条指出，乡村振兴需要多层次的金融机构参与到涉农信贷服务中，相关法律对政策性金融机构、商业性金融机构以及涉农专业的金融机构增大涉农信贷规模提出了要求。政策性金融机构应当在业务范围内为乡村振兴提供信贷支持和其他金融服务，加大对乡村振兴的支持力度。商业银行应当结合自身职能定位和业务优势，创新金融产品和服务模式，扩大基础金融服务覆盖面，增大对农民和农业经营主体的信贷规模，为乡村振兴提供金融服务。

在农村金融市场中，农村商业银行、农村合作银行、农村信用社等农村中小金融机构应当主要为本地农业农村农民服务，当年新增可贷资金主要用于当地农业农村发展。例如，中国农业发展银行重庆市分行坚持以服务乡村振兴为中长期信贷支农工作的总任务、总抓手，积极做好脱贫攻坚目标任务完成后的过渡期内工作体系、发展规划、政策推动等有机衔接，聚焦乡村振兴重点地区、重点领域和重点任务，切实加大信贷投入力度。截至2023年3月末，中国农业发展银行重庆市分行累计投放贷款361亿元，贷款余额达到约2270亿元，较年初净增315亿元，增幅16%。[①] 其中，突出支持巩固"两不愁、三保障"成果，较好地发挥了涉农政策性金融机构服务乡村振兴的先锋主力模范作用。

此外，地方政府也相应出台了地方性的"乡村振兴促进条例"，

[①] 根据中国农业发展银行官网数据整理。

其中也明确要求财政金融机构加大对乡村振兴参与主体的信贷支持。以重庆出台的《重庆市乡村振兴促进条例》为例，该条例第 61 条指出，完善政府性融资担保机制，鼓励利用农村土地承包经营权、居民房屋财产权、林权、集体经营性建设用地使用权和温室大棚、养殖圈舍、大型农机具等依法抵押融资，支持开展农村集体经营性资产股份质押融资。

（三）乡村金融市场中长期信贷市场的发展

1. 银行类中长期信贷增长明显

近年来商业银行类金融机构的涉农资产和负债规模大幅提升，为乡村振兴领域投入了源源不断的金融活水，且涉农信贷资产始终维持在较高水平，做好了风险管控相关工作，维持了充足的资金流动性。金融结构体系在乡村振兴领域的不断优化使得金融业供给侧改革和涉农信贷结构改革得到了长足推进。在涉农中长期信贷方面取得了较为明显的改善，在农村地区的正规性金融机构的网点和从业人员有所增加，但是在农村地区的信贷规模增加的背后一直没有摆脱"大水漫灌"的总量增长模式，尚未实现"精准滴灌"的特色化信贷支持。同时，中小金融机构在农村的涉农贷款占比仍显著高于大型国有商业性银行和股份制银行，金融"脱农化"的现象仍需继续改变，这些大型国有商业性银行和股份制银行在乡村振兴中推进金融服务下沉的能力还有待加强。客观上，因为农村居民居住分散、金融知识缺乏，所以正规金融服务资源难以覆盖到乡镇一级的广大农村地区，而金融机构开设网点成本高，接触发展客户成本高，服务收益范围有限，使得县域及以下农村地区人均金融网点占有率很低，客户群体覆盖率比较低。① 正因如此，农村商业银行、村镇银行、合作性金融机构在中长期信贷上的作用尚未得到充分发挥。②

2. 普惠性小额贷款公司困难仍未破解

涉农相关普惠性小额贷款公司筹资困难。从企业的性质来看，小额贷款公司由自然人、法人和其他社会组织投资成立，其资本金由股东出资认缴或捐赠，且其不能由超过两家商业银行的金融机构注入资金运营。小额贷款公司作为独立法人，专司小额贷款业务，不具有吸纳公众存款的资格，以其法人的财产为债务承担民事责任。相较大额贷款而言，小额贷款的审批手续更简便、要求更低，展现了旺盛的市场潜力，成为服务"三农"的金融大军中的一支新力量，对推动农业农村发展、农民创新创业及基础经济建设都做出了重要贡献。③

但是，现实中普惠性小额贷款服务涉农产业发展过程中仍受到多方面的制约：一是从金融供给方面来看。由于小额贷款公司不能吸收储蓄，所以其主要资金来源是通过商业银行进行融资，例如通过金融同业拆借市场等，如此势必会提升普惠性小贷公司的融资成本，使其难以向涉农产业和农户家庭提供低息的长期金融服务。此外，国有商业银行考虑到经营风险和营业成本，其发展重心更多集中在城市地区。同时，在农村市场化发展程度较低的情况下，大型金融机构更青睐大中型企业和城市优质客户，而农业生产受自然条件影响较大，农

---

① 宗媛. 乡村振兴视角下农村普惠金融发展存在的问题及对策研究. 商业经济, 2022年第6期.
② 汪东升. 当前农村融资问题及其供需平衡互动机制的法律思考. 广东行政学院学报, 2016年第4期.
③ 梁颖. 乡村振兴背景下小额贷款公司的发展困境与对策研究——以辽宁省朝阳市为例. 商展经济, 2022年第13期.

业相对于其他行业抗风险能力更低,且在对于农产品市场发展前景的预测、预判能力较低等多因素影响下,大型金融机构在同等情况下更愿意将资金投放到非农领域,导致农业项目和农户家庭在金融活动参与中更容易遭遇"金融排斥"。[1] 二是除基本储蓄业务外,普通农户对其他金融服务缺乏了解,对新业务不熟悉、接触少,对程序过繁、过多的金融服务业务存在畏难甚至拒斥心理,不愿意参与金融业务,进而从需求侧造成涉农普惠小贷业务难以形成规模效应。三是在清收不良贷款时,金融机构需变卖土地承包经营权、林权等抵押物,但土地、山林等均与申请贷款人所在村民小组存在紧密联系,变卖存在时间长、转手难、愿意参与拍卖的人群受限等现实问题,影响资金回款周期,进而影响专门的普惠性小额贷款金融机构增加涉农资金业务的积极性。[2]

3. 互联网信贷成为新兴力量

金融部门为经济高质量发展营造了健康的金融环境,稳健的货币政策为市场注入了充足的流动性,信贷结构的优化为实体经济保驾护航。我国信贷行业在实现自身发展的同时有效兼顾了乡村振兴的时代重任,实质性的发展和创新使金融的普惠性进一步精准下沉至乡村和农民群众,为农业农村发展做了重要贡献。互联网金融机构关注互联网背景下科技在金融服务中的应用,将数字金融、科技金融融入农村金融服务中,关注农村产业发展,开发农业供应链金融服务模式;其以市场为导向、以农业主体为中心创新金融服务产品,拓宽农业主体融资渠道。另外,以"易农贷""融资易"为代表的互联网涉农贷款

---

[1] 罗剑朝,曹瓅,罗博文. 西部地区农村普惠金融发展困境、障碍与建议. 农业经济问题. 2019 年第 8 期。

[2] 宗媛. 乡村振兴视角下农村普惠金融发展存在的问题及对策研究. 商业经济,2022 年第 6 期。

平台如雨后春笋般纷纷建立，与微信、支付宝等的涉农支付业务一道，着力于破解农民群众融资难的困境。涉农互联网金融机构创新农村信贷产品，完善土地的使用权抵押，以及农业机械、家畜活体等农业物品抵押程序，形成多方位农村资产抵押质押的融资链条。此外，互联网平台还提供了一系列满足农村生态环境改善与基础设施建设资金需求，支持农业技术产业发展的信贷金融产品。[①]

三、乡村振兴相关证券市场

（一）基本情况概述

证券市场是各种有价证券，包括股票、债券等发行和流通交换的场所。债权类证券产品主要包含政府债券、企业债券和公司股票等。其中，政府债券由政府发行，涉及时间跨度一般较长，具有较好的流动性，且必须到期兑付；企业债券的发行人主要为个体企业，其承诺按票面金额在一定时期内支付利息，并在到期时偿还本金；公司股票则是股份公司为筹措资金在证券市场上发行的公司股权凭证。另外，股票是股份公司发给投资者用以证明其在公司的股东权利和投资入股份额，并据以获得股利收入的有价证券。公司股票主要包含普通股和优先股。证券市场为价值直接交换、财产权利直接交换、风险直接交换提供了场所。

中国农村金融市场中间接融资比例过高，涉农经营主体不仅证券运用意识薄弱，而且由于农村经营主体普遍资质弱，其也难以直接从

---

① 赵科乐. 乡村振兴战略下加快农村金融改革的路径探索. 农业经济，2022 年第 9 期。

证券市场融资。为了促进乡村振兴相关证券市场的发展,《乡村振兴促进法》第 64 条规定:"国家健全多层次资本市场,多渠道推动涉农企业股权融资,发展并规范债券市场,促进涉农企业利用多种方式融资。"从功能角度看,乡村振兴所需资金可以通过证券市场中的证券信用融通得到满足,以买卖证券来引导资金,极大优化了资源配置。换言之,证券市场可以对乡村振兴金融体系的运作发挥筹资、资本定价、资本配置等功能。

(二) 金融市场的类型

1. 股票市场

股票发行和流通的场所即为股票市场。股票的交易必须通过股票市场得以实现。投资者通过认购股票获取股票发行公司的所有权,且一旦认购股票,不能申请退出,只可将股票放至二级市场进行交易。因此,公司直接或通过中介机构发行股票的市场一般称为一级市场,投资者间相互交易认购股票的市场一般称为二级市场。随着股票交易的进一步发展,出现了具有混合特性的新的交易市场,其中,三级市场主要将原本在证券交易所上市的股票移到场外进行交易,四级市场是指大型交易机构或个人直接通过互联网电子通信进行交易的市场。通过市场的多次定价,股票的价格实时反映了其所对应资产公开的和非公开的信息,这使得股票市场具备了筹措资金、转化资本、资产定价三种主要功能。

证券公司在帮助贫困地区企业在新三板和区域性股权市场挂牌方面具有一定的贡献。一方面,证券公司通过组建专项小组等方式,在发行融资备案审查中,安排专门人员跟进证券办理流程,并及时进行相关业务指导,对涉及贫困地区企业的项目优先安排、着重推进;另一方面,证券公司从劳务制度、财务制度、产权制度等方面对企业进行规范,引导贫困地区企业规范经营,推动企业全面建立现代企业制度,并作为贫困地区标杆带动同类企业提升经营治理能力。截至2020年末,证券公司帮助贫困地区企业新三板挂牌融资总金额7.3亿元,项目总数139个;区域性股权市场融资总金额148.5亿元,项目总数458个。[1]

但是也必须看到,分析A股市场数据可知,乡村企业通过上市等方式获取直接融资的规模有限。截至2020年末,A股上市企业合计超过4400家,但注册地址在乡村的企业仅有114家。农业上市企业在资本市场上的份额仍比较小,绝大多数的农业产业化龙头企业尚未上市,农业A股上市企业占比仅为2.5%,所有农业上市企业的营业收入总额比中国石油、中国石化等部分大型国有企业单个企业营业收入还低。[2] 此外,这些乡村企业的首发募集资金也只有598亿元,占所有公司首发募集资金的比重仅有1.4%。另外,以重庆为例,2021年重庆GDP超过2.8万亿元,其三次产业结构比为6.9∶40.1∶53。[3] 不难看出,虽然重庆的第一产业中农业产值很大,但是重庆66家上市企业中没有农业板块的A股上市企业,这表明乡村振兴利用股票市场获得充足的市场资本的门槛还是相对较高的。

2. 债券市场

债券市场是发行和买卖债券的场所,是现代金融结构体系中金融市场不可或缺的一部分(见表3-3)。乡村振兴相关债券根据其发行主体的不同,一般可以划分为政府债券、公司债券和金融债券等。当

---

[1] 李奇霖,孙永乐. 证券业服务乡村振兴研究. 证券市场导报,2022年第1期。
[2] 张林,温涛. 农村金融高质量服务乡村振兴的现实问题与破解路径. 现代经济探讨,2021年第5期。
[3] 根据2022年重庆市国民经济和社会发展统计公报数据整理。

前，债券市场支持乡村振兴的模式应优先推动农村产业的高质量发展，牢牢抓紧农村核心龙头企业，破除农村企业间的发展壁垒，构建农村企业的横向一体化发展和纵向深层次发展路径，提升农村企业、农村居民的金融获得性，发挥债券市场精准支持农业发展的新动能。[1]

表 3-3 债券产品发行市场

主管机构	债券品种	政策法规	交易场所
财政部	扶贫地方债	《中共中央、国务院关于实施乡村振兴战略的意见》	银行间市场、沪深交易所
发改委	扶贫企业债	《中共中央、国务院关于加大改革创新力度加快农业现代化建设的若干意见》《中共中央、国务院关于落实发展新理念加快农业现代化实现全面小康目标的若干意见》《中共中央、国务院关于深入推进农业供给侧结构性改革加快培育农业农村发展新动能的若干意见》	银行间市场、沪深交易所
发改委	农村产业融合发展专项债	《农村农业融合发展专项债发行指引》	银行间市场、沪深交易所
发改委	县域新型城镇化建设专项企业债	《县域新型城镇化建设专项企业债券发行指引》	银行间市场、沪深交易所
人民银行	扶贫票据	《非金融企业扶贫票据业务指引》	银行间市场
人民银行	乡村振兴票据	《非金融企业债务融资工具注册发行业务问答》	银行间市场

---

[1] 汪小亚，唐诗. 资本市场服务脱贫攻坚. 中国金融，2020年第3期。

（续表）

主管机构	债券品种	政策法规	交易场所
证监会	扶贫专项公司债	《上海证券交易所公司债券融资监管问答——扶贫专项公司债券》	交易所
	乡村振兴专项公司债	《公司债券创新品种业务指引第3号——乡村振兴专项公司债券》《上海证券交易所公司债券发行上市审核规则适用指引第2号——特定品种公司债券》	

资料来源：作者根据国家财政部、发改委、人民银行和证监会等官网信息整理。

乡村振兴债券主要是指募集资金明确用于"三农"或新型城镇化建设领域，且有利于全面推进乡村振兴战略的债券。具体包括：一是扶贫债券，指业务主管机构、政策法规明确，且在银行间市场、证券交易所市场等国务院同意设立的交易市场发行、交易的，带有"扶贫"认证标识的债券，主要包括扶贫专项地方债、扶贫票据、扶贫专项公司债、扶贫企业债。二是乡村振兴相关企业债，指农村产业融合发展专项债、县城新型城镇化建设专项企业债。此外，发改委推出的农村产业融合发展专项债券的募集资金用途与乡村振兴相关，同样发挥着支持乡村振兴、保障"三农"的积极作用。三是金融债券，即包括政策性银行在内的商业银行可以发行"三农"专项金融债，将所募专项资金用于发放涉农贷款。进入新时代，乡村振兴债券发行主体日趋多元，其所涉及的交易市场包括银行间市场、上海证券交易所和深圳证券交易所等。[①] 此外，2015年颁布的《预算法》正式赋予地方政府发债权限，支持其跨市场发行涉农地方债券、乡村振兴地方

---

① 汪敏，陈东. 民营企业融资被挤压与对国有企业的反向竞争. 当代财经，2020年第11期。

债券等，大幅提升了地方政府利用金融工具推动乡村振兴工作的自主性和灵活性。

四、乡村振兴相关证券市场发展的总体情况

（一）从发行数量和规模看，均呈逐年上升趋势

目前乡村振兴的证券市场以债券市场为主，其发行数量和规模总体呈上升趋势。截至 2022 年第一季度末，乡村振兴债券发行数量合计达到 605 只，发行规模 5208.2 亿元，余额 4432.9 亿元。其中，余额占比最大的是乡村振兴地方债，占比为 51.7%，扶贫相关公司债占比约为 11.4%，表明了地方政府在利用多层次政府债券供给乡村振兴所需资金方面具有主导性地位。

（二）从发行主体区域分布看，表现为广泛覆盖与重点突出的特点

截至目前，我国绝大部分省、自治区、直辖市已实现了乡村振兴债券发行的覆盖。按照扶贫债券发行规模来看，中西部地区的贵州、湖北、四川、重庆、湖南五省（市）分别排名前五，表明乡村振兴债券融资与脱贫攻坚资金需求间的精准匹配。债券市场充分响应了国家方针政策的号召，实现了金融业发展与普惠的有效结合。

（三）从发行主体行业分布看，"三农"领域重点发展策略得到了较好的贯彻落实

在以企业、公司为发行主体的乡村振兴债券中，"三农"重点发

展领域相关资金需求得到了较好的满足，其中工业、公用事业、消费行业的发债规模分别排名前三，说明债券市场也积极响应了工业反哺农业的发展策略，通过发展农村工业，延伸农业产业链，盘活农业现代化的大局，并同步带动农村消费与公用事业发展，在提升农村居民生活质量的同时，为农村发展注入新的动力源泉。①

第四节　保险市场

一、保险市场概述

一般认为，广义的保险市场是指交易对象为保险商品的金融市场，决定保险商品价格、实现保险商品交换关系的总和。② 狭义的保险市场是指进行保险商品交易的场所，如保险交易所，属于有形的保险市场。③ 保险市场的主要功能是为自然灾害和意外事故等向社会提供风险转移的机制，为人民生活提供保障，维护国民经济的正常运行。④ 除此之外，作为金融市场的子市场之一，保险市场也具有聚集和调节资金、优化资源配置的功能，能够对保险资金进行重新配置，

---

① 汪小亚，陈帅. 我国乡村振兴债券发展的特征、制约与建议. 农村金融研究，2022 年第 5 期。
② 孙蓉，兰虹. 保险学原理. 西南财经大学出版社，2006 年。
③ 祁敬宇. 运用财政政策和金融政策协调公平与效率的思考. 金融与经济，2007 年第 5 期。
④ 沈悦，郭品，李善燊，等. 国际游资冲击对中国资产价格的影响. 现代财经（天津财经大学学报），2012 年第 10 期。

为国民经济的发展提供动力。[①] 一般来讲，保险市场主要有四个特点：其一，风险是保险业所经营的对象，保险交易即通过投保人的投保将其风险聚集并分散给其他的投保人。其二，保险交易具有风险不确定和射幸性的特征，交易的双方均无法准确预计保险事件何时发生，因此交易的结果只能在保险事件发生之后确定。其三，保险交易中，保险人承诺对保险条约内所规定的保险事件所导致的经济损失做出补偿，而该保险事件是否在保险期内发生，以及其是否符合保险条约的相关规定，则决定了保险人是否承担理赔的义务。其四，大多数国家的保险业市场对于保单格式、保险费率等都有着相较其他金融业市场而言更为严格的监管。

依据保险活动的空间范围，保险市场可以划分为国内市场和国外市场两类。国内保险市场是指专为国内提供保险商品的市场，其又可进一步划分为全国性市场和区域性市场两类。国外保险市场是指专为国外提供保险商品的市场。需要指出的是，乡村振兴主要涉及的是国内保险市场。另外，依据保险业务的性质，保险市场又可以划分为人身保险市场和财产保险市场两类。人身保险市场的主要保险业务为人身保险类产品，财产保险市场则专司各种财产保险的商品交易。

二、乡村振兴相关保险市场

与乡村振兴相关的保险市场主要涉及农业保险和涉农保险。其中，农业保险包括种植业保险和养殖业保险。涉农保险是指除农业保险以外，其他为农业服务业、农村、农民直接提供保障的保险，包括

[①] 张炳达，胡俊霞. 金融理论与实务. 上海财经大学出版社，2010年。

涉及农用机械、农用设备、农用设施、农房等农业生产生活资料，以及农产品储藏和运输、农产品初级加工、农业信贷、农产品销售等活动的财产保险，此外还包括涉及农民个体寿命和身体等方面的人身保险等。[1]

（一）交易主体

乡村振兴相关保险市场的主体与传统保险市场基本一致，主要包括保险产品的供求双方及保险中介。[2] 其中，提供各类保险商品的各类保险人，即保险商品的供给方，从投保人处收取保费，并在保险事件发生后，按照合同的约定对保险事件所造成的经济后果向投保人进行赔付。按承保业务的方式，保险人可分为原保险人和再保险人，[3] 原保险人即为初次接受保险业务的保险人，此后，其可将部分的风险责任再次向再保险人处投保。按经营范围，保险人可分为专业保险组织和综合性保险组织。按组织形式，可分为国有独资保险公司、保险股份有限公司、相互保险公司、保险合作社等。保险股份有限公司是目前城乡保险市场上最主要的组织形式。

按照是否以追求利润为主要目标，保险公司又划分为商业保险公司和政策性保险公司。2020年银保监会公布了符合农业保险业务经营条件的保险公司总公司名单，共有29家财险公司入选。分别为：人保财险、中华联合财险、太保财险、国寿财险、阳光农业相互保险、安华农险、国元保险、平安财险、中原保险、中航安盟财险、安

---

[1] 张新生. 健全我国涉农保险法律制度思考. 福建农林大学学报（哲学社会科学版），2012年第5期.
[2] 孙蓉，兰虹. 保险原理与实务. 清华大学出版社，2012年.
[3] 祁敬宇. 运用财政政策和金融政策协调公平与效率的思考. 金融与经济，2007年第5期.

信农保、紫金财险、大地财险、北部湾财险、锦泰财险、永安财险、中煤财险、泰山财险、阳光财险、华农财险、安诚财险、太平财险、诚泰财险、国任财险、黄河财险、英大泰和财险、燕赵财险、海峡金桥财险、大家财险。

投保人即通过购买保险产品进行风险分散的保险商品需求方。通过缴纳一定费用购买保险，投保人可以获取合约所规定的保险服务。保险中介是指在保险市场上通过交换信息等方式促成保险交易的各类媒介，其能有效实现保险人和投保人之间的匹配，降低保险市场信息不对称等造成的摩擦和成本。保险代理人是指经保险人授权，代替其从事保险业务，从而获取一定佣金和代理费用的个人或机构。与之相反，保险经纪人是指由投保人授权，协助或代替投保人审查、签订保险合同，缴纳保险费用、进行索赔等的个人或机构。保险公估人是保险人和投保人之间的中立第三方，在上述二者的委托之下，秉持公平公正原则，进行保险标的勘验、鉴定、估损、理算等业务的单位或个人。

（二）交易客体

在乡村振兴相关保险市场中，交易的客体即为农业保险和涉农保险相关商品。农业保险和涉农保险的经营标的是无形的风险，所销售的商品是对无形风险的理赔承诺，因此，农业保险和涉农保险不仅是无形商品，也是一种"非渴求商品"，即保险交易的双方均不希望保险事件的发生。参与乡村振兴的家庭农场的农户和涉农企业中只有一部分会主动购买，大部分家庭农场的农户和涉农企业不会主动购买，因此相关保险在农村地区推广覆盖率的提高离不开相关的保险推销活动。它还是一种隐形的保障性消费，在消费中不像其他有形的物质商品或金融资产那样给人带来直观感觉。[①] 农业保险一般可分为种植业保险和养殖业保险两大类。具体包括：

1. 农作物保险

农作物保险可分为以水稻、玉米等粮食作物和油菜、水果等经济作物为保险对象两类，以保险作物在生长期内因自然灾害或意外事故等使产量受损或生产设施等受损导致的生产费用为承保责任。经济作物和粮食作物的生长与产出很大部分取决于天气、土壤等自然因素，以及作物自身的抗灾害能力和种植户自身的知识技术。因此，若以种植物的产量为保险标的，则必须给保险人留出一定自保空间，以敦促其对作物施加更精细化的管理。如果以生产成本为保险标的，则须根据不同作物在不同的生长周期内所需要投入的生产费用，以定额承保的方式进行保险。

2. 收获期农作物保险

收获期农作物保险以粮食作物或经济作物收割后的初级农产品价值为承保对象，即作物处于晾晒、脱粒、烘烤等初级加工阶段时的一种短期保险。

3. 森林保险

森林保险是以天然林场和人工林场为承保对象，以林木生长期间因自然灾害和意外事故、病虫害造成的林木价值或营林生产费用损失为承保责任的保险。

4. 园林苗圃保险

园林苗圃保险的承保对象是生长中的各种经济林种，包括这些林种提供的具有经济价值的果实、根叶、汁水、皮等产品，以及可供观

[①] 郑庆寰. 金融市场学. 华东理工大学出版社，2011年。

赏、美化环境的商品性名贵树木、树苗。保险公司对这些树苗、林种及其产品由于自然灾害或病虫害所造成的损失进行补偿，常见有柑橘、苹果、山楂、板栗、橡胶树、茶树、核桃、枣树等保险。

5. 牲畜保险

牲畜保险是一种死亡损失保险。它是以役用、乳用、肉用、种用的大牲畜，如耕牛、奶牛、菜牛、马、骡、驴、骆驼等为承保对象，承保在饲养使役期，因牲畜疾病、自然灾害或意外事故造成的死亡、伤残，以及因流行病而强制屠宰、掩埋所造成的经济损失。

6. 家畜保险和家禽保险

家畜保险和家禽保险以商品性生产的猪、羊等家畜和鸡、鸭等家禽为保险标的，承保在饲养期间的死亡损失。

7. 水产养殖保险

以商品性的人工养殖的鱼、虾、蚌等水产养殖产品为承保对象，承保在养殖过程中因疫病、中毒、盗窃和自然灾害造成的水产品收获损失或养殖成本损失。

8. 其他养殖保险

以商品性养殖的鹿、貂、狐等经济动物和蜂、蚕等为保险对象，承保在养殖过程中因疾病、自然灾害和意外事故造成的死亡或产品的价值损失。

(三) 运作流程

乡村振兴相关保险市场所涉及运作流程的主体主要有投保人、保险人、保险中介以及被保人四类。首先，投保人可能是家庭农场的农户、涉农企业，也可以是二者的联合体。当投保人存在分散风险需求时，可以以一定的投保费用向开展涉农保险业务的保险公司购买相关保险产品，此时保险人按照合约承担理赔责任，并支付规定的分红和收益。此外，保险中介介于投保人和保险人之间，充当提供信息服务、促进交易的媒介机制，并以此收取一定的佣金和服务费用。在投保人购买保险产品后，保险人可以使用该资金构建保险基金，并以此对合同规定的保险事件所造成的经济损失向投保人进行赔付，或者在保险到期时向投保人支付保险金。因此，投保人支付保费是保险业务运作流程的起点，而保险人赔付保险金是保险业务的终点。由于投保人支付保险费与保险人赔付保险金之间存在时间和金额数量上的差距，保险基金所累积的保险费用可以投入到其他的经营活动中，所形成的价值增殖可以使保险基金的规模进一步扩大，并产生分红和收益。

三、乡村振兴相关保险市场的发展现状

（一）农业立法有序推进，法治发展有成效

涉农保险行业的良性发展必须以相关法律法规为准绳。我国于 2012 年 11 月以国务院令的形式颁布了第一部农业保险法规《农业保险条例》，标志着我国农业保险市场法治化建设的初步确立，因此《农业保险条例》在我国农业保险发展历史上具有划时代的意义，对于我国涉农保险业务规范化具有重要的推动作用。[1] 在中国，国家鼓励地方人民政府采取保险费补贴等措施，支持发展农业保险。例如，《农业保险条例》规定，农民或者农业生产经营主体投保的农业保险

---

[1] 庹国柱，王国军，朱俊生.《农业保险条例》的历史作用与修订建议. 中国保险，2022 年第 7 期。

标的属于财政给予保险费补贴范围的，应由财政部门按照规定给予保险费补贴。① 2022 年，中央财政对种植业保险保费补贴的比例由最初的 25% 逐步提升，其中对东部地区的补贴逐渐增加到 35%，而对中西部地区的补贴逐渐增加到 45%，对新疆生产建设兵团和中央直属垦区等的补贴增加到 65%。中央和地方农业保险财政补贴从 2007 年的 40.60 亿元增长至 2021 年的 746.44 亿元，而 2021 年在农业保险签单保费总收入中，财政补贴资金占 77%。②

《关于加快农业保险高质量发展的指导意见》于 2019 年通过，这标志着农业保险发展进入服务乡村振兴战略、开创具有中国特色的农业保险发展模式的新历史时期。③ 进一步，2022 年银保监会印发的《关于 2022 年银行业保险业服务全面推进乡村振兴重点工作的通知》围绕金融服务全面推进乡村振兴重点工作，按照稳中求进、深入细节的思路，牢牢守住保障国家粮食安全和不发生规模性返贫两条底线，从确保涉农金融投入稳定增长、优化涉农金融供给体制机制、聚焦服务乡村振兴重点领域、提高新市民金融服务水平、增强保险功能作用、强化农村金融环境建设等方面提出具体工作举措。该通知提出，要大力推进涉农信贷投入总量的稳步增长，各银行类机构需坚持出台单列的涉农信贷和普惠型涉农信贷计划，使涉农贷款余额实现同步增长，使普惠涉农信贷提质提速。各层级的银保监会应进一步制订与自身实际情况相匹配的辖区内存贷比例提升计划，对下辖县域内的涉农信贷和保险保障水平进行持续监测。其中，13 个粮食主产

---

① 高传华. 我国农产品目标价格保险面临的困境与对策. 价格理论与实践，2017 年第 5 期.
② 修订《农业保险条例》是推动农业保险高质量发展的需要. 新华财经，2022-7-5。
③ 刘惠明，林方倩. 乡村振兴战略下的农业再保险法律制度研究. 江西农业学报，2020 年第 3 期.

省的银保监局要督促实现辖内各产粮大县涉农贷款余额持续增长；力争实现832个脱贫县各项贷款余额、农业保险保额持续增长；确保160个国家乡村振兴重点帮扶县各项贷款平均增速高于全国贷款增速。

（二）保险品种不断丰富，市场规模不断扩大

截至2021年，我国农业保险保费收入已达956.18亿元，实现涉农风险保障总金额已达4.78万亿元，覆盖种植物种类达270余种，基本实现了对于各农业领域的全面覆盖。全国范围内已设立基层保险服务机构40余万个，覆盖95%以上乡镇，基层保险业服务人员已逾50万人，实现了对1.8亿次农户的保障工作，使我国成为目前世界上农业保险保费规模最大的国家。此外，我国已在主要粮食大省的500多个县进行了"大灾保险"试点，加大了农业保险"扩面、提标、增品"的工作力度。以山东省为例，该省实现了对玉米、小麦、水稻等主要粮食作物超过75%的承保覆盖率，年参保农户约1600万户次，多个乡镇农户参保率达到100%，并且乡镇财政统一拨划资金，帮助农民支付保费。2019年"利奇马"台风来袭，致使山东省近520万亩农田受灾，对此，农业保险公司向60.3万户受灾农户赔款近1300万元，展示了我国农业保险在对抗重大自然灾害方面的能力。[①]

（三）农业保险科技应用广泛，发展迅速

近十年来，农业保险业务得到了巨大的发展。不少农业保险公司持续提升科技赋能保险业务水平，加深卫星遥感等新兴技术与费率确

[①] 庹国柱，王国军，朱俊生.《农业保险条例》的历史作用与修订建议. 中国保险，2022年第7期。

定、农业定损等业务的融合，提升涉农信息数据精度。保险公司还与气象部门、林业部门和地质部门等深度合作，开发了多款气象指数保险，并通过气象卫星监控、林业与地质部门勘察等，形成自然灾害的实时预警机制和及时响应机制，将自然灾害对农业生产的危害降至最低，充分发挥保险行业在防灾减灾方面的作用，突出了保险行业的社会管理职能。在承保方面，诸多保险公司利用遥感卫星、GIS系统以及地理定位系统，对农产品的生长状况进行实时的检测与定位，可有效提升保险公司承保与核保的精度与速度。在理赔方面，上述的新兴技术可提供灾害前后农作物生长情况的精准对比，降低偏远地区勘察定损难度，降低定损成本，科学制定定损方法，为农户理赔提供便利。农业保险加快了市场化运用能力，比如，保险公司创新了电子签单模式，当确定好理赔方式和理赔金额之后，处理器自动识别签名是否与承保时一致，发生灾害损失时，能够实现自动赔付，极大提高了服务能力。①

第五节　金融衍生品市场

一、衍生品市场概述

金融衍生品即一种基于基础金融工具的、价值取决于一种或多种基础资产或指数的金融合约，具体种类包括远期合约、期货、掉期互

---

① 周爱玲. 农业保险何以助力乡村振兴. 人民论坛，2018年第33期。

换和期权。此外,金融衍生品还可以是包括具有远期、期货、掉期互换和期权中两种或多种特征的混合金融工具。① 这种合约既可以是标准化的,也可以是非标准化的。标准化合约即指标的物具有标准化的交易价格、交易时间、资产特征、交易方式等的合约,其主要的交易场所为交易所。一般来讲,现代金融学理论认为金融衍生品市场具有三个显著特征。

(一) 跨期性

金融衍生品的跨期性即指,金融衍生品交易双方会根据其自身对于当前和未来的宏观经济形势、相关经济变量的变化等因素进行分析和预测,确定在未来的某一时间点进行交易。因此,金融衍生品交易市场中当下的一笔交易会对未来某一时间点的现金流量造成影响,即交易具有跨期性特征。

(二) 杠杆性

金融衍生品的杠杆性即指,交易者在相关交易模式下,只需支付较少的保证金,就可以借入大笔资金签订交易合同或进行金融衍生工具的互换,即利用少量的本金通过杠杆进行交易。这种交易模式具有高风险、高收益、高损失的特征,衍生品价格的小幅震荡就可能造成杠杆率较高交易者的大幅收益波动。

(三) 联动性

金融衍生品的联动性即指,金融衍生品的价格与其他的基础性金

---

① 张瑞君,杨柳. 如何正确运用金融衍生工具:期权的思考——以中航油(新加坡)期权交易为例. 会计之友,2010 年第 18 期。

融产品以及基础的经济因素间具有较强的关联，一旦基础性金融产品的价格发生变化，衍生品价格也会随之波动。一般而言，金融衍生品与其基础变量或标的资产支付特征之间的联系由其具体的合约所规定，因此这二者间存在着线性或非线性的多种可能关系。

事实上，农产品市场上价格波动的风险，可以通过期货等金融衍生工具进行风险对冲，但由于农村金融体系尚未建立健全，且涉农金融主体的金融知识相对匮乏，乡村金融衍生品市场仍处在起步阶段。目前国内乡村振兴相关的金融衍生品以"期货"为主，而"碳金融衍生品"作为新兴的金融衍生品也逐渐获得了金融市场的关注。

二、期货市场

（一）基本情况概述

期货是以某种大宗商品或金融工具为标的的标准化可交易合约，标的物可以是农产品、原油、黄金等商品，也可以是金融工具。[①] 中国农产品期货的交易所主要是大连商品交易所与郑州商品交易所，相关农产品期货主要分为四个大类，分别是以小麦期货、玉米期货等为代表的粮食期货，以原糖、咖啡等为代表的经济作物类期货，以肉类制品和皮毛制品为代表的畜产品期货，以及以木材期货、天然橡胶期货为代表的林产品期货（见表3-4）。

期货是专业性的投资工具，其一个典型特征就是小行业面对大市场。当前，我国上市的60个商品期货合约涉及近30个产业链，涵盖

---

① 施天涛，李旭. 期货交易概念之法理甄别. 法律科学，2000年第6期。

现货企业近50万个,价格影响可达到30多万亿元。近200万客户、5000多亿期货保证金,以10%的杠杆率计算,相当于对现货产品具有5万多亿元的影响力。截至2019年,期货行业注册的从业人员有6.5万多人。其中,149家期货公司从业人员3.1万多人,证券公司从事中间介绍业务人员3.3万多人,而上海市、浙江省、北京市、江苏省、广东省的从业人员占全国从业人员的60%以上。[1] 尽管期货公司从业人员中具有大专及以上学历人员占比达到99%,但高端的交易人才、管理人才依然匮乏,成为行业发展的重要瓶颈。

表3-4 我国期货品种实例

农产品	谷物类	普麦、强麦、早籼稻、晚籼稻、粳米、黄大豆1号、玉米淀粉
	畜产品类	鸡蛋、生猪
	油脂油料	油菜籽、豆粕、豆油、棕榈油
	林产品类	纤维板、胶合板、10号胶、纸胶
	其他	棉花、棉纱、白砂糖
工业品	金属类	铜、铝、黄金、白银、不锈钢
	能源化工建材类	动力煤、甲醇、乙二醇、液化石油气、苯乙烯
金融	利率类	2年期国债期货、5年期国债期货
	股指类	沪深300指数期货、上证50指数期货、中证500指数期货

资料来源:作者根据中国期货业协会官网信息整理。

---

[1] 胡俞越. 中国期货市场的发展回顾与展望. 北京工商大学学报(社会科学版),2020年第4期。

(二) 乡村振兴相关期货市场

乡村振兴与现代化农业发展密切相关，而涉农相关产品期货市场更是现代化市场的基础内容。现代化国家都有发达的农业期货市场，其发展有助于增强乡村经济抗风险承载能力、改进资源配置、提高收入水平。一般来讲，农业期货产品可包含土地使用权、农产品种类和价格等方面。在中国期货市场中，期货产品转让和竞价对农户有两个好处：一是扶贫。有些农户有土地经营权后，由于种种原因经营不善而陷入贫困，所以其在转让土地使用权后可以获得比自己经营更高的效益，间接起到扶贫作用。例如，浙江有经验的农户到安徽农村竞签，间接起到浙江到安徽扶贫的效果。二是规模化生产。有些农户很有能力，可以逐渐增大竞签规模。比如一个农户可以把整个乡的大部分土地签下来，成立农业公司，提高规模生产效率，节约成本。[1]

此外，期货市场发展对国家也是有利的，至少有三个好处：一是计划和调控。根据粮食安全和市场需求，国家可通过期货合同来计划各种农业产品的产量，而不是通过行政命令。这种市场调节方式，还可以达到"抓大放小"目的，减少盲目生产。二是促进生产区发展。竞价有助于发挥地方资源优势，发展特色产品，形成和巩固东北的优质稻米区、长江中下游的普通稻米区、华北的小麦区、新疆的棉花区和华南的水果区等。三是政府可要求在合同中加上一些环境保护的条款，进而促进绿色生态发展。

1. 交易主体

一般来讲，中国期货交易主体主要由六部分组成：中国证监会、期货交易所、期货经纪公司、期货经营机构、各类投资者和投机商。

---

[1] 邹力行. 乡村振兴战略研究. 科学决策, 2017年第12期。

下面介绍一下前三者的具体情况。

(1) 中国证监会

中国证监会是国家的行政管理机构,负责制定宏观管理政策,监控市场风险,审批期货交易所、期货经纪公司、期货兼营机构、期货交易所的交易规则和上市品种。①

(2) 期货交易所

期货交易所是期货市场的主体,是会员制的、非营利性的事业法人,其按照期货交易所章程和交易规则依法组织交易,并作为买方的卖方和卖方的买方承担履约责任,维护公平交易,监控市场风险,提供交易设施和技术手段,公布市场行情、仓单等相关信息,研究开发新合约、新技术等,从而保证期货交易公开、公平、公正地进行。

(3) 期货经纪公司

期货经纪公司是代理客户进行期货交易,并提供有关期货交易服务的企业法人。期货经纪公司会收取一定的佣金,并代理客户进行期货交易。期货经纪公司是期货交易活动的中介组织,其在期货交易市场中发挥着两方面的作用:其一,期货经纪公司联通了众多的交易者,拓宽了交易渠道,完善了交易服务;其二,期货经纪公司为个体的交易者提供了财力保证,为其参与期货交易提供了基础条件。期货经纪公司内部一般设置有结算部、按金部、信贷部、落盘部、信息部、现货交收部、研究部等机构。此外,一个规范化的经纪公司应具备风险管理制度完善、遵守国家法规和政策、服从政府监管部门的监管、恪守职业道德、维护行业整体利益、严格区分自营和代理业务、客户管理严格、经纪人员素质高等条件。在农产品期货方面,中国中

---

① 文海兴. 期货交易法律关系研究. 法律出版社,1995 年。

期期货公司、中粮期货有限公司都是农产品期货的大公司，而国投安信、方正中期、民生期货等也属于国内头部农产品期货公司。

2. 交易客体

《期货交易管理条例》第2条规定："本条例所称期货交易，是指采用以公开的集中交易方式或者国务院期货监督管理机构批准的其他方式进行的以期货合约或者期权合约为交易标的的交易活动。"期货交易的对象是标准化的期货合约，是由期货交易所统一制定的、规定在将来某一特定的时间和地点交割一定数量标的物的标准化合约。[1] 应该说，期货商品不是一般意义上的具体商品，而是具体商品的抽象。[2] 究其原因，只有把具体的商品抽象为一种合约，才能适应期货市场中高度流通性的特点。[3] 期货交易在交易目的、合同成立方式、交易场所、合同标的物、合同标准化程度等方面显著区别于传统的货物买卖。[4] 同时，标准化的期货合约作为期货交易的对象，正是期货交易与远期现货交易的重要区别之一。[5]

3. 交易流程

乡村振兴相关期货市场的运作主体由期货交易者、经纪人、期货交易所等构成。首先，期货交易者在经纪公司办理开户手续，包含签订一份授权经纪公司委托买卖协议及缴付相关服务费的授权证书。经纪公司获此授权后，就可依据该合同条文，依照客户的指示去办理期货交易。其次，经纪人收到客户的订单信息后，马上用电话、传真或

---

[1] 中国期货业协会. 期货市场教程. 中国财政经济出版社，2013年。
[2] 佟强，辉鹤. 期货交易的若干法律问题. 中外法学，1996年第2期。
[3] 陈益民. 略论期货的法律含义及其特征. 河北法学，1994年第2期。
[4] 李铭. 期货交易客体辨析：民法逻辑与市场经验的解读. 时代法学，2016年第5期。
[5] 雷华. 试论期货交易客体. 当代法学论坛，2007年第2期。

其他方式通知经纪公司驻在交易所的代表。经纪公司交易代表将接到的订单信息盖上时间印章，并送至交易服务厅场内出市代表。接着，场内出市代表将相关指令输入计算机进行交易，每一笔交易进行后，场内出市代表须将交易记录发给外场经纪人，再发给客户。再次，当客户按规定将期货强制平仓时，应立即通知相应经纪人，并由其告知驻交易所的交易代表，场内出市代表将此笔期货进行对冲交易并进行结算，将对冲交易的利润或亏空形成财务报表后寄给客户。最后，如果客户短时间内不强制平仓，一般在每日或每星期按当日交易所的清算价格清算一次。以上就是期货买卖的流程。

（三）乡村振兴相关期货市场发展现状

《乡村振兴战略规划（2018—2022年）》中明确提出"发展农产品期权期货市场，扩大'保险+期货'试点"，探索"订单农业+保险+期货"试点的要求。2020年中央一号文件进一步提出"优化'保险+期货'试点模式，继续推进农产品期货期权品种上市"的指导意见。《乡村振兴促进法》第64条规定，国家健全多层次资本市场，多渠道推动涉农企业股权融资，发展并规范债券市场，促进涉农企业利用多种方式融资；丰富农产品期货品种，发挥期货市场价格发现和风险分散功能。

三、碳金融衍生品市场

（一）基本情况概述

碳金融是在气候峰会多次讨论和寻求解决低碳经济路径后被推向

前台的。为应对全球变暖，英国政府于 2003 年在能源白皮书中首次提出"低碳经济"概念，后为世界各国认同和推广。① 由于发达国家的碳排放量远远大于发展中国家，温室气体排放量的限制对发达国家的经济增长影响也就明显大于发展中国家。为了在参与各国之间形成多方共赢，碳金融允许各国之间自由地调剂碳排放量，超过规定排放标准之外的部分可以通过购买的方式得到冲抵，从而形成完备的碳金融交易市场。② 2012 年以前，中国尚未受到碳排放的规定性限制，但作为一个负责任的国家，中国政府已做出自愿减排的承诺。在第七十五届联合国大会一般性辩论上，中国主动做出在"2030 年前实现碳达峰、2060 年前实现碳中和"的承诺，这对中国乡村振兴走高质量发展道路提出了更高的要求。"十四五"规划指出，要积极推动农业向绿色、低碳、循环模式发展，不断推进农村生活方式向低碳转型。而绿色金融是以改善环境、应对气候变化为根本宗旨的金融活动，是支持绿色农业发展、为乡村振兴注入新活力的有力金融支撑。

（二）乡村振兴中碳金融衍生品的基本逻辑

农业生产排放出大量二氧化碳，但同时农田生态系统又是一个巨大的碳汇系统。因此发挥好农业优势，发展绿色农业，做好农业的减排固碳工作，对"双碳"目标的实现具有重要作用。绿色金融应发挥其协调经济、生态、环境发展的作用，通过支持绿色农业，推动农业减排固碳、绿色投资活动助力乡村振兴。③ 首先，在企业碳减排创

---

① 宋帅，王裕胜. 碳金融体系发展的国际借鉴及启示. 上海商学院学报，2010 年第 3 期。
② 邹新阳. 碳金融与农村金融的互动研究——基于碳金融的本土化与农村金融创新的理念. 农业技术经济，2011 年第 6 期。
③ 毕昕玥. "双碳"目标下绿色金融支持乡村振兴：机理、现状与路径. 科技经济市场，2022 年第 5 期。

新层面，通过绿色信贷等金融产品的投入，有效推动企业创新。同时，绿色金融的风险分散功能可以有效减少企业在创新、研发中所遭受的损失，进而有利于农村企业的发展；在农村产业层面，通过满足绿色农业、循环农业、乡村休闲旅游业等新兴产业的融资需求，发挥绿色金融在乡村振兴中的要素引导作用，推动产业融合和农村产业转型升级，进而增加乡村就业，多途径拓宽农民收入渠道，实现产业兴旺、生活富裕。其次，绿色金融通过推动农业减排固碳，实现乡村生态宜居。一是绿色金融支持农业基础设施建设，如沼气、污水处理等设施，并为农业污染源头的防治提供资金，提高农村废弃物的利用率，加强农业污染治理；二是利用金融、政策支持推动农业多层次、多序列产业结构发展，充分利用土地、水源、光能等资源，提高资源利用效率，实现生态效益与经济效益的共同发展；三是科技助力农业减排固碳，着力投资研发生态修复、无害化设备，并不断提升其应用普及度。最后，新兴农业经营主体，如合作社、家庭农场等，也可以得到绿色金融的支持，并融入绿色发展理念，使农民在绿色金融教育中提升自身素养，以助力乡风文明建设与治理。

（三）碳金融衍生品模式

1. 碳期货交易标的

碳期货交易标的主要包括森林碳交易品、有机农业交易品和循环碳交易品。森林碳市场的投资是国际碳金融的本源业务，《京都议定书》生效后，森林固碳项目和碳信用贸易增加较快，[1] 同时发展碳汇林业也受到世界各国的重视和充分利用，即通过少部分出售清洁发展

---

[1] 柏晓东，丁郁. 关于林业投资问题的探讨. 林业经济，2007 年第 9 期。

机制下的造林、再造林碳汇项目获取资金，推进林业发展。

有机碳交易品的着力点在于有机农业的技术性和固碳效应。在这里，有机农业不同于化学农业，其能够优化可再生资源和调节农业生态系统中的养分与能流，无需人工合成肥料提高土壤肥力，有助于减少耕地或干泥炭地中氧化亚氮和沼气的排放以及减少森林砍伐。[①] 有机农业除了大田农业外，还包括有机畜牧业和有机肥。研究表明，土壤固存的碳可以抵消掉温室气体总排放量的25%；有机农场释放的沼气比传统农场低25%；有机牛肉的能量比传统牛肉低一半；有机农业规避了氮肥，氮肥中的氧化亚氮温室效应潜值是二氧化碳的310倍。有机农业交易品可参照森林碳交易品的操作方法，通过与其进行碳交换实现双向利得。

此外，循环碳交易品是针对循环经济设计的碳交易，我国乡村振兴的绿色发展离不开探索农产品的循环碳交易品，包括清洁能源、种植业养殖业废弃物再利用和农产品加工业废角料的回收等，如风力发电、秸秆气化、太阳能、秸秆生产复合板材、修剪枝条种植食用菌、畜禽粪有机肥及发电、稻壳燃料、米浆淀粉等。

2. 碳金融衍生品交易模式

碳金融衍生品可以采用联网交易模式，即同样的碳期货品种在两个以上不同法域之间的多个期货交易所共同上市，交易主体可以通过某一交易所交易另一交易所的碳期货品种，不同交易所之间可以进行交割结算。此种模式下交易的法律和规则因法域的不同而有差别，但又存在一种链接机制，使碳期货跨境交易成为可能。[②] 碳金融衍生品

---

① 邹新阳. 碳金融本土化与农村金融创新研究——基于金融产业的视角. 中国软科学，2011年第8期.
② 李松洋. "双碳"目标下中国碳期货国际交易的法律适用. 理论月刊，2022年第5期.

联网交易已有一些国际先例。美国加利福尼亚州和加拿大魁北克省达成协议，于 2014 年开展双方的碳交易市场链接，碳排放权配额及期货等衍生品可进行跨境交易。[①] 而欧盟也积极拓展欧盟碳期货的跨境交易合作范围，先后同澳大利亚和瑞士达成协议，开展碳交易市场链接。目前交易制度下的碳金融衍生品的交易对于交易主体、金融市场、现行金融制度来说是新事物。新事物的尝试能否成功，取决于参与主体是否有机会意识，这是一种通过实践获得的认知。因此，碳金融衍生品联网交易可能促进乡村振兴的发展，实现中国在衍生品市场的弯道超车。

[①] 魏庆坡. 碳交易市场跨国合作法律问题研究. 对外经济贸易大学出版社, 2019 年。

第四章
金融市场组织与乡村振兴

乡村发展中涉及多种金融市场组织的参与，构建起了一个庞大、复杂、多元的金融市场组织体系。近年来，在国家主导乡村振兴的过程中，我国逐步形成了一套具有中国特色的乡村振兴金融服务体系。总结和归纳这些经验可以发现，中国人民银行、金融监管部门、政策性金融机构、商业性金融机构等一系列组织和机构共同组成了为乡村振兴"三农"主体提供金融产品和服务的金融体系（见图 4-1）。

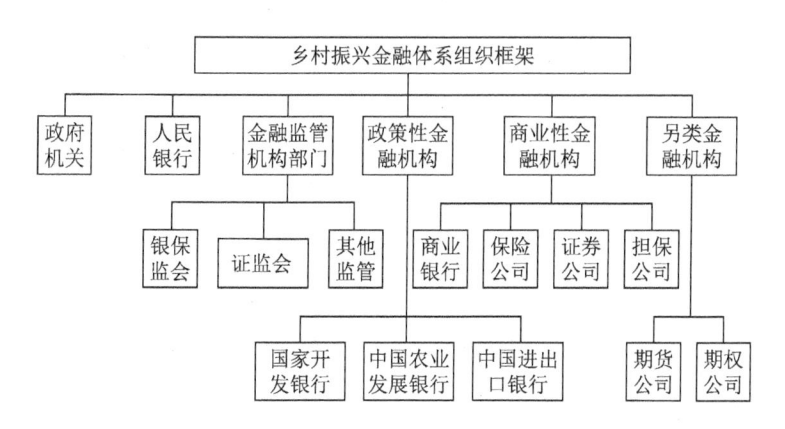

图 4-1　乡村振兴金融体系组织框架

第一节　中央银行

一、人民银行简介

中国人民银行是中华人民共和国的中央银行，为国务院组成部门。中国人民银行在国务院领导下，负责制定和执行货币政策，防范和化解金融风险，维护金融稳定。1948年12月1日，华北银行、北海银行、西北农民银行在河北省石家庄市合并组成中国人民银行。1983年9月，国务院决定中国人民银行专门行使中国国家中央银行职能。1995年3月18日，第八届全国人民代表大会第三次会议通过了《中华人民共和国中国人民银行法》，至此，中国人民银行作为中央银行以法律形式被确定下来。中国人民银行的发展历程如表4-1所示。

表4-1　中国人民银行发展历程

时间	事件
1931年	在江西瑞金召开的全国苏维埃第一次代表大会上，通过成立"中华苏维埃共和国国家银行"的决议，并发行货币
1948年	在河北省石家庄市组建了中国人民银行，并开始发行人民币
1949年	中国人民政治协商会议通过《中华人民共和国中央人民政府组织法》，把中国人民银行纳入政务院（现国务院）的直属单位系列
1982年	开始组建专门的中央银行体制的准备工作
1983年	国务院决定由中国人民银行专门行使中国国家中央银行职能
1984年	中国人民银行开始专门行使中央银行的职能

(续表)

时间	事　件
1993 年	按照国务院《关于金融体制改革的决定》，中国人民银行进一步强化金融调控、金融监管和金融服务职责，划转政策性业务和商业银行业务
1995 年	第八届全国人民代表大会第三次会议通过了《中华人民共和国中国人民银行法》，首次以国家立法形式确立了中国人民银行作为中央银行的地位
1998 年	按照中央金融工作会议的部署，改革人民银行管理体制，撤销省级分行，设立跨省区分行，同时，成立人民银行系统党委，对党的关系实行垂直领导，对干部进行垂直管理
2003 年	第十届全国人民代表大会常务委员会第六次会议审议通过了《中华人民共和国中国人民银行法（修正案）》
2023 年	中共中央印发了《深化党和国家机构改革方案》，统筹推进中国人民银行分支机构改革。同时，撤销中国人民银行大区分行及分行营业管理部、总行直属营业管理部和省会城市中心支行，在 31 个省、自治区、直辖市设立省级分行，在深圳、大连、宁波、青岛、厦门设立计划单列市分行。中国人民银行北京分行保留中国人民银行营业管理部牌子，中国人民银行上海分行与中国人民银行上海总部合署办公

资料来源：作者根据王宇《中国金融改革开放四十年》（载《西部金融》2018 年第 5 期）整理。

2023 年 3 月《深化党和国家机构改革方案》提出以前，中国人民银行根据《中华人民共和国中国人民银行法》的规定，在国务院的领导下依法独立执行货币政策，履行职责，开展业务，不受地方政府、社会团体和个人的干涉。当前央行设有 25 个部门和上海总部，下辖 16 个直属机构，在地方有 36 个分支机构。[①] 按照《深化党和国家机构改革方案》的推进要求，人民银行将在下一步撤销中国人民银行大区分行及分行营业管理部、总行直属营业管理部和省会城市中

---

① 肖捷. 关于国务院机构改革方案的说明. 人民日报，2023-3-8。

心支行，在31个省、自治区、直辖市设立省级分行，在深圳、大连、宁波、青岛、厦门设立计划单列市分行。① 中国人民银行北京分行保留中国人民银行营业管理部牌子，中国人民银行上海分行与中国人民银行上海总部合署办公。

二、职能划分与功能作用

中国人民银行在货币政策的执行等方面发挥了重要作用。中国人民银行的传统功能主要有制定和执行货币政策、维护金融稳定、提供金融服务等。其中，制定和执行货币政策是央行利用各种工具通过调整货币流通进而对宏观经济进行调节，同时，由于货币政策和外汇形势相互关联，央行也参与管控外汇储备；维护金融稳定是央行利用起草的法规以及制定的规则维持金融机构和金融市场的平稳运行，并且抵御一定的外部冲击，涉及调控、支付、交易等；提供金融服务是央行通过一系列措施促进实体经济发展，包括拟订金融业改革和发展战略规划、制订全国支付体系发展规划、统筹协调全国支付体系建设、负责金融控股公司和交叉性金融工具的监测、制定和组织实施金融业综合统计制度、组织制订金融业信息化发展规划、经理国库等。②

在新时代下，面对风云际会的国际经济形势和高科技创新带来的不确定性，中国人民银行在接续全面推进乡村振兴进程中，加大对"三农"领域的金融支持。人民银行围绕金融支持全面推进乡村振兴重点工作，多维推动乡村振兴的金融服务。例如，强化货币政策工具作用，发挥金融带头示范作用，推进普惠金融下沉，在政策的引导

---

① 尹振涛. 中国金融监管的新动向与重要意义. 人民论坛，2023年第8期。
② 王彩萍，张龙文. 国家金融体系结构. 中山大学出版社，2021年。

下，通过金融机构的支持，推动农村第一、二、三产业融合发展，调动涉农企业的积极性，提升农业的生产活力，确保农村金融的外部作用以及内部机制的长效性。围绕农产品加工、乡村休闲旅游等产业发展特点，持续完善融资、结算等金融服务。积极推广农村承包土地的经营权、集体经营性建设用地使用权等抵质押贷款业务，对符合条件的农村集体经济发展项目给予优先支持。[①]

三、人民银行营管部服务乡村振兴

人民银行重庆营管部联合政府部门就乡村振兴印发了《关于金融支持巩固拓展脱贫攻坚成果全面推进乡村振兴的实施意见》《关于金融支持新型农业经营主体发展的实施意见》等系列政策文件。作为中国的乡村振兴金融组织，其出台了"一县一策"金融支持方案，积极引导金融机构加大乡村振兴重点领域的金融资源投入。截至2022年9月，重庆市涉农贷款余额超7586亿元，同比增长11.8%，较全市各项贷款同比增速高5.7%；辖内4个国家乡村振兴重点帮扶县各项贷款余额同比增长11.7%，较全市各项贷款增速高3.1%。[②]

（一）强化政策引导作用，支持金融服务乡村振兴

一是推动出台《关于加强财政金融联动支持实体经济发展的通知》，针对性提出实施新型农业经营主体及农产品加工贷款贴息、提高政策性农业保险风险保障水平、实施农村产权抵质押融资风险补偿等

---

① 陈蔚，姜铁军，张艳莹，等. 乡村振兴背景下金融支持我国农村产业融合发展研究. 新金融，2022年第7期。
② 根据金台咨询"截至9月末全市涉农贷款余额超7586亿元"报道整理。

措施，全力支持金融服务乡村振兴。会同市财政局等部门联合印发《关于完善政府性融资担保体系切实支持小微企业和"三农"发展的实施意见》，完善"国家融资担保基金—市级再担保机构—政府性融资担保机构"三级联动体系。二是指导法人金融机构用好"三农"、小微、绿色专项金融债券，通过募集资金加大对乡村振兴等领域的支持。三是强化央行资金精准直达区县。牵头商业金融机构创新推出支农再贷款"乡村振兴贷"专属产品，开通线上便捷申贷入口，持续推进支农再贷款示范基地，开设线下信贷绿色窗口，配备服务专管员，提供政策、产品、融资等一站式服务，引导法人金融机构围绕乡村振兴等重点领域，创新推出"再贷款+欣农贷"等，加大乡村振兴重点领域的信贷投放。开展农村产业发展供应链金融"一行一品"创新专项行动，推出"乡村振兴贷"等特色金融产品。探索创新农村集体经营性建设用地、集体资产股权等抵质押融资，探索推进"三社"融合发展。

（二）强化金融科技赋能，提高涉农金融服务效率

一是深入指导和推动金融机构探索运用新一代信息技术、互联网、物联网和传感技术，不断优化提升乡村振兴金融服务。全面推进"空中柜台""方言银行""生猪活体抵押融资平台"等示范工程建设，将这些项目纳入重庆市金融支持乡村振兴总体工作规划，推进重庆市金融科技赋能乡村振兴。二是开展打造金融支持乡村振兴示范基地和乡村振兴金融服务港湾专项行动。指导辖区内金融机构在农业产业强镇、现代农业产业园区等地打造金融支持乡村振兴示范基地和"1+5+N"乡村振兴金融服务港湾，结合基地产业发展和融资需求，主动创新具有针对性的服务模式和信贷产品。[1] 三是推广"长江渝融

---

[1] 黄光红. 重庆出台20条金融措施支持乡村振兴. 重庆日报，2022-4-22。

通"普惠小微线上融资服务平台。迭代升级"长江渝融通"普惠小微线上融资服务平台功能,升级后的平台在为新型农业经营主体等涉农主体提供惠企政策解读、金融产品查询、融资业务办理、融资问题反馈等"一站式"线上综合服务的基础上,进一步开设人民银行支小再贷款帮扶贷、支农再贷款乡村振兴贷、新型农业经营主体、乡村振兴青年贷专门线上申贷入口,并引入市农担等政府性融资担保机构以提供融资增信服务。[①]

(三)强化乡村基础服务,提升金融服务水平

一是大力推动移动支付便民服务下沉县乡。大力推广应用"乡村振兴主题卡"等为"三农"量身定制的特色支付产品,聚合产业各方力量,拓展移动支付县乡村受理场景,探索农村支付服务可持续、精准化发展路径,提升农村支付服务体验。二是全面推动农村信用体系建设。印发《关于深化信用村镇创建助力乡村振兴的通知》,制定6大类、13个细项的信用村评定参考标准,指导辖内各级行、各金融机构持续深化农村信用创建工作。截至2022年第二季度末,全市已评定信用村1701个、信用乡镇85个,评定信用户213.4万户。持续加强农村信用信息基础数据库的推广和应用,推动涉农信息采集。截至6月末,该数据库已采集544万名农户、7万余个农村经济组织的相关信息,部分解决了信息不对称难题,为涉农银行办理贷款提供参考。三是持续优化国债下乡服务。推动开展科技赋能国债下乡—POS机销售储蓄国债试点工作。截至2021年11月末,重庆市726个乡镇授牌承销银行网点,建立"国债宣传服务站"1126个,

---

① 邹沛思,冉小华.人行重庆营管部"五个聚焦"全面推进乡村振兴.金融时报,2022-1-25。

开办"村民理财课堂"10467期,实现了远郊区县村社全覆盖,而在川渝推广"切块+竞售"农村保护性发售国债的创新模式,联合推动国债下乡,乡镇以下农村地区累计发行储蓄国债4.8亿元,占全市发行总量的20.6%,为农村地区居民增收6272万元。[①]

第二节 政策性金融机构

一、政策性金融机构的界定

政策性金融机构是指由政府或政府机构发起、出资创立、参股或保证,不以利润最大化为经营目的,在特定的业务领域内从事政策性融资活动,以贯彻和配合政府的社会经济政策或意图的金融机构。[②]政策性金融机构兼具政府宏观调控性质与金融商业化性质,提供低息而非无偿的资金支持以配合国家的政策实施需求,连接政府与市场两个领域,灵活运用"看得见的手"和"看不见的手"高效地进行资源配置。1994年,国家将政策性扶持功能从商业性银行中分离出来,分别成立了中国进出口银行、国家开发银行和中国农业发展银行这三大政策性银行。[③]"十五"期间,中国还成立了中国出口信用保险公司,形成了由四大政策性金融机构组成的政策性金融体系。

---

① 根据人民银行重庆营管部调研数据整理。
② 王宇. 建立健全有管理的浮动汇率制度. 中国金融, 2019年第19期。
③ 倪晓宁. 支持"一带一路"的政策性金融体系构成及相关问题研究. 新金融, 2019年第10期。

四大政策性金融机构扮演着主要且重要的角色，丰富了政策性金融体系，形成了政策性金融支持服务的多元化结构。

政策性金融机构参与金融活动的准则的特殊性在于：一是不介入商业性金融机构能够从事的项目，主要经营和承担私人部门与商业性金融机构不愿涉及的项目，旨在填补资本市场空缺。二是主要提供中长期的低息贷款，对一些不能按期偿还或市场不愿意介入的战略性项目，以低息贷款或财政贴补的方式提供资金。三是对其他金融机构所从事的符合政策性目标的金融活动给予偿付保证、利息补贴或投融资，以此支持、鼓励、吸引和推动更多的金融机构从事政策性融资活动。[1] 此外，政策性金融机构一般不具备信用创造的功能，所以政策性金融机构一般不办理活期存款、汇兑、结算和现金收付等商业银行业务，其负债是货币体系已经创造出来的货币，而其资产一般为专款专用。

二、政策性金融机构简介

（一）中国进出口银行

中国进出口银行是由国家出资设立、直属国务院领导、支持中国对外经济贸易投资发展与国际经济合作、具有独立法人地位的国有政策性银行。目前，中国进出口银行在国内设有 32 家营业性分支机构以及香港代表处，其在海外的圣彼得堡、巴黎等城市、西非、东南非等地区也设有代表处。现实中，中国进出口银行是一家旨在服务国家战略，建设定位明确、业务清晰、功能突出、资本充足、治理规范、

---

[1] 王廷科，薛峰. 现代政策性金融机构：职能、组织与行为理论. 金融与经济，1995 年第 2 期。

内控严密、运营安全、服务良好、具备可持续发展能力的政策性银行。

（二）国家开发银行

国家开发银行是成立于1994年的由国务院领导的政策性金融机构，其于2008年改制为国家开发银行股份有限公司。2015年3月，国务院明确国家开发银行的定位为开发性金融机构。2017年4月，"国家开发银行股份有限公司"名称变更为"国家开发银行"，其组织形式由股份有限公司变更为有限责任公司。近年来，国家开发银行立足开发性金融机构的定位，在服务国家发展战略中扮演着重要的角色。与此同时，国家开发银行在精准脱贫和乡村振兴有效衔接等中发挥了重要的作用。此外，国家开发银行还研究制订防范化解重大风险的三年规划和年度计划，全面加强风险防控体系。

（三）中国农业发展银行

中国农业发展银行成立于1994年，是由国务院领导的农业政策性银行。中国农业发展银行的主要任务是在国家信用基础上，以市场为依托，筹集支农资金，支持"三农"事业发展，发挥国家战略支撑作用。中国农业发展银行始终坚持实施"一二三四五六"总体发展战略。其中，"一"即坚持科学发展观的"第一要务"；"二"即全面从严治党和依法从严治行的"两个从严"；"三"即坚持执行国家意志、服务"三农"需求和遵循银行规律的"三位一体"；"四"即用改革完善体制机制、用创新激发动力活力、用科技强化引领支撑、用人才提供支持保障的"四大路径"；"五"即全力服务国家粮食安全、全力服务脱贫攻坚、全力服务农业现代化、全力服务城乡发展一体化、全力服务国家重点战略的"五个全力服务";"六"即治理机构现代化、运营模式现代化、产品服务现代化、管控机制现代化、科技支撑现代化、组织体系现代化的"六个现代化"。一直以来,中国农业发展银行坚持把巩固脱贫攻坚与乡村振兴战略作为核心使命,支持农业现代化以及水利工程等项目,在"三农"经济中加大支农力度,新投放贷款平均利率低于同业水平,积极发挥政策性金融机构的优势作用。

(四) 中国出口信用保险公司

中国出口信用保险公司于 2001 年正式运营,支持中国对外经济贸易发展与合作,是具有独立法人地位的国有政策性保险公司,其业务范围覆盖全国。中国出口信用保险公司通过为对外贸易和对外投资合作提供保险等服务,促进对外经济贸易发展,重点支持货物、技术和服务等的出口,特别是高科技、附加值大的机电产品等资本性货物的出口,促进经济增长、就业与国际收支平衡。主要产品及服务包括中长期出口信用保险、海外投资保险、短期出口信用保险、国内信用保险、与出口信用保险相关的信用担保和再保险、应收账款管理、商账追收、信息咨询等出口信用保险服务。

三、政策性金融机构服务乡村振兴

随着我国脱贫攻坚战取得全面胜利,9899 万农村人口开启了全面小康新生活。为支持巩固拓展脱贫攻坚成果,防止发生规模性返贫,国家开发银行认真落实中央精神,明确提出要保持过渡期内金融帮扶政策和力度总体稳定,2021 年向脱贫地区发放贷款 2714 亿元。国家开发银行还发放专项贷款,重点支持产业发展、易地搬迁后续发展、东西部协作、农业现代化、农村基础设施等重点领域发展。作为中长期投融资主力银行，国家开发银行深化银政合作，不断发挥开发性金融功能。其为支持乡村振兴战略，在全国银行间市场成功发行乡村振兴系列专题金融债，并通过承销乡村振兴债券，引领社会资金投入乡村基础设施建设、垃圾污水处理、美丽乡村建设等领域。该专题金融债采用低息债券模式，发行利率为2.58%。国家开发银行还积极服务全面推进乡村振兴，发放农村基础设施和公共服务设施领域贷款。此外，国家开发银行还围绕保障粮食安全和重要农产品稳定供给，加大对现代农业的支持力度，重点服务高标准农田等农业基础设施建设，支持种源技术攻关，推进农业绿色发展。[①] 设立春耕备耕专项贷款，助力保障种子、农药、化肥等农资生产流通资金需求，支持粮食、棉花、油脂、糖类、乳制品、肉类等农副产品保供。

农业发展银行重庆分行因地制宜，结合当地的资源要素禀赋，并根据农业产业链发展的要求，创新构建了"公司+合作社+农户"的组织模式，以参与产业链经营管理的国有实体公司带动农业产业链，助力搭建农业产业化联合体。此外，农业发展银行重庆分行为支持合作社等新型经营主体发展，还创新推出了"农发行+政府+龙头企业+合作社+风险补偿基金+保证担保+保险"的"1+6"风险共担贷款模式，以解决合作社融资难问题。"1"即农发行，负责独立评审贷款，提供信贷资金支持。"6"分别是政府、龙头企业、合作社、风险补偿基金、保证担保和保险。[②] 其中，龙头企业负责提供产业核心技术支持、产品收购和销售，并对合作社派驻财务人员进行指导；农民合

---

① 左希.国家开发银行：以开发性金融力量筑牢乡村振兴基石.金融时报，2022-3-24.
② 邓静秋."1+6酉阳模式"破难题.农业发展与金融，2020年第1期。

作社负责按照龙头企业技术标准依指令开展生产经营。在经营过程中，如果合作社贷款出现不良，则由风险补偿基金按照贷款总额的70%代偿；同时，龙头企业为合作社贷款总额的30%和贷款利息提供保证担保；此外，合作社也可以根据自身需求自主办理生产经营保险。上述模式既破解了合作社等新型经营主体融资难、融资贵的问题，又为银行防范信贷风险提供了保障，实现了"双赢"。另外，农发行将全力支持重庆创建政策性金融服务乡村振兴实验田、示范区，在信贷政策、信贷规模、金融产品创新、资源配置上给予倾斜，并区分不同区域和客户，推出差异化信贷政策：开辟办贷"绿色通道"，给予差异化审批权限，设置差异化办贷条件，合理设置贷款期限，执行最低资本金比例，适度放宽抵押担保条件，放宽融资性担保公司核准权限，适度放宽贷款评审条件，减免结算收费，等等。这些都对乡村振兴起到重要的促进作用。[1]

第三节　商业性金融机构

一、基本介绍

我国的商业性金融机构有银行金融机构和非银行金融机构两大类。前者主要包括国有控股商业银行、城市商业银行、农村和城市信用合作社等；后者主要包括信托投资公司、证券公司、财务公司、金

---

[1] 黄光红. 重庆将创建政策性金融服务乡村振兴实验示范区. 重庆日报, 2022-9-25。

融租赁公司、商业保险公司等。总体而言，我国商业性金融机构依照《公司法》和与其相对应的金融法律法规设立，经营货币等特殊商品。商业性金融机构的收益不是来源于货币的增值，而是来源于利息，利息是债权人因让渡出货币使用权而从债务人手中获得的回报。商业性金融与政策性金融是市场经济国家的完整金融统一体中不可或缺的两部分，其中以市场为主导进行运作的商业性金融是主体部分，以政府为主导进行运作的政策性金融是必要补充。商业性金融机构作为现代市场经济资源配置的参与主体之一，是金融市场调节金融资源配置的基础，发挥着决定性作用。同时，在存在金融市场机制失灵问题和缺陷的情况下，商业性金融机构也需要与政策性金融机构形成良性的互动机制，以实现社会资源配置的经济有效性和社会合理性的有机统一。

商业性金融机构与政策性金融机构都是我国金融组织体系的重要组成部分，两者的性质、行为特征、业务范围、融资原则是不同的。从性质上看，商业性金融机构从事商业性金融，与企业性质相似，具有商事性、营利性；从行为特征上看，商业性金融机构作为经营金融交易的企业性法人，以市场为导向，一般在遵循国家有关法律的前提下，以追求自身财务效益和利润最大化为主要行为特征，其社会效益体现于财务效益之中；从业务范围上看，商业性金融机构的业务范围是十分广泛的，现代金融制度中的商业性金融机构业务发展具有综合化特征和趋势，即同时经营多种金融业务；从融资原则上看，商业性金融机构根据市场法则，出于商业标准的行为目标，以"流动性、营利性、安全性"为基本的金融融投资准则。[①]

---

① 王廷科，薛峰. 现代政策性金融机构：职能、组织与行为理论. 金融与经济，1995年第2期。

二、银行类金融机构

(一) 全国性商业银行

全国性商业银行主要由五家大型国有商业银行、邮政储蓄银行以及十二家股份制商业银行组成。其中五大行，即中国工商银行、中国银行、中国农业银行、中国建设银行、中国交通银行，均已完成上市，而十二家股份制商业银行为招商银行、广发银行、浦发银行、中信银行、中国光大银行、华夏银行、中国民生银行、兴业银行、平安银行、恒丰银行、渤海银行、浙商银行。在中国的金融体系中，央行是一级信用创造主体，央行通过外汇占款、向银行等商业机构发放贷款等方式实现货币扩张。而全国性商业银行由于规模较大，牌照较多，能与央行直接进行资金拆借等活动。因此，一般来讲，央行通常是采用直接向全国性商业银行注入流动性的方式，而全国性商业银行常常通过同业业务等方式向下一级的中小型银行传递流动性。在此过程中，全国性商业银行起到重要的中介作用，这也是金融市场中信用创造的重要载体。

(二) 地方性银行类金融机构

我国第一、二、三产业发展存在庞大的差异化金融需求，历史经验已经表明仅仅依靠传统的全国性商业类金融机构无法满足这些需求，因此经济发展中还需要一些地方性金融机构作为补充。其中最为重要的是农村信用社、农村商业银行、农村合作银行，它们被合称为农村信用合作机构，这些地方性金融机构组织就像是"毛细血管"，能够更好地深入传统金融机构无法满足的"三农"、小微企业、私营企业等领域。① 截至 2022 年 6 月末，我国境内共注册有 3883 家农村金融机构，占全国银行业金融机构数量的 84.43%。其中，农村商业银行 1600 家，农村信用社 572 家（含省级联社 24 家），村镇银行 1649 家，农村合作银行 23 家，农村资金互助社 39 家。② 目前农村金融机构仍存在提供产品和服务供给单一、信用体系建设存在短板、数字金融服务供给滞后等问题。

1. 农村信用社

农村信用社全称农村信用合作社，由中国人民银行批准设立，是自主进行管理并为社员提供金融服务的农村合作金融机构。该机构是独立企业法人，依法享有民事权利，并以全部资产对农村信用合作社的债务承担责任。作为银行类金融机构，其主要业务是吸收存款、发放贷款，以及开展相关转账结算业务等。农村信用社的建立与自然经济、小商品经济发展直接相关。由于农业生产者和小商品生产者对资金的需要存在季节性、零散、小数额、小规模等特点，他们很难得到银行贷款的支持，但客观上生产和流通的发展又必须解决资本不足的问题，于是就出现了这种以缴纳股金和存款方式建立的互助、自助的信用组织。③

2. 农村商业银行

农村商业银行是由辖内农民、农村工商户、企业法人和其他经济组织共同入股组成的股份制的地方性金融机构。

---

① 李奇霖，孙永乐. 证券业服务乡村振兴研究. 证券市场导报，2022 年第 1 期。
② 根据《中国经营报》所发表的《农村普惠金融进阶 合作金融持续探索》数据整理。
③ 朱承亮. 支农 vs 盈利：农村信用社双元目标协调性研究——来自陕西省 8 市 79 区县的证据. 经济与管理评论，2015 年第 5 期。

3. 农村合作银行

农村合作银行是由辖内农民、农村工商户、企业法人和其他经济组织共同入股，在合作制的基础上，吸收股份制运作机制组成的股份合作制的社区性地方金融机构。

（三）银行类金融机构的功能

1. 银行类商业性金融机构的传统功能

银行类金融机构的传统功能主要包括三个方面：一是发挥信用中介作用，调节参与社会经济活动中不同部门之间的资金供需；二是根据央行货币政策以及国际经济关系，对经济结构、消费投资比例、产业结构等方面进行动态调整；三是通过商业银行在国际金融市场上的融投资活动，对国家国际收支状况进行动态调整。其中，全国性商业银行规模大、网点广，因此，它在银行调节经济过程中占主导作用，同时这些全国性的商业银行与国家政策的配合度也相对较高。

2. 银行类商业性金融机构服务乡村振兴的金融功能

银行类商业性金融机构在乡村振兴中需要展现的核心功能是发挥其普惠性作用，究其原因，乡村金融市场运行既基于一般规律，又有其独特逻辑。[1] 商业银行开展普惠金融主要承担的是社会责任，一方面需要政府"有形之手"进行引导和疏通，营造互信互利、信息透明、积极参与、利益最大的氛围，形成激励相容效应；另一方面商业银行和"三农"参与主体要更新观念、付诸行动，商业银行主动拓展普惠金融，"三农"积极响应。[2] 在市场经济环境中，政府通过

---

[1] 陈新宏，丁毅. 商业银行服务乡村振兴的路径探索. 金融纵横，2022 年第 7 期。
[2] 韦颜秋，王树春. 服务"三农"商业银行普惠金融的供给策略研究. 贵州社会科学，2019 年第 8 期。

"有形之手",发挥引导、保障、巡查和惩戒等作用,促进商业银行从事倾向于"三农"群体的金融活动,进而在商业银行与"三农"之间建立"积极推进"与"积极参与"的互动关系。银行类商业性金融机构服务乡村振兴的金融功能主要表现为以下六个方面:

其一,农村金融资源的风险配置功能。乡村振兴金融业务在基本市场规律上与一般交易类似,其通过收益、成本、风险等方式寻求外部性的"内部化",以满足资源使用的正效率。其二,关联资源与风险补偿机制。按照市场化风险分担机制,通过风险溢价将收益与风险相结合,在一定风险承担背景下实现资源使用效率最大化。其三,"因地制宜"实现最优配置。商业性金融机构应突破农村客户普遍缺少抵押物品的现实困境,积极构建农村产权市场,促进农村资产的资本化,以满足乡村振兴的金融资源配置要求。[1] 其四,创新信用创造功能。区别于将按揭贷款等城镇现有金融产品复制到农村的做法,乡村振兴所需的金融产品是创新型的金融产品。其五,加快农村金融基础设施建设。现阶段农村金融因通信、大数据、区块链、数字金融等技术的发展已经极大地降低了金融交易成本,因而应进一步加快农村金融基础设施建设,加快城乡金融一体化发展,这是金融深化的重要组成部分,也是商业性金融机构发展普惠金融的社会责任。其六,构建农村风险分散机制。农业是风险较高的产业领域,不仅需要政策资源使其外部性内部化,而且需要完善再保险和巨灾风险分散机制,因此进一步完善信贷抵押担保可以为商业银行在乡村振兴战略中发挥作用、提供保障。[2]

---

[1] 管洪彦,孔祥智. 农地"三权分置"典型模式的改革启示与未来展望. 经济体制改革,2018 年第 6 期。

[2] 张少宁. 商业银行服务乡村振兴的普惠路径. 华南农业大学学报(社会科学版),2021 年第 5 期。

三、非银行类金融机构

（一）证券公司

1. 证券公司的界定

证券公司是指依照《中华人民共和国公司法》《中华人民共和国证券法》的规定设立并经国务院证券监督管理机构审查批准而成立的专门经营证券业务、具有独立法人地位的有限责任公司或者股份有限公司。其主要业务包括证券经纪、证券投资咨询、证券承销与保荐、证券自营等。现在证券公司自身的资产负债规模迅速扩大，成为金融系统中重要的一部分。

2. 证券公司的功能

目前证券公司有八大业务功能：证券经纪、证券咨询、证券保荐与承销、财务顾问、资产管理、证券自营、融资融券、直投业务。同时，证券公司的经营范围不断扩大，业务类型更加丰富。证券公司作为资本市场的重要参与机构之一，充分发挥自身优势，也能在乡村振兴中起到帮助乡村企业缓解融资难、融资贵难题的作用。我国目前的股权融资市场已经较为完备，包括主板市场、创业板、科创板、北交所、新三板、区域股权交易中心以及其他场外交易市场等。在金融精准扶贫参与脱贫攻坚的基础上，证券公司可以综合运用承销保荐、并购重组、财务顾问等手段，为贫困地区企业规范公司治理、改善融资状况提供专业服务。首先，证券公司可以帮助贫困地区企业在主板上市融资，降低贫困地区企业上市成本，并持续提供后期融资指导服务，形成"共生共进"的扶贫模式。证券公司创造性地发挥在投行业务方面的优势，帮扶企业上市融资，并在后期继续为企业提供个性化融资方案。其次，证券公司可以助力贫困地区企业通过新三板挂牌及融资实现转型升级，助力贫困地区企业完善法人治理结构，规范财务管理，改善经营机制，以适应经济发展落后地区企业股权融资。最后，证券公司可以帮助当地企业进行并购重组，强化对该类企业的经营、财务风险进行分析，为企业制定科学合理的并购重组方案，帮助其摆脱亏损困境，增强营利能力。

除此之外，证券公司还可以主动设立产业扶贫基金以更好地推动当地特色产业发展。在产业基金的设立和运行过程中，证券公司能够发挥专业优势，负责产业基金投资项目的管理。例如，首先通过项目策划、现场调研等一系列投资决策，选择设立子基金、项目制基金或直投等投资方式，培育具有发展潜力的贫困地区企业。然后在提供产业资金的基础上，负责对贫困地区企业进行资本运作、财务预算等方面的专业培训。最后建立包括股权回购、证券化和协议转让在内的退出机制，方便投资主体在贫困地区企业发展壮大后灵活退出，转而支持新的具有潜力的企业，形成良性循环。[①]

（二）基金公司

1. 基金公司的界定

基金公司仅指经证监会批准的、可以从事证券投资基金管理业务的基金管理公司。从广义来说，按照募集对象，基金公司分公募基金公司和私募基金公司。公募基金是面向不特定对象、公开募集的基金，而私募基金是面向特定对象、非公开募集的基金。公募基金可以

[①] 李奇霖，孙永乐. 证券业服务乡村振兴研究. 证券市场导报，2022年第1期。

根据投资对象的不同，分为货币基金、股票基金、债券基金以及混合基金等四种。其中，货币基金主要用于投资低风险的债券和央行票据；股票基金所具有的资金池中，80%的资金需要用于投资股票市场；债券基金是要求其持有的绝大部分资金都投在债券市场上的基金；混合基金既可以用来投资股票，又可以用来投资债券，投资比例可以自行分配。从风险程度上来看，上述基金中，股票基金风险最大，货币基金风险最小。

2. 基金公司的功能

基金公司的职能包括由董事会行使制定基金投资方针、对重大投资项目进行决策和审查、批准投资方案等；管理顾问机构则肩负选择投资项目、评估投资项目、制定投资方案并在授权范围内决策投资项目等实际性责任。在乡村振兴中，基金公司参与乡村振兴的投资方式主要有股权直接投资、参投和产业母基金等几种形式。最为常见的股权形式直接投到农业龙头企业，即通过对农业龙头企业的投资，培育和带动农业产业发展，促进农业产业转型升级，提升产业竞争力。这种股权直投形式解决了农业企业资金需求期限长和资金需求规模较大的问题。企业既可将其作为流动资金使用，也可作为生产投资和科技创新资金使用，提高了资金的使用效率。[①]

（四）保险公司

1. 保险公司的界定

保险公司是指依《中华人民共和国保险法》和《中华人民共和国公司法》设立的公司法人。保险公司向投保人收取保险费用，将

---

① 倪冰莉. 乡村振兴进程中产业投资基金运行的经济效应及政策建议——以河南为案例分析. 河南社会科学，2019 年第 10 期。

其用于投资股票、债券等金融资产，并将所得支付保单所约定的赔偿金额。

2. 保险公司的功能

一般来讲，保险公司在金融市场中主要有三大功能：一是保险保障功能，即对投保人的财产保险补偿和人身保险补偿；二是资金融通功能，即把保险资金中闲置的部分投入到社会中，保险公司要保证投入资金的保值和增值，这样做是为了保险经营的稳定；三是社会管理功能，即对于社会各个环节进行调节与控制，主要的目标就是实现社会关系的和谐，达至整个社会的良性运行和有效治理，这一功能同时也是一个国家保险行业融入社会经济生活的重要标志。其中，保险公司提供的农业保险对于保障乡村振兴、促进"三农"发展具有十分重要的意义。所谓农业保险，根据2012年《农业保险条例》第2条的规定，"是指保险公司根据农业保险合同，对被保险人在种植业、林业、畜牧业和渔业生产过程中因保险标的遭受约定的自然灾害、意外事故、疫病、疾病等保险事故所造成的财产损失，承担赔偿保险金责任的保险活动。本条例所称保险机构，是指保险公司以及依法设立的农业互助保险等保险组织"。当前，农业保险已成为支持保护农业的重要政策工具，并形成了一整套包括"期货+保险""订单+期货+保险""订单+保险+融资""担保+保险"等保险工具的功能体系。[1]

在我国，农业保险应将全面服务国家战略作为前进方向和主攻领域，发挥农业保险机制的放大、普惠、精准和增信作用，提供广覆盖、高保障、多领域的优质保险服务，充分满足乡村振兴的风险管理需求；应充分契合"三农"政策和农业农村的新形势、新特点，坚

---

[1] 王小华，杨玉琪，程露. 新发展阶段农村金融服务乡村振兴战略：问题与解决方案. 西南大学学报（社会科学版），2021年第6期.

持"扩面、增品、提标",从广度、深度、宽度三个维度,推动农业保险保障更宽、产品更全、服务更优;应按照"政府引导、市场运作"原则,发挥政府在保费补贴、大灾赔付、信息数据提供方面的支持引导作用,发挥保险机构在产品开发、精算定价、承保理赔方面的主观能动性,更充分地调动政府和市场的资源和力量;应进一步健全农业保险的风险防范机制,压实保险经营主体防范风险的主体责任,建立多层次、内外衔接的再保险体系,完善依法合规的内控制度和技术体系,坚决守住不发生系统性风险的底线。[①]

(五) 期货公司

1. 期货公司的界定

期货公司是依法设立的金融中介组织,其接受客户委托并按照客户的指令、以公司的名义为客户进行期货交易并收取交易手续费,交易风险与结果由客户承担。期货公司是交易者与期货交易所之间的桥梁。目前国内金融衍生品市场主要由期货市场以及场外金融衍生品市场两个部分组成。正是期货交易者的套期保值或投机营利的需求促进了期货市场的产生和发展。需要指出,由于期货交易具有高风险性,所以期货交易所执行严格的会员交易制度,即并非每一个交易者都能进入期货市场进行直接交易,

2. 期货公司的功能

期货作为一种金融衍生品,在金融市场中发挥着重要的作用。首先,期货具有风险规避功能,投资者可以通过套期保值,即在股票市场和股指期货市场反向操作达到规避风险的目的;其次,期货具有价

[①] 张海军. 我国农业保险高质量发展的内涵与推进路径. 保险研究, 2019 年第 12 期。

格发现功能，期货反映的是未来标的物价格走势，随时随地传递了整个市场中的参与者对未来行情走势的判断，体现了未来价格与当前价格之间在市场套利机制的作用下形成的评价关系；最后，期货具有资产配置功能，即投资者可以借助期货调节资产比例，达到优化资产配置、加强风险管理等目的。

在乡村振兴进程中，期货也发挥着重要的作用。首先，期货提升价格发现效率，助力涉农主体生产决策。玉米、豆粕、棉花等重要农产品期货的价格发现功能持续有效发挥，这些大宗农产品的期货现货价格高度相关，期货价格能够有效对现货价格走势发挥指向性作用，为涉农经营主体在生产和经营过程中相关决策提供可靠的价格风向标和决策参考。[①] 其次，期货丰富了风险管理工具，改善了农业生产经营模式。传统的"一口价"贸易方式效率低，涉农企业在议价中往往处于弱势地位，并且涉农企业获取信息能力有限，还会面对价格信息不对称和竞争力较弱等问题。依托公开透明的期货价格开展"基差点价"交易是一种新型贸易模式，一方面，其能够使买卖双方处于相对平等的地位，有利于建立起平等共赢的交易机制；另一方面，涉农企业贸易灵活性增强，市场竞争力提升，有效保障涉农企业的利益。再次，期货是标准化的金融产品，其本身属性要求相应的农产品标的进一步加强标准体系建设，提升农业产业规范化水平。农产品期货市场可凭借自身制度及市场优势，充分体现国家相关行业产业政策的导向，规范农产品现货产业质量标准，强化国家和行业标准对于贸易流通的指导，通过严格制定交割品标准来提高农产品质量，同时对不同交割品级标的实行升贴水机制，让农产品在期货市场上实现

---

① 郭晨光，熊学萍. 充分发挥期货市场对农业农村现代化的服务功能. 农业经济问题，2021年第3期。

"优质优价"。最后,期货推动业务模式创新,更好地服务农业参与主体。我国农户经营规模较小,直接利用期货市场的能力受到资金及知识水平限制。[①]"保险+期货"等是期货市场探索保障农民收入的重要制度创新,既能解决农户直接参与期货市场的困难,降低保险公司在提供价格保险时面临的部分价格风险,又便于农户理解和接受,容易复制推广。

第四节 其他新兴金融机构

一、融资性担保公司

(一) 融资性担保公司的界定

融资性担保公司是指依法设立,经营融资性担保业务的有限责任公司和股份有限公司。融资性担保则是指担保人与银行业金融机构等债权人约定,当被担保人不履行对债权人负有的融资性债务时,由担保人依法承担合同约定的担保责任的行为。

(二) 融资性担保公司的功能

对于急需资金的借款方,尤其是中小微企业来说,融资性担保公司能够满足其初创期或者成长期的资金需求。对于以银行为代表的资

[①] 郭晨光,熊学萍. 充分发挥期货市场对农业农村现代化的服务功能. 农业经济问题,2021 年第 3 期。

金供给方而言,融资性担保公司既帮助投资方增加了可观的利息收入,又转嫁了坏账风险。从对宏观经济调控来看,融资性担保行业在一定程度上缓解了中国中小企业融资难的问题。在乡村振兴中,农业贷款一直是金融业务中的"硬骨头",而融资性担保在促进农村社会信用体系建设方面表现突出,作为财政撬动金融支农的新生力量,其打破了传统融资担保业务模式的束缚,在解决农业经营主体融资难问题方面发挥了良好成效。[①]

二、小额贷款公司

(一) 小额贷款公司的界定

小额贷款公司是由自然人、企业法人与其他社会组织投资设立,不吸收公众存款,经营小额贷款业务的有限责任公司或股份有限公司。小额贷款公司是企业法人,有独立的法人财产,享有法人财产权,以其全部财产对其债务承担民事责任。融资难的问题一直牵制着小额贷款公司在我国的发展,而且目前对小额贷款的监管仍不到位,政府的支持力度也相对不足,缺乏相关的优惠政策。

(二) 小额贷款公司的功能

小额贷款公司的主要服务对象为小微企业和农户等,其主要功能是解决其资金需求。与民间借贷相比,小额贷款更加规范、更有保障,申请程序简单便捷,避免了烦冗的评估、担保手续,无须抵押任

[①] 徐攀. 农业经营主体融资担保协同机制与效应——浙江省农担体系建设的探索与实践. 农业经济问题, 2021 年第 10 期.

何资产凭证。小额贷款行业的发展能够顺应中国发展的需要，引导闲散资金流向急需资金支持的小微企业和农户，为小微企业的蓬勃发展和"三农"建设提供了有力的支持。① 2008 年，中国银行业监督管理委员会和中国人民银行联合发布了《关于小额贷款公司试点的指导意见》，其后国内成立了大量村镇银行和小额贷款公司，开展小额信贷业务。尽管小额贷款公司数量多，但大多数推行"只贷不存"的业务政策，这造成这些机构资金使用成本较高，进而导致其开展的信贷业务的贷款利率也相对高，仍难以真正服务有低息贷款需求的"三农"产业，无法有效聚焦于服务"三农"的目标。②

三、互联网金融机构

（一）互联网金融机构的界定

互联网金融机构是指利用互联网技术和信息通信技术实现资金融通、支付、投资和信息中介服务的新型金融业务模式的金融机构。互联网金融是互联网技术和金融功能的有机结合，是依托大数据和云计算在开放的互联网平台上形成的功能化金融业态及其服务体系，包括基于网络平台的金融市场体系、金融服务体系、金融组织体系、金融产品体系以及互联网金融监管体系等，并具有普惠金融、平台金融、信息金融和碎片金融等相异于传统金融的金融模式。③ 互联网金融模

---

① 刘达. 新发展阶段商业化微型金融机构可持续发展能力研究——以小额贷款公司为例. 西南大学学报（社会科学版），2021 年第 6 期。
② 冯兴元，孙同全，韦鸿. 乡村振兴战略背景下农村金融改革与发展的理论和实践逻辑. 社会科学战线，2019 年第 2 期。
③ 彭莉. 互联网金融背景下我国商业银行转型发展策略. 农村经济与科技，2021 年第 22 期。

式下，资金供求双方可以通过网络平台完成信息甄别、匹配、定价和交易，而在交易过程中不需要传统金融中介，因此交易成本较低，且不容易产生垄断利润。① 总体而言，互联网金融目前具有成本低、效率高、覆盖广、发展快、管理弱、风险大等特征。②

（二）互联网金融机构的功能

互联网金融机构提供的互联网金融服务至少具有五大功能：一是创造了保险和消费金融等方面的金融需求；二是通过对用户行为数据的收集和处理，可以逐步实现对用户的准确描绘，完成信息甄别、匹配、定价和交易等一系列流程，以提供个性化的金融服务；③ 三是通过互联网信息和服务，不仅可以更有效地扩大金融服务的范围，而且可以简化服务渠道；四是互联网金融对用户了解更多，不断将产品体验提升到更高的层次，形成更多的金融需求；五是支付宝和微信等线上和线下的第三方支付的发展提升了支付的体验感，刺激金融需求增加。

新时代农村经济社会发展离不开促进互联网金融向"三农"延伸。应发挥互联网金融功能，建立健全以市场经济为导向、以利益机制为联结、以大型企业为核心的现代农业生产与销售、融资与结算一体化的农业金融保障机制。④ 一方面，互联网金融有利于提升农村经济金融供给效能。互联网金融依托有效的信息共享平台，可以发挥技术优势，有效打破时空约束、地理限制、信息阻隔，以更富效率、更

---

① 范文波. PPP 模式与互联网金融结合问题探讨. 新金融，2015 年第 11 期。
② 张淑冰. 互联网金融风险及其防范. 经济研究导刊，2022 年第 20 期。
③ 宋华. 基于产业生态的供应链金融的创新趋势. 中国流通经济，2016 年第 12 期。
④ 吕玉宁，李枫桐，侯寒梅. "互联网+"对农业供应链金融发展作用的探究——以黑龙江省农业为例. 商业经济，2018 年第 6 期。

具可操作性的方式实现农业供应链上下游农户、市场以及金融服务各个节点的有效整合,促进创新,提供各类抵押质押业务模式,最大限度盘活农村生产要素资源,提供集业务融资、专业理财、产业投资、国际业务等于一体的全面综合金融保障。① 另一方面,其有利于强化农业产业化发展的金融保障。互联网金融借助交易主体之间的交易关系,通过内嵌农业保险元素、发挥政府主导作用来实现金融支持农业产业的发展。② 凭借其有效的信息资源共享优势,能够将农业供应链全体成员的资金需求高效串联起来,并进行有效整合识别,针对不同主体、业态、产业链特性构建分层分类的农业经营或服务主体金融支持体系,从而确保为农业产业化经营发展提供低成本、高效率、可靠安全的金融服务。③ 虽然目前我国绝大部分乡村均可以获得互联网金融服务,例如网络银行、手机银行等,即使是在比较偏僻的欠发达地区,手机银行均能够实现有效覆盖,但是互联网金融服务"三农"的潜能还有待进一步释放。④

---

① 吴刘杰,张金清. 乡村振兴战略下农村信用社改革目标与实施路径. 江淮论坛,2018 年第 3 期。
② 刘西川,程恩江. 中国农业产业链融资模式——典型案例与理论含义. 财贸经济,2013 年第 8 期。
③ 刘刚. 互联网供应链金融助力乡村振兴战略研究. 理论探讨,2019 年第 6 期。
④ 何广文,刘甜. 基于乡村振兴视角的农村金融困境与创新选择. 学术界,2018 年第 10 期。

第五章
金融市场环境与乡村振兴

构建良好的乡村金融市场环境既是乡村振兴中提高金融资源配置的前提,亦是促进"三农"经济发展的基础。乡村金融市场环境的要素包括农业经济、产权制度、社会信用体系和政策释放作用。乡村金融要服务于乡村振兴,实现乡村金融与"三农"经济的良性互动,有赖于对金融市场环境各要素的建设和优化。新时代中国着力于优化乡村振兴金融环境,配套实施了一系列财政金融刺激政策,使乡村振兴战略得以维持稳步推进的势头。

第一节 乡村金融市场环境现状

金融生态学是将金融学、生态学和系统理论等有机结合演化所形成的环境观、系统观等一系列观点,是一个交叉跨学科的概念。部分学者认为金融生态环境概念指的是金融运行的外部环境,也就是金融运行的一些基础条件。[1] 金融生态环境基础条件由政治、社会、文化

---

[1] 周小川. 保持金融稳定防范道德风险,金融研究,2004年第4期。

等多种复杂因素联合构成,[①] 除此之外,金融生态环境可能还包括法律制度环境、社会风险意识、中介服务体系、市场信用体系、行政管理体制等多个方面的因素。[②] 中国的乡村金融市场环境与城市金融环境存在密切的关联,二者的发展具有诸多共同之处,但也存在诸多不同之处。将乡村金融生态环境的内涵引入乡村金融市场,便可以进一步衍生出乡村金融生态环境这一概念。应该讲,乡村金融生态环境作为整个国家金融生态体系的一个重要组成部分,是乡村金融市场供需双方赖以存在和发展的外部环境,也是金融供需双方彼此依存、相互影响、相互制约关系的总和。[③] 中国乡村金融的发展水平很大程度上与金融生态环境情况呈正相关,而良好的金融生态环境对促进农村经济的发展和农村社会的进步也必然具有十分重要的作用。国家对社会资本和民间资本进入乡村金融市场的条件逐渐放宽,政策优惠、弹性监管等制度化体系日渐完善,多元化供给体系逐渐形成,乡村金融市场进入前所未有的黄金发展期。然而,落后的乡村金融生态环境与当前乡村金融结构的发展不相协调,甚至在某些地区一度成为阻碍乡村金融发展的"绊脚石",延缓了乡村建立现代乡村金融制度的步伐。因此,加快改善和优化乡村金融生态环境具有现实的紧迫性和必要性,对指导乡村金融市场建设具有重要的意义和价值。

---

① 王松奇. 深化金融改革关键在厘清思路. 银行家, 2005 年第 2 期。
② 穆怀朋. 债券市场应当成为企业融资的重要渠道. 中国货币市场, 2005 年第 4 期。
③ 金运, 韩喜平. 中国农村金融生态环境改进研究. 商业研究, 2014 年第 12 期。

一、乡村金融市场环境发展的主要困境

金融是现代经济运行的动力源泉，而乡村金融生态环境的好坏对乡村振兴战略的实施进程有直接影响。因此，积极做好乡村金融生态环境建设工作，提供更优质的金融服务，可以推动乡村经济蓬勃发展，实现乡村振兴的美好愿景。[1] 但是，受经济、社会环境和条件的制约，乡村金融生态环境体系尚不完善且有进一步恶化的趋势，并呈现出信贷市场脆弱性和不稳定性等系统性失衡的风险，从而破坏了信贷资本在乡村的流动、配置的生态链条，并影响了涉农产业振兴与涉农信贷投放的力度、范围和效果。

（一）乡村金融市场建设体制机制不完善

相较于城市的金融市场，我国乡村金融市场体制机制建设尚不完善，而且还明显落后于农村经济的发展。[2] 乡村金融市场的建设比较重视乡村正规金融机构的发展，但是对于非正式金融的发展一直持一种模棱两可的态度。从正规金融机构对农户的服务能力以及信贷覆盖情况看，普通农户往往受到正规金融机构的信贷排斥。我国金融体系长期由政府所主导，乡村金融市场中的主体长期是政策性金融机构。政策性金融机构的垄断经营造成了乡村金融市场中存在惜贷行为和严重的金融资源供给不足问题。如此的制度化供给政策使得涉农金融机构普遍具有偏向城市业务的信贷偏好，背离了其针对农业农村信贷的

---

[1] 李芳. 乡村振兴战略下农村金融生态环境建设研究. 商业经济，2023年第1期.
[2] 许崇正，高希武. 农村金融对增加农民收入支持状况的实证分析. 金融研究，2005年第9期.

初衷，造成了乡村金融的低效和普遍信贷供给不足。

从改革次序上看，乡村金融市场发展青睐于乡村正规金融，导致政策引导发展次序也始终以正规金融发展为先。涉农金融监管部门对于非正规乡村金融机构的排斥和敌视态度抑制了涉农金融产品的创新，并导致普惠性的涉农金融工具无法沉降到基层乡村，干扰了市场配置金融资源的决定性作用的发挥。对此，急需协调式的改革推进机制，重视农业农村信贷需求和涉农金融发展现状，用好相关金融政策，依靠市场机制，有力缓解涉农金融发展与乡村振兴之间的矛盾。

（二）乡村金融市场深化受行政干预过多

农村信用社、农商行等正规涉农金融机构往往具有准行政性质，必须承担国家和地方政府规定的涉农金融支持义务，因此基层政府和乡镇领导干部往往会依据相关政策对正规涉农金融机构的信贷行为进行干预，且其行为所导致的可能亏损最终将由国家兜底。因此，正规涉农金融机构这样"半政半企"的性质使得其可能成为地方政府寻租的工具，利用增加涉农金融投资的方法增加政绩或通过种种手段干扰信贷对象的选择。如此一来，正规涉农金融机构的信贷投放就背离了服务"三农"的基本宗旨，为基层政府所俘获，[1] 涉农信贷中的逆向选择和道德风险问题频发。[2] 此外，一些涉农信贷利益相关者也会通过自身职权，违规违纪确立信贷关系，在很大程度上干扰了正常的乡村金融市场秩序。"人情世故""裙带关系"等对金融活动的干扰，致使信贷审核、监督等机制流于形式，导致大量金融资产流

---

[1] 韩喜平，金运. 中国农村金融信用担保体系构建. 农业经济问题，2014年第3期。

[2] 金运. 开放条件下农村金融市场多元主体博弈分析. 学习与探索，2013年第10期。

失。长期以来形成的呆账、坏账、挂账等经营风险已经成为农村金融机构沉重的历史包袱,这在很大程度上也打击了金融机构开展涉农金融项目、增加涉农信贷规模的积极性。

(三) 乡村金融市场系统性风险持续影响

相较于其他产业而言,农业的脆弱性表现为农户同时面临着自然风险和市场风险这双重风险的影响。[1] 一方面,我国农业生产和再生产的现代化水平还不高,大多数地区农业难以满足规模化经营的要求,且表现出明显的天然脆弱性特征,即生产单位分散、比较收益低、农产品供给弹性大等。同时,农业项目的培育和发展周期较长,而具体农产品的栽种和培育周期一般较长,且供给结构调整滞后于市场需求,使得国内市场中"丰产不丰收""谷贱伤农"等有损农户收益的现象频频发生。另一方面,自中国加入世界贸易组织后,发达国家出于对本国农业的保护,采取"绿箱政策"等一系列措施,对本国农产品实行高额的补贴,因此,国际农产品常常能够以低于国内价格的低廉价格进入中国市场,进而对中国农产品市场价格造成冲击,导致中国农户的收益水平被降低。国内和国际两个农产品市场增加了农民收入的不稳定性,提高了农民在农产品市场经营中的风险,同时也提高了国内规模化生产的农业企业的生产不确定性,影响国内农业企业做大做强。尤其是在缺乏稳定金融支持的情况下,国内农业企业的发展还会遇到来自金融约束的巨大压力,导致其难以与国际农业巨头展开竞争。

我国属于自然灾害频发的国家,虽然是农业大国,但是总体而言农业生产基础较为薄弱,农业生产高度依赖自然因素,农民普遍存在

---

[1] 金运,韩喜平. 中国农村金融生态环境改进研究. 商业研究,2014 年第 12 期.

抵御自然灾害能力较低的困境。自然风险和市场风险通过农户传导到乡村金融市场，进而诱发乡村金融的系统性风险。在系统性风险的冲击下，我国农村信用合作社和农村商业银行等新型乡村金融机构发生流动性风险的概率增加。

（四）乡村金融信贷匹配效果差

中国农村信用担保体系可以划分为正式制度安排下的信用担保和非正式制度安排下的信用担保两个部分。其中，非正规金融的存在与正规金融机构对担保物的信贷偏好和制度安排相矛盾，直接影响了农户信贷的可得性。一些地方政府对新型农村金融机构市场准入的不当干预，以及金融监管部门对非正规金融的打压，也降低了农户金融需求与金融供给之间的匹配可能性。

囿于我国农业农村发展不充分、不均衡的现状，农村信贷中广泛存在缺乏可抵押担保物的情况。农民和农村家庭通常缺乏可做担保物的资产，即使有也存在分布不均、规模较小的特点。正是由于担保物的缺失，大量农户难以获得正常经营活动所需的资金，其信贷需求难以以一个较低的融资成本得到满足；另外，农户家庭的主要资产是土地、宅基地上的住房，但是这些资产作为抵押担保物受到所有制制度和法律约束的影响，阻碍了农村信贷业务的发展。具体来讲，一是农村土地承包经营权可以流转，但不能抵押，只有依法承包并经发包方同意的荒山、荒沟、荒丘、荒滩等土地使用权才可以被用于抵押。二是宅基地和宅基地上的农用住房作为农户家庭基本的生存资料，其缺乏作为信贷担保物的社会条件。因此，宅基地和宅基地上的农用住房难以在正规金融市场获得信用支持。三是农民的生产性固定资产和耐用消费品等财产评估成本较高，产权交易市场空白，担保物变现困难,无论是正规金融市场还是非正规金融市场都难以提供与之需求相匹配的金融服务。

(五) 乡村金融市场法治环境有较大提升空间

当前,我国乡村金融发展建设仍存在相当的缺口,其仍大幅落后于我国农村经济与金融需求。首先,当前我国涉农金融规范仍依据相关政策指引,缺乏专门的农业农村金融立法。随着我国农村经济发展和金融市场的发展,涉农金融市场供给不断创新,涉农金融主体不断增加,相关利益关系越发复杂,急需出台专门的农村金融法律以约束各行为主体的行为边界,在促进涉农金融市场持续健康发展的同时,充分发挥其普惠性的原则。

其次,当前我国乡村金融机构信贷业务法规仍存在模糊空间,有待进一步规范和完善。目前,我国涉农金融机构信贷主要以《中华人民共和国中国人民银行法》《中华人民共和国商业银行法》《贷款通则》等法律法规作为依据,向涉农企业或个人进行信贷,但上述普适性法律法规缺乏对于农业农村信贷的针对性,并未对乡村金融市场的特殊结构和特殊对象特征做出具体的技术性规定,也没有为依法处理信贷纠纷情况给出完备的法律解释。[①]

再次,由于当前乡村金融市场较为分散,且东西部和南北地区的乡村地理结构存在差异,没有一个固定的、统一的乡村金融市场,金融从业人员多分散在各个乡镇,由于监管手段的制约,乡村金融工作人员常常缺乏有效的监督、约束和惩罚机制,以权谋私、徇私舞弊等违规操作现象普遍存在。

最后,农户信贷抵押担保物缺乏法律法规的保护和支持,现代化

---

① 金运,韩喜平. 中国农村金融生态环境改进研究. 商业研究,2014年第12期。

乡村金融运行机制和管理体制需要有现代的抵押担保法与之相匹配。

除此之外，在执法方面我国乡村金融市场法治环境也有待提高。例如一些地方的乡村金融市场存在着执法流程无法可依、有法不依、执法不严等问题。一些地方甚至出现较为突出的"寻租现象"，可能视骗贷现象"合情""合理"又"合法"，这种错误的示范效应一旦传导给乡镇企业、农村个体工商户和农户等借款人，就可能破坏正常的乡村金融市场，形成恶意抵赖之风。与此同时，一些涉农金融机构在乡镇的支行或办理处的工作人员腐化堕落问题严重，个别地区理事长职位买卖盛行。在部分落后乡村地区还存在腐败分子通过雇佣乡镇恶霸威胁农户、以法院名义私自下发传票以及冻结农户国家粮农补贴账户等违法行为，强迫农户旧贷新还、重复收贷以收回买官成本的现象。

二、乡村金融环境优化目标

随着乡村振兴战略的逐步实施和深入推进，全社会对乡村金融生态环境改进提出了更高的目标。要想实现乡村的全面转型和全面振兴，就必须要发挥金融在乡村振兴中的作用，构建有利于推进全面乡村振兴的乡村金融环境。优化乡村金融环境的本质是提高乡村金融机构和涉农企业、农户金融需求的匹配程度、供给覆盖程度、创新服务等方面。因此，金融环境优化的目标就在于为乡村金融机构、涉农企业、农户等提供良好交易的环境。

（一）增加信贷规模与覆盖率

长期以来，乡村振兴存在大量的资金需求，在城乡一体化和乡村振兴协同发展背景下,解决乡村金融制度供给的结构性问题是关键,应在全国范围的信贷格局中增加农村涉农信贷比重,解决长期存在的乡村金融结构与乡村经济结构不相匹配的问题。[①] 换言之,从乡村正规金融机构的存在目的和当前农村信贷缺口规模看,改善农村金融生态环境必须从战略的角度进行布局,以满足农户信贷需求为根本目标,持续扩大和提高农民信贷支持的规模和覆盖率。

(二) 强化持续建设能力

优化乡村金融生态环境不仅仅是涉农企业、农户等金融需求方的单方面诉求,也是涉农金融机构自身持续发展、发挥涉农金融机构扶持"三农"发展的作用、维护国家农业安全的重要需要。因此必须在保证涉农金融机构持续建设能力的前提下,保证涉农信贷供给的有效性和可持续性。要实现涉农金融机构持续建设能力的提升,就要在广袤的乡村大地上增加农村金融供给机构,不断加强政策引导和完善自身建设,填补金融机构空白地区,完善农村金融供给体系。一方面,通过强化金融机构的持续建设,提高金融供给和需求双方的适配程度。另一方面,督促享受国家相关信贷政策的金融机构加强乡村金融供给力度,渐进式根治农村信贷资本脱农化、信贷排斥等金融约束现象,确保信贷支农资金的合理配置和农村流向。

具体来说,可以从四个方面开展持续建设工作:一是完善农村金融机构产权建设目标。包括彻底解决农村信用社产权模糊现象,抑制乡政府干预信贷资金投放现象,落实产权确认等系列改革。二是逐渐完善农村金融市场运行机制目标。在乡村振兴过程中一定要守住

---

① 曹冰玉. 我国农村金融供求缺口分析——基于制度因素的考察. 经济地理,2008 年第 1 期。

"低门槛、严监管"的基本要求，科学放宽乡村金融市场准入条件，鼓励更多的民间资本有序参与乡村振兴；建立合理的市场竞争机制，促使乡村金融市场满足乡村振兴产业和经济发展需求，输送源源不断的金融活力；健全农村金融机构市场退出机制，加快相应的救助和风险控制手段配套体系建设。三是进一步优化乡村金融市场结构。推动农商行、农村信用社等已有涉农金融机构提高涉农金融服务比例，鼓励其他商业金融机构开展涉农金融业务，破除政策性金融机构对涉农金融业务的垄断，根据农业企业和农民的不同金融需求，优化金融产品供给，快速构建差异化、多层次的农村金融市场体系。四是提高农村金融效率，完善信贷管理体制，创新适合农村金融需求的金融产品等，针对乡村振兴的特殊金融需求和城乡差异，在兼顾收益和风险的前提下，实现乡村金融供给效率最大化。

（三）优化乡村金融生态指标

乡村金融生态改进目标不是孤立的、片面的，而是全局的、系统性的。因此，只有从农村金融生态改进目标的整体性、体系化的维度来推进农村金融生态的顶层设计，才能确保农村金融生态改进的有效性和持续性。要因地制宜，构建一套反映中国国情、符合乡村金融发展规律、系统科学的乡村金融生态环境质量指标体系，并通过细化和标准化明确在短期和长期等不同阶段乡村金融生态建设的目标。[①] 具体来说，一方面，设定客观、合理、科学的监测指标，使改进的目标更为具体、清晰和可操作，便于细化和指导；另一方面，上述指标也可作为阶段性的评价体系，以准确、全面地反映农村金融生态环境改善

---

① 安强身，张收元. 要素重置、产业结构变迁与经济增长——基于山东省的实证分析. 山东农业工程学院学报，2019年第9期。

的基本面，为进一步完善乡村金融生态改进目标提供决策依据。

三、乡村金融市场环境优化的主要路径

优化乡村金融生态环境是一项内容繁杂、目标多元、主体多样的复杂系统工程，涉及乡村振兴系列经济活动以及乡村金融具体活动的方方面面，不能按照农村经济环境、公共服务、社会保障、法治环境、信用环境、金融体系运行环境等单一评价指标体系的标准逐一分类进行，而且有些乡村振兴金融市场指标在短期内很难得到明显的改进。因此，农村金融生态环境的优化应聚焦于乡村金融市场的参与主体与利益相关者。

（一）强化市场调节与政策引导相结合的调控手段

乡村金融市场的发展与完善必须将政府的调控手段与市场的运作机制相结合，在战略、方向上依据国家的政策指引，而具体的信贷供给、产品交易则应由市场发挥资源分配的决定性作用。相关经验表明，乡村金融体系的进一步改革必须统筹结合政策指引和市场机制的优势，通过政策激励与市场逐利使金融资源向农业农村流动，同时引入竞争和淘汰机制，让市场机制决定农村金融机构的准入、运行和退出。发挥政策扶持乡村振兴的作用，通过降低市场准入门槛、调低存款准备金率、取消利率限制、减免税费、补贴专项费用等手段确保农村金融资本充足，构建乡村金融市场发展的基础。除此之外，采用市场化的运行模式和经营方式，强化乡村金融市场供给的普惠性，通过政策手段改变金融机构一味强调逐利性的传统观念，形成政策手段和市场机制有机结合的良性机制。创新金融相关技术工具，打破传统保

守的金融供给思想，调适新政策的实践效果，形成动态匹配、协调发展、有机统一的发展态势。

(二) 坚持"存量改革"与"增量发展"协同推进思路

当前，我国乡村金融市场的金融供给主体仍以传统、正规的政策性金融机构和商业性金融机构为主，其在供给总量和供给灵活性上仍有欠缺。因此应持续推进乡村金融市场供给侧改革，进一步适应乡村企业、乡村居民日益增长、分化的金融需求。因此，存量改革与增量发展并举，是我国乡村金融改革的主旋律。乡村金融增量发展作为存量改革的有效补充，是适应乡村振兴中涉农产业和农户差异性信贷需求的必然要求。传统城乡二元经济矛盾导致城市金融资源多、金融产品供给丰富、收益机会大，而乡村金融资源贫乏，金融产品供给单一，收益不确定性高，这制约了乡村金融"量"与"质"的供给。当前，农村金融存量改革进入深水区，必须明确加快乡村金融市场供给侧的增量改革，提升乡村金融供给力度和规模。目前，以村镇银行、贷款公司和资金互助社为代表的农村新型金融机构迅速崛起，表明乡村金融增量发展的基本思路初步形成。下一阶段的改革中，应进一步激发农村非正规金融机构、民间资本等在涉农信贷领域的活力，形成从商业银行到民间信贷的多层级农村金融体系。在提升金融供给总量的同时，强调金融供给质量和方式的协同优化和创新。

(三) 提升乡村金融立法与执法并重的监管机制

中国金融市场是城市金融市场与农村金融市场分割并存的二元结构，在城乡二元结构的背景下，城乡金融法治环境和执法力度也存在较大的差异。客观情况是，乡村金融市场法治化进程滞后明显，涉及乡村金融发展的法律法规尚不健全，且涉农金融执法力度较弱。依法治国、依法治乡应是国家实施乡村金融制度改革的重要纲领，"法律先行"是制度保障的一条基本的成功经验。因此，我国应将乡村金融立法工作作为优化乡村金融环境的一项重要抓手。一方面，加速推动农村金融立法，深化细化相关法律配套政策，实现农村金融领域的有法可依，实现非正规农村金融机构的信贷、金融服务规范化，设立农村金融行为的法律底线，保护涉农金融各主体的利益。另一方面，强化农村金融行为监管，有法必依、执法必严，严厉打击农村金融违法犯罪活动，对非法集资、高利贷等农村地区高发的非法金融活动坚决予以取缔，从而降低农村金融的人为风险因素，创造良好的农村金融市场环境。

（四）完善农村信用担保体系建设

当前我国农业农村中普遍存在农户贷款难和金融机构贷款难问题，其主要原因在于涉农信用担保体系的缺位和滞后。因此，应鼓励涉农金融机构进一步挖掘农户信贷资源，改革现有信贷担保模式。围绕保证、抵押、质押三种信用担保方式，建立健全多层级、多层次的农村信用担保体系。其一，发展互助担保、联保、担保基金、担保公司等保证形式，构建农—企等主体间的信用担保共同体，提升每个融资需求者的担保能力。其二，尽快将土地承包权、林权、农村居民房屋权等全面纳入信用担保范围，创新推动农机、荒地使用权等权属抵押，建立涉农抵押贷款的补贴优惠机制。其三，支持鼓励地方建立完善存单、期单、应收账款、仓单、可转让股权、专利权、商标专用权等权利质押贷款模式，逐步将经营权、收益权等纳入抵押担保范围，扩大保单质押贷款业务范围。

第二节 乡村金融市场与农村集体产权制度

一、农村集体产权制度概述

产权制度及其相关理论是现代经济学基础理论之一，也是目前乡村振兴领域高质量发展的热点问题之一。以科斯为代表的现代产权理论，提出了以交易成本为基本概念，以分析产权制度和经济效率之间关系为主的较为完整的理论体系。产权理论所讨论的核心问题是外部性，其研究如何通过界定、安排产权结构，降低或消除市场机制运行的社会费用，提高运行效率，改善资源配置，促进经济增长。产权理论不断演化，先后出现了马克思和恩格斯关于共有产权的论述；德姆塞茨从资源配置的角度对产权的起源进行探讨；张五常和巴泽尔则分别指出，当资源对特定个人的价值大于获取资源所需的成本时，产权的界定就成为必要，新的产权也就产生了。产权在经济运行中承担着确定交易边界、降低交易成本以及优化资源配置等多方面的功能。具体而言，产权对交易边界的界定和明确，形成了市场交易活动的基础；而产权制度的建立，则有助于降低契约成本、信息成本和控制成本等交易成本。此外，产权制度的建立也有效促进了资源从低效率者手中向高效率者手中的转化，提高了社会整体效率。

中国农村改革始终围绕着落实和保护农民产权而进行，从实施"农民土地所有权""三级集体所有""家庭联产承包责任制"等，到

"三权分置""土地确权",经历了五个阶段的改革和发展,对新时代推动乡村振兴具有重要的启示作用。

(一) 农村集体产权制度摸索阶段:1949—1978 年

新中国成立初期,在土地产权制度改革方面缺乏现成的经验可以借鉴,只能摸索着前进。但是为了更好地捍卫基层农民的利益,解放农村生产力,新中国采取了系列改革措施:一是国家颁布了《中华人民共和国土地改革法》,以法律的形式废除了地主阶级土地所有制,实行农民土地所有制,这一法律的出台有力调动了农民的积极性。二是农民土地所有权向农村土地集体所有权转变的阶段。1954—1956 年,党和政府为了建立社会主义经济关系,实施了包含农业改造在内的"三大改造"。这一阶段允许农民对自己拥有的土地入股,并发展到农村土地集体所有。三是农村土地集体所有向三级集体所有转变阶段。1957—1978 年,中央对农村土地实行了三级集体所有改革,即人民公社发展阶段。在这一阶段,人民公社、生产大队、生产小队构成了三级集体所有关系,中国彻底消灭了农村土地私有制。[①]

(二) 农村集体产权制度发展阶段:1978—1988 年

党的十一届三中全会以后,在全国范围内实行家庭联产承包责任制,赋予了农民在土地集体所有的前提下享有对土地的使用、经营和获取收益的权利,极大地调动了农民投入农业生产的积极性,摆脱了"大锅饭"制度的束缚。安徽凤阳县小岗村开创性地实行了土地承包到户的制度,这一自下而上的改革使得农业生产力显著提高,有效解

---

① 陈健. 中国农村产权制度改革历程与新时代实践. 经济体制改革,2019 年第 6 期.

决了农民的温饱问题，也为城市工业基础原料、居民所需粮食等农产品的供应提供了重要保障。20世纪80年代，国家制定了一系列政策措施以促进农村经济发展，如鼓励农村发展第二、第三产业。在这一政策的鼓励和支持下，一批乡镇企业异军突起。乡镇企业的发展拓宽了农民的收入来源，一定程度上解决了农村剩余劳动力的就业问题。

（三）农村集体产权制度规范化阶段：1988—2003年

1988年，政府部门自上而下推动了农村集体所有制经济迅速向股份制和私有制经济转变，此后《乡镇企业产权制度改革意见》和《关于乡镇企业建立现代企业制度的意见》等文件的出台为乡镇企业由集体所有制向股份所有制和私有制转变指明了方向。到2000年乡镇企业改革结束之后，乡镇集体所有制企业基本消失。

（四）农村集体产权制度巩固阶段：2003—2008年

这一阶段的一个客观事实是农民税负过重，因此国家逐渐探索全面取消农业税等举措，并开始试点土地承包经营权流转制度改革，缓解农民的负担，激发农村市场的活力。针对农村经济相对落后的现实，国家提出了"工业反哺农业、城市支持农村""多予、少取、放活"等方针，缓解城乡二元结构矛盾。同时，国家日渐增强的经济实力足以为农民提供更多补助和支持，所以在"多予、少取"原则的基础上，"放活"的原则主要是探索农村产权结构调整、扩大农民增收渠道、试点土地经营权流转等，以促进城乡一体化发展。

（五）农村集体产权制度新实践阶段：2008年至今

2008年，党中央颁布了《关于推进农村改革发展若干重大问题的决定》，指出要加强土地承包经营权的流转管理和服务，进一步允许农民对土地享有更多的权利，如对承包地的占有、流转和收益及担保、抵押等权利，允许农民以承包经营权入股农业产业化经营并获得收益。2014年中央一号文件进一步深化赋予农民更多财产权的制度安排，提出了慎重稳妥推进农民住房财产权的抵押、担保和转让等举措，逐步实现了农村住房与城市住房市场功能的等同，对于提高农村住房市场价值具有重要的作用。该文件还对农村集体经营性建设用地的入市提出了规范性要求。2014年11月，中共中央办公厅、国务院办公厅印发《关于引导农村土地经营权有序流转发展农业适度规模经营的意见》，提出了发展和培育新型农业经营主体，按照农民意愿进行土地流转，并明确了用5年左右时间完成土地确权登记颁证工作。2015年的中央一号文件对发展家庭农场提出了相关规定和要求。此后几年，中央连续以发布一号文件的方式对农村产权制度的改革予以强调。总体而言，农村产权制度改革的历程表明，农村"集体"的阶段性演变是生产力与生产关系相适应的过程，尽管产权的分离使资源配置效率得以提高，但仍要坚持集体所有权不动摇。

二、农村集体产权制度的时代意义

（一）农村集体产权制度改革为乡村实现有效治理提供基础

根据宪法的规定，我国实行公有制经济制度，公有制分成全民所有和劳动群众集体所有两种类型。农村集体产权制度体现了社会主义的基本性质，是支撑农村集体所有制以及维护农村集体经济组织运行的基础性制度。农村改革之后,我国在全国范围内统一实行了家庭联产承包责任制,进一步完善了统分结合的双层经营体制。所谓"统",就是农村集体产权制度;所谓"分",就是包产到户,以家庭为单位。从实践情况来看,我国实行的家庭分散经营取得了阶段性的良好社会经济效果,但是大部分地区农村集体产权不清晰、制度安排缺乏效率仍然是限制农村发展的一个重要因素。[①]

在当前实施乡村振兴战略的背景下,完善农村集体产权制度是实现乡村治理的重要基础,也是实现乡村振兴的先决条件。乡村振兴过程中农村集体产权制度改革的方向,不是要改变农村集体所有制,而是要选择一种更有效率的产权制度安排,其重点应在于提升效率。可以看到,新一轮农村集体产权制度改革已经制定了一系列规范和强制性安排。其中一个着力点就在于采取股份合作的方式将村民变成股民,对集体资产特别是经营性资产实现股权量化。另外,村集体经济收入是乡村经济收入的主要部分。科学合理的农村集体产权制度能够为乡村治理提供经费保障,能够避免"无米之炊"的尴尬境地。因此,从农村全局发展的态势来看,农村集体产权制度改革具有明显的基础性、先导性以及支撑性,做好这项改革将给乡村基层带来积极且深远的影响。

(二)乡村治理为深化农村集体产权制度改革提供支撑

乡村治理是国家治理的重要内容。乡村治理的现代化和治理能力提升关系到国家治理现代化和治理能力的提高。治理出自政府,但侧重于多元化的治理主体,可以形成多样化的乡村治理方式。

[①] 周向阳,赵一夫. 农村集体产权制度改革进程中的治理矛盾及化解策略. 农村经济,2020 年第 8 期。

自从国家推进农村集体产权制度改革以来，经营性资产股权逐步量化到人、分配到户。不少地方政府也鼓励农民成立股份经济合作社，而没有经营性资产的村庄成立经济合作社，经济合作社在乡村中发挥出巨大的经济作用，为活化利用农村集体资产提供组织保障。同时，农村集体经济组织进行规范化运营，定期举行成员或成员代表大会，形成理事会与监事会等一系列规范的组织架构，民主选举产生具有责任心和经营头脑的成员担任理事（长）、监事，这些为实现促进农村集体资产保值增值的目标提供了重要支撑。

第三节 乡村金融信用体系建设

一、乡村金融社会信用体系发展

在全面推进乡村振兴战略的过程中，农村信用体系建设是巩固拓展脱贫攻坚成果、解决好"三农"问题、引导金融资源精准滴灌的重要抓手。2022年中央一号文件《中共中央、国务院关于做好2022年全面推进乡村振兴重点工作的意见》提出，要强化乡村振兴金融服务，深入开展农村信用体系建设，发展农户信用贷款，加强农村金融知识普及教育。农村信用体系是包含农村经济主体、信用基础制度、信用标准、联合惩戒机制、金融交易等在内的有机系统。[①] 其中，强化农村信用体系建设，开展评级授信和信用评定，是优化农村

---

① 戈志武. 整体推进社会信用体系建设的思考. 福建金融，2017年第5期。

金融生态的重要路径之一。[①]

农村信用体系作为农村金融的重要基础设施,有助于乡村振兴的相关政策落地、落实,提高政策制定的精准度和政策实施效果。我国于2021年取得了脱贫攻坚战的全面胜利,现行标准下9899万农村贫困人口全面脱贫,完成了消除绝对贫困的艰巨任务。在打赢脱贫攻坚战、全面建成小康社会后,要进一步巩固拓展脱贫攻坚成果,继续推动脱贫地区发展和乡村全面振兴。建设农村信用体系,形成农村信用信息网,可为金融决策部门提供数据支持,并及时反映政策的实施效果。此外,农村信用体系建设作为现代农村经济发展的基石,关系到农村金融的稳健运行和现代农业发展,有助于促进农民增收和农村经济繁荣。[②] 农村信用体系建设通过为农村经济主体建立电子信息档案,健全适应农村经济特点的信用评级体系,从而引导金融资源精准、有效地投放至有需求的农村经济主体,有力支持了乡村振兴和农业农村现代化建设。

(一) 我国农村信用体系的发展历程

我国农村信用体系建设大体分为两个阶段:第一阶段为1999—2008年,重点是建立农户信用评定制度,推广农户小额信用贷款;第二阶段为2009年至今,重点是以征信服务为切入点,正式开启大规模、系统化建设农村信用体系的新征程。[③]

[①] 何广文. 全面乡村振兴的金融生态建设. 中国金融, 2021年第8期。
[②] 李真, 高旗胜, 戎蕾. 我国农村信用体系建设存在的问题与对策建议. 农村金融研究, 2022年第3期。
[③] 张榉成. 农村信用体系建设与农户小额贷款研究. 中国社会科学院研究生院, 2017年。

1. 农村信用体系建设萌芽期

我国农村信用体系建设的第一阶段主要实现了从简化贷款手续、扩大小额贷款覆盖范围到持续开展信用村评定试点工作的进步。1999年，人民银行发布《关于印发〈农村信用社农户小额信用贷款管理暂行办法〉的通知》，首次规定了农村居民信用评定标准，降低农村居民申请信贷难度，解决农村居民的贷款难题。2001年，人民银行出台《农村信用合作社农户小额信用贷款管理指导意见》，制定了信用村、信用乡评定标准，标志着我国农村信用评定制度的初步确立。

2. 农村信用体系建设发展期

在我国农村信用体系建设的第二阶段，信用户、信用村、信用乡的"三信评定"工作实现了全面的铺开，在相关政策支持下，农村征信体系、信用环境、信用基础设施建设等全面、协同推进。相较于第一阶段而言，电子化、信息化是农村信用体系建设的第二阶段的显著特征。在相关政策支持下，农户电子信用档案建设得以快速推进，多部门实现了农村信用信息的实时共享、信息互联。2009年，人民银行发布《关于推进农村信用体系建设工作的指导意见》，首次正式提出建设农村信用体系，确立了"统一部署、健全机制；因地制宜、科学合理；先易后难、稳步推进；改革创新、支农惠农"的建设原则，明确了推进农户电子信用档案建设等九项工作任务。

（二）我国农村信用体系的发展现状

1. 农村征信覆盖面持续扩大

人民银行在2018年征信工作会议上提出"建立覆盖全社会的征信系统"的目标，而截至2020年末，人民银行征信系统共收录11亿自然人和6092万户企业及其他组织信息，其中办理过农户贷款的自然人有9976.9万人，办理过农林牧渔类信贷业务的企业及其他组织有61.5万户。累计通过农户信用信息系统为1.89亿户农户建立信用档案，占全国2.3亿户农户的82%，同比增长1.61%，其中开展信用评定的农户有1.33亿户。[①]

2. 农村信用评级体系日益健全

相较于城市信用评价体系更为注重资产和担保的特征而言，农村信用评价体系更为注重信用。重信用的农村信用评价体系充分考虑了农村的经济发展形势与人口流动性等特征，弱化了资产、担保等方面的门槛，将农户信用质量和道德评价纳入体系，更为贴合农村实际，农户只需凭借自身的优良信用条件即可获取相应的贷款，减少了农村居民的信贷约束，有效降低了农村居民的获取贷款的难度。

3. 农村金融基础设施逐步完善

农村金融基础设施的逐步完善有利于扫清农村居民，尤其是偏远地区农村居民获取信贷的物理障碍，使得更多的农户被纳入到现代征信体系之中。在此方面，首先，我国银行网点进一步下沉至乡镇，截至2020年末，我国乡镇银行网点覆盖率已达到97%，助农取款服务网点数量已达89.3万个，覆盖范围进一步提升，合计办理支付业务达4.0亿笔，总金额达3531.2亿元。其次，农民开办银行账户、持有银行卡，为其进行交易、本地贷款等提供了便利。我国农村地区银行结算账户和银行卡数量稳步提升，截至2020年末，农村地区个人银行结算账户已达47.4亿户，农村地区银行卡发卡量达38亿张。[②] 最后，电子支付系统向农村居民的延伸为农民获取金融服务与

[①] 李真，高旗胜，戎蕾. 我国农村信用体系建设存在的问题与对策建议. 农村金融研究，2022年第3期。

[②] 潘玉，陈燕，黄琳. 数字普惠金融与乡村振兴融合发展的实践与思考. 区域金融研究，2021年第12期。

支持提供了更为便捷的手段。截至2020年末，我国银行金融机构处理农村地区的非银行金融机构移动支付业务的数量同比大幅上升，已达142.2亿笔，网上支付业务达118.8亿笔，非银行处理的农村地区网络支付业务达4670.4亿笔。①

4. 建立健全农村信用重建制度

在我国农村地区，尤其是偏远、贫困农村，由于村民金融知识的相对匮乏、金融意识的相对欠缺，不少农户存在非恶意的逾期行为，或存在因自然灾害等因素导致农作物减产的非恶意逾期行为。针对上述存在逾期行为的农户，良好的信用重建机制不仅有利于将其重新纳入信贷征信体系之中，还能通过相关的教育工作提升其金融意识，帮助其塑造良好的信用。在此方面，陕西省铜川市、青海省西宁市、宁夏回族自治区固原市等地通过信用重建机制帮助失信农户重新进入征信体系，通过"超龄宽贷、清零再贷、部分还贷、联手续贷、能人保贷、亲人帮贷"等方式帮助失信农户重建信用，解决其贷款难的问题。

5. 农村信用宣传手段不断丰富

信用宣传是维持农村金融生态环境稳定的黏合剂，有助于提升农户金融意识，培养其契约精神，提高其将自身主动纳入农村信用体系的积极性。2019年1月，中国人民银行、中国银行保险监督管理委员会等五部门联合发布《关于金融服务乡村振兴的指导意见》，明确指出加强农村地区金融宣传覆盖力度。2021年4月，银保监会发布《关于2021年银行业保险业高质量服务乡村振兴的通知》，要求各职能部门协调配合，进一步营造纯净的农村信用环境，加强对于农村居

---

① 根据《中国普惠金融指标分析报告（2020年）》数据整理。

民的金融意识教育。近年来，各级政府、金融机构也始终将金融知识、征信知识下乡作为金融宣传工作的重点。例如，2020年，在第十三个"信用记录关爱日"，人民银行张家口中心支行与驻村干部征信宣传员联合建立"村干部微信群宣传联动机制"，设置"宣传工具箱"，并动员200多名征信人员通过微信在120个脱贫村中进行图片、文字等内容的分享，以多种形式进行信用文化宣传，当日参与信用宣传活动的群众达9.5万人次，该活动为征信知识在农村居民中的普及工作做出了显著贡献。①

6. 公共征信体系与商业征信体系并存

中国人民银行征信中心建设的人行征信系统以及各地建设的农户信用信息数据库是我国农村公共征信体系的两大组成部分。其中，人行征信系统已于2006年正式投入运行，当前所有的商业银行、信托公司等金融企业和部分小额贷款公司已接入该系统，个人征信、企业征信业务于2020年底已分别接入贷款机构3904家和3712家。2015年，人民银行提出建设农户信用信息数据库，强调"以县为主建立数据库""来源于地方、服务于地方"，因此，农户征信相关信息由其所在辖区职能机构保存，不与其他数据库相连通。截至2021年第一季度末，全国共有约270个农户信息数据库，其中省级征信数据库约30个，市、县级征信数据库约240个。② 另外，商业征信体系可分为个人征信与企业两部分，而我国的个人征信机构仅有百行征信有限公司与朴道征信有限公司两家。截至2021年5月底，百行征信累计收录超2亿人，个人信用报告累计调用量超3.2亿笔。③ 与之相比，

---

① 徐强. "走出去"配套金融机构的国际借鉴. 经济研究参考, 2007年第4期.
② 根据中国人民银行征信中心网站公开资料整理.
③ 李国辉. 人民银行：加强宏观调控维护金融安全. 中国金融家, 2021年第6期.

我国从事企业征信的机构数目众多，截至 2020 年末，23 个省市内已有备案的企业征信机构 131 家，主要集中在北京、上海两地。[①] 通过购买商业征信服务，农村金融机构有效降低了征信成本，提高了信息获取效率，有利于其完善小额信贷的风险防控机制。

二、乡村金融信用体系建设困境

（一）征信工作权责边界不清

首先，当前我国征信工作存在责任划分不明确的问题，并导致农村征信工作难以实现全面的覆盖。最早的"三信"评定工作由中国人民银行的各县级支行负责开展，并通过实地走访调查的方式搜集、整理农户征信信息。此后，为提升农户征信工作的效率，人民银行开始委托金融机构在地方政府的配合下开展农户征信调查，由此导致人民银行、委托金融机构、地方政府在农户征信工作中责任划分不明确，进而导致个别农户尚未被纳入征信体系之中。其次，征信工作过程中的权责不清也使得征信工作有关单位难以形成合力，降低了农户征信工作的效率。2007 年，国务院成立社会信用体系建设部际联席会议，主要负责统筹协调社会信用体系建设工作。随后，各地方政府纷纷成立工作小组领导本地的农村征信工作，但下至县域，农户征信工作的权责又被拆分到不同的具体部门，加之各部门对于征信工作考核标准、重视程度不同，各自数据口径不一，信息分享困难，造成地方各部门各自为战，难以形成工作合力。

[①] 根据中国人民银行官网信息整理。

（二）农村信用信息共享难

我国涉农信用信息主要存储在政府部门、国有企业、金融机构和互联网企业，信用信息普遍存在"不愿、不敢、不能"共享的问题。首先，征信相关信息数据对于金融机构而言意味着潜在的客户，因此大多数金融机构将征信数据视为自己的资源，而不愿以在市场竞争和客户获取中居于劣势为代价进行农户征信信息共享。其次，农户信用数据可能涉及农户个人隐私和商业机密，农户信用数据的分享存在法律上的风险，这使得相关数据所有者在分享数据时格外谨慎。最后，农户基础信息和信用信息一般由各级政府部门保有，存在分散、静止和非公开的特点。各地方政府间尚未形成农户征信信息的联动机制，加之各地区信息储存口径不一，难以实现农户信用信息的跨区域整合。且存在部分农户担心自身隐私泄露，往往不愿意共享自身信用信息，这使得农户信用信息的流动更为困难。

（三）农户信用观念普遍较为淡薄

当前，我国农村地区高中（含）以上学历的人口数量仅占15.98%，且仍有7.91%的农村人口从未上过学，表明我国农村地区人口受教育水平与城市人口之间仍存在巨大的差距。[1] 囿于受教育水平的相对低下以及金融相关知识的匮乏，部分农村居民尚未意识到自身信用信息的重要性，甚至对征信工作存在抵触情绪，导致其难以融入现代征信体系之中。此外，农村地区广泛存在的非正式信用机制仍对农村居民的金融行为构成重要影响。农村地区居民间广泛依靠宗

---

[1] 根据2021年《中国人口和就业统计年鉴》数据整理。

族、血缘关系等等建立起民间借贷等非正式金融关系，对于现代金融体系的征信机制重视不足。还有部分农户缺乏契约意识和法律意识，还贷意识不强，逃废债务、骗取贷款等等失信行为在农村地区屡见不鲜。为逃避违约记录的制约，部分农户主观上不愿配合信用信息采集、信用评级等工作，甚至提供虚假信用证明等，不仅对自身信用建设造成影响，也阻碍了农村征信体系的建设。

三、乡村振兴金融信用体系建设路径

（一）厘清部门主体权责边界

厘清各层级部门在农村信用体系建设过程中的权责边界，明确各部门职责，要求：首先，在顶层设计层面，应形成中央农村工作组牵头，农业农村部、人民银行和国家乡村振兴局参加的定期集体会议机制，从而尽快确立推进"三信评定"的工作机制，实现农村地区信用评级的全面覆盖。其次，各级部门应进一步激励涉农金融机构利用其扎根乡村的优势，推动农村信用体系的完善，厘清各金融机构在农户信用信息征集、处理、监管、分享等环节的责任与目标。最后，应构建政府、金融机构等主体间的信息传递共享机制，优先构建农户征信信息共享平台，以保护农户个人信息权益为前提，促进农村征信信息的无障碍共享。

（二）构建金融科技支持系统

以大数据、云计算、区块链技术等为代表的金融科技在信息的采集、处理、储存、共享等方面存在优势。因此，依托金融科技，就可以实现低成本、高效率的农户信用信息管理和使用，并利用多维的用户信息精准刻画农户画像，使农户信用信息评级更精确、更新更实时。为此，应进一步推动互联网等基础设施下乡，实现农村地区互联网的全面覆盖，为利用大数据方法征集、处理农户信用信息创造外部条件。同时，可以利用区块链技术对农户信用信息进行加密保护，实现去中心化的数据传输，并有效防止农户信用信息被篡改，维护农村征信信息安全。[①]

（三）强化金融服务可得性和便利度

在强化乡村居民金融可得性方面，应进一步构建各级政府部门主导、人民银行协调配合的联动机制，鼓励各金融机构进一步推进银行网点和金融终端沉降到偏远农村地区，实现农村居民的金融终端全面覆盖，为农村居民融入金融体系、获取金融服务扫清物理障碍。其一，应积极升级现有的乡村金融网点，实现乡村金融网点全面接入5G网络和硬件改造升级，提升乡村地区金融网点的信息交换效率，逐步实现乡村金融数字化。其二，应以市场机制为主导、财政补贴为辅助，鼓励金融机构下乡建设金融终端和分支机构，新建智能金融终端，并积极引导农村居民学习金融相关知识和金融终端操作方法，扫清农村居民由于知识不足产生的对于金融服务的疑虑，使其主动融入现代农村金融服务体系之中，打通农村金融服务的"最后一公里"。

（四）优化农村信用环境

各级有关部门应有针对性地制定金融知识宣传工作计划，提高农村居民对于金融服务的认知水平，通过真实案例与知识普及相结合的

---

① 刘新海. 数字金融下的消费者信用评分现状与展望. 征信，2020年第5期。

方式，因地制宜地开展普及教育活动，使农村居民形成构建自身信用、维护自身信用的意识，摒弃骗贷逃贷等失信行为，主动参与到农村信用体系的建设和维护中来。此外，还应加强提升农村居民识别金融诈骗、防范非法集资等违法违规金融活动的能力方面的教育工作，通过宣传典型案例、普及法律知识等，使农村居民有能力辨别正规金融与非正规金融服务，保护自身的财产安全，培养农村居民对于正规金融服务的信任，构建良好的乡村金融和信用环境。

（五）降低涉农信贷准入门槛

进一步优化人民银行个人征信系统的作用，利用个人详情、水电业务缴费情况、欠税记录、民事裁决、行政处罚、低保救助等多维信息作为个人信用的补充，提高对农户涉农信贷需求的风险评估精准度。针对以农户为代表的农村经济主体生产规模普遍较小、财务制度不健全、缺少有效抵押物等特殊融资特征与银行传统"重资产、重抵押"的信用评级模式相对立所造成的农户"贷款难、贷款贵"等问题，鼓励金融机构采用农户的日常消费记录、还款记录、纳税记录等信息作为评级授信的依据，探索"软性信息"信用评级模式，有效降低其获取贷款的准入门槛，提高农户对金融资源的可获得性。

第六章
金融市场法制与乡村振兴

乡村金融市场法制涉及"三农"与金融两个维度的法律融合体系，由立法、执法、司法三大方面构成。乡村金融相关立法是国家立法机关制定、调整乡村振兴中"三农"主体之间金融关系和金融管理关系的规范性文件的过程。乡村振兴金融相关执法是国家机关和授权单位依法运用国家权力，将乡村振兴金融相关法律规范应用到具体人或组织，用来解决法的实现的具体问题的一种行使权力的专门活动。乡村振兴金融相关司法是公安、检察机关或法院依法对涉农金融活动中发生的民事、行政和刑事案件进行侦查、起诉、审批、执行的过程。

第一节 中国"三农"立法历程

一、中国"三农"立法概述

中国政府历来非常注重"三农"建设，涉及"三农"的农业立法为我国农业系统性发展提供必要的指导规范，促进农业向着合理持续发展的轨道前进。一般来讲，农业立法是指一定的国家机关依照法定职权和程序，就有关农业、农村和农民问题，制定、修改和废止法律和其他规范性法律文件及认可法律的活动。其中，广义上的农业立法泛指一切有权的国家机关依法制定的，有关农业、农村和农民问题的各种规范性法律文件的活动。狭义上的农业立法仅指国家最高权力机关有关农业、农村和农民问题的立法活动。此外，农业立法同时具有动态和静态双重意义。所谓动态的农业立法，是指有关农业、农村和农民的法律法规的创设过程；所谓静态的农业立法，是指经过一定的国家机关创设而产生的有关农业、农村和农民的法律法规群。[1] 通常情况下，前者讲求"变"，而后者讲求"稳"。

为形成适合农业发展特点的农业立法体系，我国先后颁布了大量的农业法律、法规，以更好地推进农村社会发展。[2] 中国的农业法律体系主要分为四个层次（见图 6-1）。第一个层次是农业基本法，就农业和农村经济的基本制度进行原则性的规定，对农业生产给予必要的指导。农业基本法的主要制定原则包括：保障农业基础地位，促进农业持续、稳定、协调发展；维护农业生产经营组织和农业劳动者的合法权益；坚持以公有制为主体，各种经济成分共同发展；稳定农村以家庭联产承包为主的责任制和统分结合的双层经营体制，发展社会化服务体系，引导农民走共同富裕道路；依靠科技进步和发展教育振兴农业；为农业生产稳定增长提供物质保障；对在发展农业方面有显著成绩的单位和个人给予鼓励。[3] 第二个层次是就农业和农村经济的

---

[1] 曾文革，温融. 改革开放以来我国农业立法的成就、问题与展望. 农业经济问题，2010 年第 8 期.
[2] 梁斌. 从美国经验谈中国农业立法的完善. 世界农业，2013 年第 6 期.
[3] 任大鹏，吴雅铭. 1999 年农业法研究综述. 中国农村观察，2000 年第 3 期.

特定关系或农业生产过程中某个特定领域而颁布的专业性涉农法律、法规,具体包括《中华人民共和国农业技术推广法》《中华人民共和国种子法》《植物检疫条例》《中华人民共和国植物新品种保护条例》《农药管理条例》等。第三个层次是专业性涉农规章,这些规章作为法律规范的补充,可以有效地促进农业法规的顺利贯彻落实。第四个层面是一些地方性涉农法律法规和规章。①

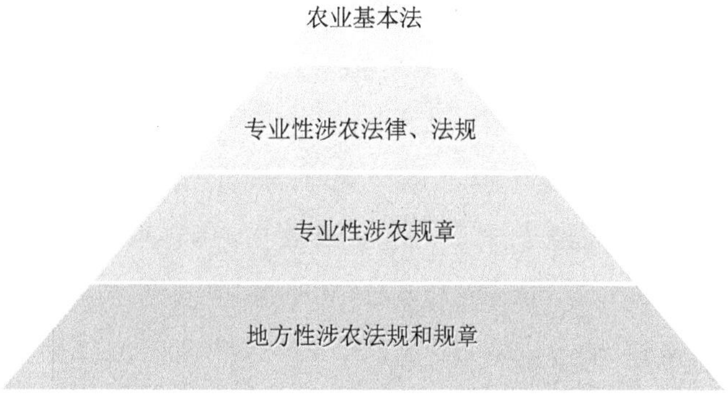

图 6-1 中国农业法律体系的四个层次

二、"三农"立法历程

(一) 探索初期阶段

在 1949 年 9 月我国就通过了具有临时宪法作用的《中国人民政治协商会议共同纲领》,对土地改革、保护农民的经济利益和私有财产、保护农民已得的土地所有权、实现"耕者有其田"以及恢复和

---

① 梁斌. 从美国经验谈中国农业立法的完善. 世界农业,2013 年第 6 期。

发展农业生产等做了明确规定。① 自此，党中央就开始了新中国法制建设的步伐，涉农相关法制建设被提上国家的议事日程。1950年6月国家颁布《中华人民共和国土地改革法》，而该法的实施使得3亿多无地、少地农民共获得了7亿亩土地，实现了"耕者有其田"的宏伟目标。《中华人民共和国土地改革法》为完成土地改革提供了保障，为社会主义经济建设和国民经济建设奠定了制度基础。1956年3月和6月全国人大常委会分别通过了《农业生产合作社示范章程》和《高级农业生产合作社示范章程》，明确提出中国农村将要进入农业合作化时期，而1961年3月颁布的《农村人民公社工作条例草案》进一步确立了"三级所有，队为基础"的农村经济体制。

总体来讲，在探索建设社会主义的初期阶段，以农业立法方式推动的农业合作社建设发挥了一定的积极作用。具体来讲，一是法律执行与政策紧密结合，依靠党和政府的动员和组织，推动了农业生产恢复；二是立法着眼于农业生产关系的变革和调整，满足了新中国成立初期农村进行社会主义改造和建设的需要。但是，在合作社建设后期，人民公社制度、农村"三级所有、队为基础"的经营管理体制和农产品统购统销制度不能激发农民生产积极性，相关的法律和法规形同虚设，继而难以满足城乡发展对农业的需求。特别是"文化大革命"期间，我国涉农法制建设进一步遭受严重的挫折，导致我国农业法制在这一时期处于"法律虚无主义"状态。②

---

① 刘春田. 知识产权法治的经济与法律基础——纪念中国知识产权四十年. 苏州大学学报（法学版），2019年第6期。
② 王乐君，李迎宾，杨东霞，等. 农业法制的发展与完善——农业法制建设60年回顾与展望. 农业经济问题，2010年第2期。

（二）恢复建设阶段

1978年党的十一届三中全会确立了将党的工作中心转移到经济建设上来的战略方针，农村开始推行"包干到户"等联产承包责任制，向有计划的商品经济体制转变。党的十一届三中全会还把"发展社会主义民主、健全社会主义法制"确定为党的基本方针，随着农村改革的深化，农业法制建设又逐步恢复并不断被提上议事日程。[①] 1983年1月，中共中央在《当前农村经济政策的若干问题》中提出要加强立法工作，并建议国家机关对农村各类经济形式及其活动，加强法制管理，制定相应的法规。1986年，国家开始实施第一个五年普法规划，相应的农业职能部门启动了第一个五年法制宣传教育计划，逐渐开始恢复农业工作"有法可依""有法必依"的观念，并逐步将这个法制观念深入到农村社会的方方面面。1991年党中央又在十三届八中全会上再次强调，要逐步把国家对农业和农村的宏观管理纳入法制轨道。在这一时期，国家连续颁布出台了《水产资源繁殖保护条例》《植物检疫条例》《中华人民共和国草原法》《中华人民共和国渔业法》《中华人民共和国兽药管理条例》等一系列法律和法规，以推动中国农村法制建设工作，不断充实和完善我国法律体系，补齐法律制度上的短板。但也需要指出，在这一阶段我国推动农村改革和农业发展的主要手段仍是出台农业政策，虽然相关立法工作推进有效，且法制化有所进步，但是涉农法律在处理农业生产关系中所发挥的作用仍是十分有限的。

总体来讲，在恢复建设阶段，我国"三农"法制建设存在两个

---

① 汪海波. 论坚持社会生产力决定社会生产关系的基本原理. 中国延安干部学院学报，2011年第4期。

特点：一是在立法方面，涉农法律立法工作逐步受到重视，相关立法主要侧重农业资源保护和农业生产发展等方面。并且，我国当时农村经济体制正处在由计划经济向有计划的商品经济转轨阶段，改革发展存在不确定性，立法还存在诸多不完善之处。二是在执法方面，农村地区涉农相关法律工作逐步进入启动阶段，但是执法主要局限在渔业、兽药管理等少数农业领域，[①]并且这一阶段仍缺乏专门执法机构开展工作，而替代性地依托技术推广机构执法，因此虽然农业部门的执法推进略有成效，但是执法主体地位问题仍未从根本上得到解决。

（三）持续发展阶段

1992年党的十四大确立了中国要建立社会主义市场经济体制的目标，同时要求制定加强宏观经济管理、规范微观经济行为的法律法规，并对法制建设适应农村改革与发展新形势提出了更高的要求。为了适应我国在宏观经济上由计划经济体制向市场经济体制转变，推动农业部门在农业生产职能上适应向市场经济体制转变的指导要求，农业法制理念开始由"义务本位"向"权利本位"转变。1993年7月，第八届全国人大常委会第二次会议通过了我国第一部农业基本法《中华人民共和国农业法》（以下简称《农业法》），该法确立了我国农业发展与农村改革的基本目标和主要措施。可以说，《农业法》的颁布施行是我国农业法制建设的里程碑，标志着我国农业法制建设进入持续发展阶段。原农业部还在1994年专门召开全国农业政策法规工作会议，研究部署全国农业法制工作。原农业部在1996年提出加快涉农立法进程，强化农业行政执法，并于同年在浙江省开展农业综

---

① 杨东霞，刘齐齐. 农业农村法治建设70年回顾与展望. 农业部管理干部学院学报，2019年第4期。

合执法试点工作,积极探索农业法制建设。进一步,党的十五届三中全会标志着我国农业法制迈开了面向新世纪的建设步伐,做出了加强依法兴农、依法护农的部署,更强调对农村、农业和农民"三农"的利益保护。但是仍需指出,在这一个阶段,农业执法仍存在执法力量分散,甚至执法与经营不分等现象。这些不利因素干扰了执法效果和农业部门的执法形象与权威。

总体来讲,在持续发展阶段,我国农业立法建设表现为两个特点:一是在农业立法方面,加快立法配套工作,推进了法律体系的健全。围绕农业法配套立法工作,我国先后出台了《中华人民共和国农业技术推广法》《中华人民共和国植物新品种保护条例》《农药管理条例》《中华人民共和国动物防疫法》等一系列法律法规,逐步丰富了我国涉农法律体系。[1] 二是在农业执法方面,在我国涉农生产各个领域加大了执法环节工作力度,包括种子、农药、兽药、动物防疫、植物检疫等20多个领域。[2]

(四)改革深入阶段

1999年3月,九届全国人大二次会议将"依法治国,建设社会主义法治国家"写入《中华人民共和国宪法》,是一项里程碑式的法制建设成果。同年,九届全国人大常委会第二十九次会议审议通过了《中华人民共和国农村土地承包法》修订案,在法律层面明确了土地是农业最基本的生产要素,是农民基本的生活保障,并指出要通过立法稳定和完善农村土地承包关系,促进和保障农业发展、农民增收和

---

[1] 王乐君,李迎宾,杨东霞,等. 农业法制的发展与完善——农业法制建设60年回顾与展望. 农业经济问题,2010年第2期.

[2] 王乐君. 从百年农业农村法治中汲取乡村振兴的智慧和力量. 中国乡村发现,2021年第4期.

农业稳定。① 中国于2001年正式加入世界贸易组织,为适应新形势下农业发展和农业开发的总体要求,2002年12月,九届全国人大常委会修订了《农业法》,增加了粮食安全、农民权益保护专章,完善了农业结构调整、农业产业化经营、农业支持保护等内容。此外,我国还于2002年8月通过《中华人民共和国农村土地承包法》,2005年11月通过《重大动物疫情应急条例》,2006年4月通过《中华人民共和国农产品质量安全法》,2006年10月通过《中华人民共和国农民专业合作社法》,2009年6月通过了《中华人民共和国农村土地承包经营纠纷调解仲裁法》,2009年9月通过《农业机械安全监督管理条例》等一系列法律法规,为保障涉农执法工作顺利进行和农业健康发展发挥了巨大的作用。

总体来讲,在改革深入阶段,涉农法制建设具有两个特点:其一是基本形成了以《农业法》为核心的现代农业法律法规体系,在农业相关各个领域基本做到有法可依。其二是明显提高了农业立法质量,使得中国农业发展不断适应中国加入世贸组织、改革行政审批制度和推进市场经济发展的各种要求。其三是农业综合执法体制改革取得实质性突破。

(五)全面升级阶段

2012年党的十八大以来,农业农村立法相关工作进入立法与改革同步的新时代全面升级阶段,形成了以习近平总书记全面依法治国新理念、新思想、新战略为指导,及时健全完善涉及农业农村重要改革事项和"放管服"改革要求的法律法规制度体系。全国人大常委

---

① 王乐君,李迎宾,杨东霞,等. 农业法制的发展与完善——农业法制建设60年回顾与展望. 农业经济问题,2010年第2期。

会修订的《农村土地承包法》和《土地管理法》写入了"'三权分置'制度"和"第二轮土地承包到期后再延长三十年"等条款,为改革完善农村经营基本制度、农村集体土地制度提供了切实的法律基础。① 2017年,人大常委会修订了《中华人民共和国农民专业合作社法》,进一步确保了农业合作社的平等市场主体地位,优化了农业合作社的外部经营环境,有利于农业合作社发挥带领农民脱贫致富、促进农业农村现代化的积极作用。2020年颁布的《民法典》进一步对土地承包经营权、宅基地使用权等事关农民切身利益的权益进行了规定,确立了农村集体经济组织和合作经济组织的特别法人地位。

第十三届全国人大常委会按照党的十九大提出的决胜全面建成小康社会、分两个阶段实现第二个百年奋斗目标的战略安排,积极落实2018年中央一号文件提出的"强化乡村振兴法治保障。抓紧研究制定乡村振兴法的有关工作,把行之有效的乡村振兴政策法定化,充分发挥立法在乡村振兴中的保障和推动作用"等要求。2021年全国人大正式通过了我国第一部正式以乡村振兴命名的基础性、综合性法律,即《乡村振兴促进法》。《乡村振兴促进法》作为促进型立法,与中央一号文件、《乡村振兴战略规划(2018—2022年)》、《中国共产党农村工作条例》,共同构成实施乡村振兴战略的"四梁八柱",标志着我国巩固脱贫攻坚和乡村振兴有效衔接相关工作进入了全面升级的新阶段。② 至此,我国基本形成了包含22部法律、28部行政法规、144部规章的较完备的农业农村法律体系,农业农村治理总体上实现了"有法可依"。

---

① 陈晓莉,吴海燕. 创新城乡融合机制:乡村振兴的理念与路径. 中共福建省委党校学报,2018年第12期。
② 张帅梁. 共同富裕与农民发展权:理论探源,历史经纬与现实进路. 理论月刊,2023年第2期。

三、《乡村振兴促进法》立法新理念

党的十九大报告首次提出"实施乡村振兴战略",并指出农业农村农民问题是关系国计民生的根本性问题,我国应对农村基本经济制度、集体产权制度、乡村治理体系等多方面进行完善与改革。2018年1月,《中共中央、国务院关于实施乡村振兴战略的意见》作为一号文件正式出台。同年9月,中共中央、国务院还印发了《乡村振兴战略规划(2018—2022年)》。经过数年的创新实践探索,乡村振兴的理念、价值和意义已深入人心。[1] 吸纳了习近平总书记以及党中央关于乡村振兴的重大论断和主要观点,《乡村振兴促进法》作为乡村振兴战略实施的综合性、基础性法律于2021年6月1日正式施行,相当于"中国'三农'基本法",确立了新时代实施乡村振兴战略的法律框架。其根植于新发展阶段,坚持新发展理念,按照构建新发展格局要求,坚持立足当前、着眼长远,体现了解决我国"三农"问题的强烈问题导向和实现农业农村现代化的目标要求,对于从全面建成小康社会迈向全面建设社会主义现代化国家具有重大的时代意义。[2]《乡村振兴促进法》将产业发展、人才支撑、文化繁荣、生态保护、组织建设和城乡融合作为重点内容,为实施乡村振兴战略提供法治基石、法治保障和法治利器。[3]

---

[1] 冯兆蕙. 乡村振兴法治化的时代价值、基本框架与实现机制. 法律科学(西北政法大学学报),2022年第6期。
[2] 姜长云. 全面推进乡村振兴的法治保障和根本遵循. 农业经济问题,2021年第11期。
[3] 唐仁健. 乡村振兴,法治先行. 农村工作通讯,2021年第12期。

（一）坚持党对乡村振兴战略实施的领导地位

以习近平同志为核心的党中央高度重视乡村振兴，多次强调必须把解决好"三农"问题作为全党工作重中之重，要加强顶层设计，举全党全社会之力推动乡村振兴，以更有力的举措、汇聚更强大的力量来推进乡村振兴。中共中央、国务院印发的《乡村振兴战略规划（2018—2022年）》明确要求："坚持党管农村工作。毫不动摇地坚持和加强党对农村工作的领导，健全党管农村工作方面的领导体制机制和党内法规，确保党在农村工作中始终总揽全局、协调各方，为乡村振兴提供坚强有力的政治保障。"全面进入新时代，实施乡村振兴战略是党促进中国农村发展的中心工作之一，而坚持党的领导，是长期以来解决我国"三农"问题的最重要的经验。《乡村振兴促进法》第3条规定，要"统筹推进农村经济建设、政治建设、文化建设、社会建设、生态文明建设和党的建设"，并在确立实施乡村振兴战略的五项原则时明确提出了"全面实施乡村振兴战略，应当坚持中国共产党的领导"，由此将党的建设作为乡村振兴的重要组成部分，与其他各项建设统筹推进。该法将党领导农村发展的政策原则升级为法律原则和具体制度，确立为确保乡村振兴目标实现的根本保障。《乡村振兴促进法》还进一步将党的领导地位拓展到了建立健全乡村社会治理体制中，指出自治、法治、德治都必须坚持党的领导地位；在乡村组织建设方面，明确了中国共产党农村基层组织的领导作用，明确规定村民委员会、农村集体经济组织等应当在乡镇党委和村党组织的领导下，实行村民自治，发展集体所有制经济，维护农民合法权益，并应当接受村民监督。[①]

[①] 任大鹏.《乡村振兴促进法》的鲜明特点与现实意义. 人民论坛，2021年第27期。

(二) 坚持维护农业经营主体合法权益

《乡村振兴促进法》明确规定了坚持农民主体地位，充分尊重农民意愿，保障农民民主权利和其他合法权益，调动农民的积极性、主动性、创造性，维护农民根本利益的原则。究其原因，农民是实施乡村振兴战略中经营活动的主要参与者、贡献者、受益者，是发展中最主要的组成力量。《乡村振兴促进法》在"产业发展"章中指出，农村集体产权制度改革要确保农民受益；在"文化繁荣"章中指出，要为农民提供便利可及的公共文化服务；在"人才支撑"章中指出，要培养有文化、懂技术、善经营、会管理的高素质农民和农村实用人才、创新创业带头人；在"生态保护"章中指出，人居环境改善的共建共管共享机制要有农民参与，建立农村低收入群体安全住房保障机制；在"城乡融合"章中指出，保护农民利益的法律规定要更为丰富，提出公共基础设施建设要满足农民生产生活需要，并对农民享有的基本公共服务、平等就业权利、社会保障权益做了规定。由此可见，乡村振兴战略的实施就是坚持以人民为中心的发展思想，只有坚持发展为了人民、发展依靠人民、发展成果由人民共享，才会有正确的发展观、现代化观。

(三) 坚持完善乡村振兴战略支持系统建设

《乡村振兴促进法》作为促进法的重要立法任务之一，就是要实施乡村振兴战略的系统工作任务，这离不开全社会的广泛参与，并使社会上的各类资源要素向乡村倾斜。《乡村振兴促进法》规定了为促进乡村振兴目标实现，所需要形成的相对全面的财政和金融等扶持制度体系。[①]《乡村振兴促进法》第58—62条从财政支持角度明确规定，政府要充分

---

① 该部分相关法律法规具体内容摘自《中华人民共和国乡村振兴促进法》。

利用财政措施，根据乡村振兴的目标任务，不断健全农业支持保护体系和实施乡村振兴战略的财政投入保障制度；保障用于乡村振兴的财政投入力度不断增强、总量持续增加；借鉴脱贫攻坚时期的经验，各级政府应当完善涉农资金统筹整合长效机制，提高财政资金使用效益；建立脱贫地区和低收入人口的长效帮扶机制，实现巩固拓展脱贫攻坚成果同乡村振兴有效衔接，加大对革命老区、民族地区、边疆地区实施乡村振兴战略的支持力度；构建以高质量绿色发展为导向的新型农业补贴政策体系；调整完善土地使用权出让收入使用范围，提高农业农村投入比例等。在金融支持方面，《乡村振兴促进法》第 65 条指出，国家建立健全多层次、广覆盖、可持续的农村金融服务体系，完善金融支持乡村振兴考核评估机制，促进农村普惠金融发展，鼓励金融机构依法将更多资源配置到乡村发展的重点领域和薄弱环节。政策性金融机构应当在业务范围内为乡村振兴提供信贷支持和其他金融服务，加大对乡村振兴的支持力度。商业银行应当结合自身职能定位和业务优势，创新金融产品和服务模式，扩大基础金融服务覆盖面，增加对农民和农业经营主体的信贷规模，为乡村振兴提供金融服务。农村商业银行、农村合作银行、农村信用社等农村中小金融机构应当主要为本地农业、农村、农民服务，当年新增可贷资金应主要用于当地农业农村发展。

除此之外，《乡村振兴促进法》第 67 条还规定，要从存量和增量两个角度保障乡村振兴的建设用地需求，一方面盘活存量，即农村闲置的经营性建设用地、公益性建设用地和农民的闲置宅基地等建设用地，用于满足乡村产业、公共服务设施和农民住宅用地合理需求；[1] 另

---

[1] 薛艳杰. 我国都市区乡村振兴战略研究——以上海市为例. 上海经济, 2019 年第 1 期.

一方面支持集体经营性建设用地出让、出租给单位或者个人使用,并优先用于发展集体经济和乡村产业,[①] 适当向乡村发展增量建设用地指标。

(四) 坚持依法突出乡村振兴重点领域

《乡村振兴促进法》是对乡村振兴中相应的乡村产业振兴、人才振兴、文化振兴、生态振兴和组织振兴"五大振兴"的要求具体化、法制化,并以法领航、以法护航、以法矫航,将提升农业乡村的生产功能同激活农业乡村的生活、生态、文化功能等有机结合起来,推动农业高质高效、乡村宜居宜业、农民富裕富足良性互动,确保全面推进乡村振兴高质量发展行稳致远。《乡村振兴促进法》通过其法律安排,不仅为乡村振兴重点任务落实落地,促进乡村"五大振兴"有机结合和协调联动,而且将党中央、国务院促进乡村振兴的重大决策部署和各地区、各部门行之有效且具有持久生命力与广泛适用性的经验法定化和制度化,进而推进乡村振兴相关政策体系、工作体系和责任体系等"三大体系"依法协同发力。

此外,《乡村振兴促进法》将乡村振兴战略实施的目标完成情况纳入考核评价制度,进一步丰富了区域性发展评估体系内容,优化县级以上政府向本级人大报告制度,引导和督促各级政府及其相关部门强化推进乡村振兴的责任担当,为确保乡村振兴战略的有序推进提供了有效、安全、依法的法制保障。

---

① 张晓山. 我国农村集体所有制的理论探讨. 中南大学学报(社会科学版),2019年第1期。

（五）坚持安全稳健推进"三农"现代化

在推进农业农村现代化的过程中，农业现代化是"根"，农村居民生活品质的现代化是"本"，农民全面发展特别是农村人口和劳动力素质的全面提升是"魂"。[①]《乡村振兴促进法》特别重视坚持推动农业现代化、农村现代化和农民现代化良性互动，实现农业现代化和农村现代化融合互补。究其原因，乡村振兴现代化进程一般离不开产业融合，离不开经济、社会、文化、生态融合发展。农业现代化的目标与保障都是全方位夯实粮食安全根基，这也是建设农业强国的底线目标。有鉴于此，《乡村振兴促进法》专门强调，要充分发挥乡村在保障农产品供给和粮食安全、保护生态环境、传承和发展中华民族优秀传统文化等方面的特有功能；[②] 明确实施以我为主、立足国内、确保产能、适度进口、科技支撑的粮食安全战略，并提出要加快建设国家粮食安全产业带，完善粮食加工、流通、储备体系等；[③] 确保粮食安全和重要农产品有效供给，守住推进农业农村现代化的底线。[④]

（六）坚持创新新时代法律治理机制

《乡村振兴促进法》聚焦于规定政府及其相关部门在促进乡村振兴战略实施中的职责，并保障法律规定的职责能够得到全面落实。与一般法律不同，《乡村振兴促进法》没有设置专门的法律责任章节，而是利用人民代表大会与同级人民政府的权力机关和执行机关的关

[①] 姜长云，李俊茹. 关于农业农村现代化内涵、外延的思考. 学术界，2021年第5期。

[②] 张琦. 如何发挥立法在乡村振兴中的保障作用. 人民论坛，2021年第3期。

[③] 丁声俊. 我国粮业70年改革发展历程与经验启示. 中州学刊，2019年第1期。

[④] 姜长云，李俊茹，王一杰，等."十四五"时期促进农民增收的战略思考. 江淮论坛，2021年第2期。

系、上下级人民政府的垂直领导关系、专门监督机关与政府相关部门之间的监督和被监督关系,通过考核评价制度、报告制度和监督检查制度保障相关法律执法工作的落实。例如,《乡村振兴促进法》第68条规定了实行乡村振兴战略的目标责任制和考核评价制度;第69条规定了各级政府向本级人民代表大会或者常委会,以及向上级政府报告乡村振兴促进工作情况的报告制度;第70条则规定了上级政府对下级政府的乡村振兴促进工作情况,以及专门机关对乡村振兴专门事项的监督检查制度。可以说,《乡村振兴促进法》是创新新时代法治建设的重要成果,为巩固拓展脱贫攻坚成果、全面实施乡村振兴战略提供了创新法治路径。

第二节 乡村振兴金融相关立法

一、金融相关立法概述

农村金融是我国金融体系的重要组成部分,农村金融状况在很大程度上影响着乡村振兴的成败,而法律强化了乡村振兴的金融支撑。《乡村振兴促进法》等法律提出,要建立健全多层次、广覆盖、可持续的农村金融服务体系,其中所谓"多层次"即是要在农村地区形成以银行业金融机构为主,同时包含保险、证券、担保、小贷公司等多个层次金融服务机构共同参与的金融市场结构,增强乡村振兴金融市场的整体供给能力;"广覆盖"即是要引导金融机构的网点深入乡村,增设网点、布设便民服务设备,满足涉农经营主体和农户等各类新型经营主体在存款、贷款、汇款和保险等方面的金融服务需求；"可持续"即是金融机构按照职能定位，既要符合商业逻辑，又要体现社会责任，根据乡村振兴实际需求创新普惠金融产品和服务，在基础设施建设、农村新产业新业态发展、农村改革等方面同时发力，为乡村提供持续、安全、高效的金融服务。[①]

除此之外，《乡村振兴促进法》还进一步明确了政策性金融机构、商业金融机构、合作性金融机构等各类金融机构的职能定位，强调要发挥好各自的特点和优势，提供合适的农村金融服务。政策性金融机构应当立足国家需求，在业务范围内为乡村振兴提供信贷支持和其他金融服务，重点支持农业农村基础设施建设，发挥好在粮棉油收储中的主渠道作用等；商业性金融机构应结合自身职能定位和业务优势，创新金融产品和服务模式，扩大基础金融服务覆盖面，扩大面向农民和新型农业经营主体的信贷规模；合作性金融机构要发挥机构网点优势，进一步下沉服务重心，把支持"三农"作为金融服务主战场，不离农不脱农，支持农村中小企业、新型农业经营主体和农户发展生产经营。

二、金融服务乡村振兴的四大基本观念

从乡村振兴的视角来看，应清晰意识到现代金融不仅是经济的血脉，更是社会的润滑剂，乡村振兴离不开金融的支持，因此，乡村振兴更需要全新、正确的金融意识。[②] 金融意识不仅是金融部门的意

---

① 谭智心. 立法为基强化保障全面推进乡村振兴——《中华人民共和国乡村振兴促进法》解读. 农村金融研究，2021 年第 8 期。

② 温涛，何茜. 全面推进乡村振兴与深化农村金融改革创新：逻辑转换、难点突破与路径选择. 中国农村经济，2023 年第 1 期。

志，也是党和政府的意愿认识，更是围绕金融助推乡村振兴的全社会共识。金融意识覆盖以下四个基本观念。①

（一）融合观念

《乡村振兴促进法》第 7 章专门规定了城乡融合的内容，加快县域城乡融合发展，为金融的服务方向、功能发挥提出了新要求。融合是金融服务的基本观念，乡村振兴金融服务不仅涉及传统金融观念中资金和金融产品的融合、金融服务方式与其他要素的融合，更是突破传统理念，形成包含城乡要素资源的新融合发展理念。

（二）现代观念

《乡村振兴促进法》第 18 条第 2 款规定："国家鼓励农业信息化建设，加强农业信息监测预警和综合服务，推进农业生产经营信息化。"大数据、区块链、人工智能等新兴科技在金融业的广泛应用，以及数字乡村建设和平台经济丰富了乡村金融应用场景，拓展了乡村金融的发展的纵深空间。平台化的金融生产方式，决定了新时代乡村金融必然是以现代化为主要特征。以现代化为主要特征的新金融也将逐渐取代传统金融，成为获取金融资源、提升金融意识与能力的新路径。

（三）普惠观念

《乡村振兴促进法》的正式施行，为普惠金融、数字金融等新金融在农村的落地，提供了法律保障和依据。涉农金融既是普惠金融中的重点，也是难点。而发展普惠金融可以为广大涉农企业和农户家庭获取金融服务并受到公平的对待提供了保障。事实上，2018 年中央

---

① 李燕. 全面理解《乡村振兴促进法》中的金融观. 人民论坛，2021 年第 33 期。

一号文件强调，普惠金融的重点要放在乡村，而乡村金融发展的重要标志就是普惠金融在农村的落地实现。2021 年中央一号文件提出，支持市县构建域内共享的涉农信用信息数据库，用 3 年时间基本建成比较完善的新型农业经营主体信用体系。

（四）诚信观念

诚信意识的核心要义在于培育信用文化，构建信用制度，确立信用变现机制。乡村振兴是一个长期而复杂的系统性工程，最需要培育市场主体的履约意识和诚实守信的精神。客观地讲，农民并非没有信用，其信用隐藏在乡土社会之中，当前的主要困境是农村碎片化的信用信息没有形成体系化的信用环境和信用制度，农民朴素的信用观、未激活的信用资产没能转换成基本的守信精神，这在一定程度上损害了建立农村信用体系的制度基础。因此，加强《乡村振兴促进法》等针对乡村振兴和乡村文化建设的法律的贯彻落实，有利于从制度上推进乡村信用文化的建设，重构出科学合理、特色鲜明的中国式乡村社会信用体系。

三、乡村振兴地方立法

（一）乡村振兴地方立法的核心任务

《乡村振兴促进法》的指引效果较强，但是其裁判效果相对较弱，这就决定了乡村振兴地方立法不可避免地会遇到宣誓性条文多、政策入法多、确实有效的行为规范难以形成、实操性较差等法治障碍。[1] 这一客观事实就要求乡村振兴地方立法应着力对现实问题进行

---

[1] 李蕊. 乡村振兴地方立法的逻辑进路. 地方立法研究，2022 年第 7 期。

有效的法律回应,并对相关问题予以解决。换言之,乡村振兴地方立法必然要面向所在地具体而现实的法律问题,不仅要切实发挥其指引性和方向性作用,同时更要避免深陷政策话语体系约束力低下的困境。事实上,纾解困境的具体法制设计要因地制宜,进一步细化、实化、具体化法律阐释和表达,以增强立法的针对性、适用性和可操作性。总结起来,乡村振兴地方立法的基本要求如下:一是紧紧围绕促进"产业兴旺、生态宜居、乡风文明、治理有效、生活富裕"五大基本要求,从省市区所在地的"三农"发展实际情况与涉农企业和农户家庭的现实发展需求出发,构建较为完整的地方乡村振兴基本法治体系,以保证乡村地方立法的确定性和可实施性。二是乡村振兴立法中对实施主体及其主要任务设定要清晰明确。在《乡村振兴促进法》等相关上位立法的基础上,在地方法律条文中清晰明确地阐释省市区乡村振兴的统筹协调机制,细化相关职能部门分工,压实各级地方政府责任,避免法律法规内容"空洞化"。三是地方立法要着力建构完备系统的监督与问责机制,不仅要紧紧围绕本地区土地、人才、资金、技术、信息等关键要素的资源配置,避免"鸿篇巨制",建立具有可操作性的制度保障体系,还要明晰乡村振兴效果评价机制与奖惩机制等,能够让乡村振兴参与主体自觉、自愿接受乡村振兴相关法律法规的指引和监督。[1]

(二) 乡村振兴地方立法的关键问题

乡村振兴地方立法必然要基于法的规范性和稳定性,紧紧围绕乡村振兴战略推进的历史使命,不仅要拓展"三农"事业的多种功能,

---

[1] 李蕊. 乡村振兴地方立法的逻辑进路. 地方立法研究, 2022 年第 7 期.

还要提升"三农"多元价值。① 推进乡村全面振兴的关键在于农业产业发展,目标图景在于生态宜居,根基灵魂在于乡风文明。

1. 农业产业兴旺的法制实现

党的十九大以来,粮食安全已被党中央列为三大经济安全之首,是国家安全的根基。党中央多次强调,确保粮食安全始终是治国理政的头等大事。确保粮食和其他重要农产品的供应也是乡村振兴的核心使命。乡村振兴地方立法的重要任务之一,即是从本地实际出发,贯彻落实藏粮于地、藏粮于技的方针,优先推动农业产业现代化发展。一是要实现农业产业振兴,必须加快农业产业的转型升级,推动传统农业转变为现代农业,由小农经济转变为适度规模经济,不断加大科学技术的投入,加快第一、二、三产业深度融合,因地制宜地发展特色产业,优化农业结构,促进农产品增产、农民增收,从而为乡村振兴奠定坚实的物质基础。二是要整合集聚农村组织力量,夯实服务百姓基础,为实施乡村振兴战略提供必要条件,不断强化基层党组织、村民委员会、农村集体经济组织的引领作用,释放农民专业合作社、农业产业化联合体等合作经济组织的带动辐射作用,不断增强农村集体的经济实力,推动集体经济发展,提高村民收益水平。三是要推动科技赋能农业,充分发挥政府的主导和引领作用,加快农业科技自主创新和科技成果转化。支持有条件的地方创设乡村产业发展基金和乡村产业技术创新专项,通过立法建设综合育种、种业创新服务、成果转化及交易的多样平台,保护种子"芯片"等农业项目的合法权益,激励引导社会资本通过多种途径广泛参与对农业科技创新的投

---

① 唐仁健. 乡村振兴 法治先行. 乡村振兴,2021年第6期。

入，构建集研发、展示、示范、交易、服务于一体的现代种业科技创新体系，强化农业科技创新和成果转化能力，形成安全的现代农业全产业链。四是在农业相关经济活动中，保护农民专业合作社、农业企业等产业化组织的合法权益，为认养农业、景观农业等乡村新业态，以及游憩休闲、健康养生等新产业的有序发展提供可靠的法制保障。

2. 乡村生态宜居的法制保障

乡村振兴地方立法必须贯彻宪法中关于生态的思想，坚持生态优先、绿色发展的理念，明确地方政府的生态和环境义务，健全乡村环境多主体共建共管机制，形成乡村生态环境保护与经济发展的双重良性循环，实现经济、生态、社会三大效益的耦合统一。[①] 为达到这个目标，就要求乡村振兴地方立法要坚持以农业绿色发展为主线，因地制宜，着力推动生态循环农业发展。其核心要义在于在良好的生态条件下从事高产量、高质量、高效益的农业生产，推广应用新型种养模式和生态循环农业技术，优化种植业、养殖业内外部结构，实现产业链生产过程清洁化、化肥农药减量化、产业链条生态化等，并最大限度地满足人们对农产品日益增长的需求，同时确保农村生态系统的稳定性和可持续性。首先，从实现生产过程清洁化的角度来讲，乡村振兴地方法制要着眼于农业面源污染管理，应以生态环境部门为主体，以农业行政部门为辅助，进行统一管理，对农业产业链上下游链条节点进行全过程管理与监督，即在前端减少化肥、农药等的使用量，在中端加强生态技术规范的执行，在末端进行实时监测并加强关于污染的事后问责与治理。其次，优化产业链条，推进生态化升级。按照"以生态文

---

① 王兆鑫.《乡村振兴促进法》：开启农民环境权法治保障新篇章. 农业开发与装备，2021 年第 10 期。

化提升产业,以生态产业传播文化"的理念,深入挖掘生态产业的文化内涵,推动生态、休闲产业转型升级,打造文化、产业、生态相结合的发展新模式。① 依法测算和核定自然系统承载能力范围,并对特定地域空间内产业系统、自然系统与社会系统进行耦合优化,达到充分利用资源,减少环境破坏,协调自然、社会与经济持续发展的目标。② 最后,乡村振兴地方立法应当着力激发地方政府、村治组织、村民乃至全社会的内生动力,构建多元协同共建、共管、共享的乡村环境可持续发展机制。同时,引导村民在法治范围内自主完善村规民约,尝试在村规民约中增补有关农村环境整治和维护等的现实要求,依托村民民主评议等手段激励农民参与乡村环境建设。

3. 乡村乡风文明的法制塑造

乡风文明在中国乡村文化的沃野之上已存续千年,是淳朴民风以及良好家风的不断发育和延展,亦是乡村的根基和灵魂。但是,面对城市新兴文化的冲击,乡风文明及其文化体系建设正在遭受不同程度的侵蚀破坏,农村居民对历史传统、文化习俗的认同感、归属感也逐渐式微,甚至对乡村文化及其价值产生怀疑。要坚守乡村文化根脉,重建文化自信,整个乡村社会对旨在立足乡村乡情、强化乡村文化与价值构建的乡村振兴地方立法产生了迫切的需求。③ 一是要坚持社会主义核心价值观的思想引领,鼓励村民形成全社会共同价值追求,追求当代中国精神,并借助农村居民喜闻乐见、深入浅出的方式,引导其主动践行社会主义核心价值观。二是依法加强对乡村文化遗

---

① 周文华. 北京市生态文明建设的成效、问题及对策. 北京联合大学学报(人文社会科学版), 2015年第3期。
② 李蕊. 乡村振兴地方立法的逻辑进路. 地方立法研究, 2022年第7期。
③ 刘华云. 人民想象、塑造与教化——论卢梭立法者的立法技艺. 甘肃行政学院学报, 2019年第1期。

产的传承、保护和利用，对乡村传统文化所蕴含的先进理念、优秀思想等进行深入梳理阐释，提升其时代性、科学性，促进农村居民主动移风易俗，破除陈规陋习，塑造乡村文化自信。依托乡村名人历史、非物质文化遗产、传统手工艺、民俗礼仪等，打造乡村特色文化产业，促进乡村文化与乡村旅游、休闲农业等的融合发展，提升乡村振兴的文化品格与气质。① 三是乡村振兴地方立法要着眼乡村振兴中农业经营主体的现实需求，必须坚持以人民为中心的发展思想，避免"无效"供给和"过度"供给，将乡村独特文化特征蕴含于乡村公共文化建设中，并在立法中对涉农经营主体和农村居民家庭的合理意见予以及时采纳，保证乡风文化建设所需法制保障的针对性和有效性。

4. 大胆创新推进地方金融法制建设

我国乡村发展面临的突出矛盾在于金融供给不均衡，这一基础性要件决定了各地乡村振兴金融立法所面临的现实矛盾和问题是不同的。② 因此，应加快为地方乡村振兴提供特色鲜明的金融立法，而对乡村振兴地方金融立法的独立品格与特色予以凝练表达，切忌生搬照抄、条文堆砌，要发挥地方金融发展的特殊优势，解决地方资金供需双方的特殊矛盾，从实际出发并采用"一事一议"等差异化的立法逻辑和立法表达，力图解决突出问题。

---

① 孙喜红，贾乐耀，陆卫明. 乡村振兴的文化发展困境及路径选择. 山东大学学报（哲学社会科学版），2019 年第 5 期。
② 李振宁. 人大立法坚持"以人民为中心"的理论逻辑和制度展开. 山东行政学院学报，2021 年第 2 期。

第三节　乡村振兴金融相关执法

一、金融执法的概念

金融执法是金融法的执行过程，指国家机关和授权单位依法运用国家权力，将金融法律规范应用到具体的人或组织，用来解决法的实现的具体问题的一种行使权力的专门活动。中国银行业、证券业、保险业和信托业实行分业经营、分业管理，这四大行业被称为金融业的"四驾马车"。[1] 中国的金融执法主要是针对银行业、证券业、保险业和信托业等开展金融执法活动。其一，银行业执法的主要依据是《中华人民共和国银行业监督管理法》等银行监管法，即调整相应国家职能机关对银行业金融机构的组织及业务活动进行监督管理过程中发生的经济关系的法律规范的总称。其二，证券业执法的主要依据是《中华人民共和国证券法》等证券监管相关法，即调整证券市场监督管理机构对证券市场主体及其行为进行监督管理过程中发生的经济关系的法律规范的总称。其三，保险业执法的主要依据是《中华人民共和国保险法》等保险监管法，即调整国家职能机关对保险业进行监督管理的过程中发生的经济关系的法律规范的总称。其四，信托业执法的法律依据主要是《中华人民共和国信托法》等信托业监管法，

---

[1] 王彩萍，张龙文. 国家金融体系结构. 中山大学出版社，2021年。

即调整信托业监管关系的法律规范的总称，主要用于规范政府监管机构对信托机构的设立、变更和终止、市场准入和信托机构经营活动进行监督管理的行为。

二、金融执法的内容

目前，中国金融执法主要采用分业开展执法的方式，即根据银行业监管法律制度、证券业监管法律制度、保险业监管法律制度和信托业监管法律制度，对银行机构、证券机构、保险机构和信托机构等机构的金融行为开展金融执法活动。

（一）银行业执法的内容

目前，中国人民银行、中国银保监会和国家审计机关根据《中华人民共和国银行业监督管理法》《中华人民共和国中国人民银行法》《中华人民共和国商业银行法》等法律的授权，对中国银行业相应机构具有执法权。

1. 中国银保监会的执法权

根据《中华人民共和国银行业监督管理法》的相关规定，国务院银行业监督管理机构负责对全国银行业金融机构及其业务活动进行监督管理的工作，根据履行职责的需要设立派出机构，并对其实行统一领导和管理，派出机构在国务院银行业监督管理机构的授权范围内履行监督管理职责。其对银行业的执法权体现在如下两个方面：

一方面，银保监会有监督管理职责。《中华人民共和国银行业监督管理法》规定，银保监会的监督管理职责主要包括：依照法律、行政法规规定的条件和程序，审查批准银行业金融机构的设立、变更、终止以及业务范围;申请设立银行业金融机构,或者银行业金融机构变更持有资本总额或者股份总额达到规定比例以上的股东的,对股东的资金来源、财务状况、资本补充能力和诚信状况进行审查;对银行业金融机构业务范围内的业务品种进行审查批准或者备案;对银行业金融机构的设立、变更、终止以及业务范围和增加业务范围内的业务品种做出批准或者不批准的书面决定;审查董事和高级管理人员的任职资格;对银行业金融机构的业务活动及其风险状况进行现场检查和非现场监管;对银行业金融机构实行监督管理;等等。此外,根据《中华人民共和国商业银行法》第62条的规定,银保监会也有权依照该法的相关规定,随时对商业银行的存款、贷款和结算等情况进行检查监督。商业银行应当按照国务院银行业监督银行类中长期信贷增长明显管理机构的要求,提供财务会计资料、业务合同和有关经营管理的其他信息。[①]

另一方面,银保监会有采取监督管理措施的权力。根据《中华人民共和国银行业监督管理法》的规定,银保监会有权采取以下十种监管措施:(1)要求银行业金融机构按照规定报送资产负债表、利润表和其他财务会计报表、统计报表、经营管理资料以及注册会计师出具的审计报告。(2)有权采取措施进行现场检查,包括进入银行业金融机构进行检查,询问银行业金融机构的工作人员,要求其对有关检查事项做出说明,查阅、复制银行业金融机构与检查事项有关的文件、资料,对可能被转移、隐匿或者毁损的文件、资料予以封存,检查银行业金融机构运用电子计算机管理业务数据的系统。(3)与银行业金融机构董事、高级管理人员进行监督管理谈话,要求银行业金融

[①] 张守志,韦东,姚强. 玉林银行业支付结算服务收费情况的调查及建议. 区域金融研究,2009年第1期。

机构董事、高级管理人员就银行业金融机构的业务活动和风险管理的重大事项做出说明。(4)有权责令银行业金融机构按照规定,如实向社会公众披露财务会计报告、风险管理状况、董事和高级管理人员变更以及其他重大事项等信息。(5)对银行业金融机构违反审慎经营规则的,责令其限期改正;逾期未改正的,或者其行为严重危及该银行业金融机构的稳健运行、损害存款人和其他客户合法权益的,经批准,有权区别采取下列措施:责令暂停部分业务、停止批准开办新业务,限制分配红利和其他收入,限制资产转让,责令控股股东转让股权或者限制有关股东的权利,责令调整董事、高级管理人员或者限制其权利,停止批准增设分支机构。(6)有权对已经或者可能发生信用危机、严重影响存款人和其他客户合法权益的银行业金融机构实行接管或者促成机构重组。(7)对银行业金融机构有违法经营、经营管理不善的,不予撤销将严重危害金融秩序、损害公众利益的,有权予以撤销。(8)在接管、机构重组或者撤销清算期间,经批准,对直接负责的董事、高级管理人员和其他直接责任人员,有权采取下列措施:直接负责的董事、高级管理人员和其他直接责任人员出境将对国家利益造成重大损失的,通知出境管理机关依法阻止其出境,以及申请司法机关禁止其转移、转让财产或者对其财产设定其他权利。(9)经批准,有权查询涉嫌金融违法的银行业金融机构及其工作人员以及关联行为人的账户,对涉嫌转移或者隐匿违法资金的,可以申请司法机关予以冻结。[①] (10)经批准,有权对与涉嫌违法事项有关的单位和个人采取下列措施:询问有关单位或者个人,要求其对有关情况做出说明,查阅、复制有关财务会计、财产权登记等文件、资料,对可能被

[①] 邢会强. 金融监管措施是一种新的行政行为类型吗?. 中外法学, 2014 年第 3 期。

转移、隐匿、毁损或者伪造的文件、资料，予以先行登记保存。①

2. 中国人民银行的执法权

在对银行业的执法权主要由银保监会行使后，中国人民银行主要负责金融的宏观调控，但仍然保留了部分执法权力。依据《中华人民共和国中国人民银行法（2003年修正）》对商业银行行使执法权。相关执法权主要包括以下内容。第一，中国人民银行有权对金融机构以及其他单位和个人的下列行为进行检查监督：执行有关存款准备金管理规定的行为；与中国人民银行特种贷款有关的行为；执行有关人民币管理规定的行为；执行有关银行间同业拆借市场、银行间债券市场管理规定的行为；执行有关外汇管理规定的行为；执行有关黄金管理规定的行为；代理中国人民银行经理国库的行为；执行有关清算管理规定的行为；执行有关反洗钱规定的行为。第二，当银行业金融机构出现支付困难，可能引发金融风险时，为了维护金融稳定，中国人民银行经国务院批准，有权对银行业金融机构进行检查监督。第三，中国人民银行根据履行职责的需要，有权要求银行业金融机构报送必要的资产负债表、利润表以及其他财务会计、统计报表和资料。此外，中国人民银行根据执行货币政策和维护金融稳定的需要，可以建议国务院银行业监督管理机构对银行业金融机构进行检查监督，也应当和国务院银行业监督管理机构、国务院其他金融监督管理机构建立监督管理信息共享机制。

3. 国家审计机关的执法权

《中华人民共和国商业银行法》第63条规定，商业银行应当依

---

① 金鑫鑫，陈建印. 香港银行监管变革对大陆银行监管的启示. 时代金融，2017年第32期。

法接受审计机关的审计监督，这是国家审计机关对银行业执法权的一种体现。根据《中华人民共和国审计法》（2016年修订）的规定，国务院和县级以上地方人民政府设立审计机关，审计机关及其派驻银行的审计人员行使审计职权，主要有以下内容：第一，有权要求被审计单位按照审计机关的规定提供预算或者财务收支计划、预算执行情况、决算、财务会计报告，运用电子计算机储存、处理的财政收支、财务收支电子数据和必要的电子计算机技术文档，在金融机构开立账户的情况，社会审计机构出具的审计报告，以及其他与财政收支或者财务收支有关的资料。第二，有权检查被审计单位的会计凭证、会计账簿、财务会计报告和运用电子计算机管理财政收支、财务收支电子数据的系统，以及其他与财政收支、财务收支有关的资料和资产。第三，进行审计时，有权就审计事项的有关问题向有关单位和个人进行调查，并取得有关证明材料。第四，对被审计单位转移、隐匿、篡改、毁弃相关资料和转移、隐匿所持有的违反国家规定取得的资产的行为，有权予以制止；必要时，经批准，有权封存有关资料和违反国家规定取得的资产；对其中在金融机构的有关存款需要予以冻结的，应当向人民法院提出申请。对被审计单位正在进行的违反国家规定的财政收支、财务收支行为，有权予以制止；制止无效的，经批准，通知财政部门和有关主管部门暂停拨付与违反国家规定的财政收支、财务收支行为直接有关的款项，已经拨付的，暂停使用。第五，认为被审计单位所执行的上级主管部门有关财政收支、财务收支的规定与法律、行政法规相抵触的，应当建议有关主管部门纠正；有关主管部门不予纠正的，审计机关应当提请有权处理的机关依法处理。此外，审计机关履行审计监督职责，行使执法权的过程中，可以提请公安、监察、财政、税务、海关、价格、工商行政管理等机关予以协助。①

(二) 证券业执法的内容

根据《中华人民共和国证券法》《中华人民共和国证券投资基金法》《期货交易管理条例》等法律法规的授权,对该行业的执法权主要由中国证监会行使。根据《中华人民共和国证券法》第7条的规定,国务院证券监督管理机构依法对全国证券市场实行集中统一监督管理。国务院证券监督管理机构根据需要可以设立派出机构,按照授权履行监督管理职责。《中华人民共和国证券投资基金法》第11条也规定,国务院证券监督管理机构依法对证券投资基金活动实施监督管理,其派出机构依照授权履行职责。其中,国务院证券监督管理机构目前是中国证监会。《期货交易管理条例》第5条则规定,国务院期货监督管理机构对期货市场实行集中统一的监督管理,其派出机构依照《期货交易管理条例》的有关规定和国务院期货监督管理机构的授权,履行监督管理职责。结合《期货公司监督管理办法》第5条的规定,中国证监会及其派出机构依法对期货公司及其分支机构实行监督管理,可以看出,中国证监会对期货市场行使执法权。

中国证监会对证券业依法行使执法权,主要体现在以下几个方面。根据《中华人民共和国证券法》第169条的规定,国务院证券监督管理机构履行下列职责:依法对证券的发行、上市、交易、登记、存管、结算等行为进行监督管理;依法对证券发行人、证券公司、证券服务机构、证券交易场所、证券登记结算机构的证券业务活动进行监督管理;依法制定从事证券业务人员的行为准则,并监督实

---

① 曲炜. 论《联合国反腐败公约》对我国审计法律制度的影响. 国家行政学院学报, 2010年第2期.

施；依法监督检查证券发行、上市、交易的信息披露；依法对证券业协会的自律管理活动进行指导和监督；依法对证券违法行为进行查处；等等。此外，根据《中华人民共和国证券法》第170条的规定，国务院证券监督管理机构依法履行职责，有权采取下列措施：对证券发行人、证券公司、证券服务机构、证券交易场所、证券登记结算机构进行现场检查；进入涉嫌违法行为发生场所调查取证；询问当事人和与被调查事件有关的单位和个人，要求其对与被调查事件有关的事项作出说明，或者要求其按照指定的方式报送与被调查事件有关的文件和资料；查阅、复制与被调查事件有关的财产权登记、通信记录等文件和资料；查阅、复制当事人和与被调查事件有关的单位和个人的证券交易记录、登记过户记录、财务会计资料及其他相关文件和资料，对可能被转移、隐匿或者毁损的文件和资料，可以予以封存、扣押；查询和复制当事人和与被调查事件有关的单位和个人的资金账户、证券账户、银行账户以及其他具有支付、托管、结算等功能的账户信息，对有证据证明已经或者可能转移或者隐匿违法资金、证券等涉案财产或者隐匿、伪造、毁损重要证据的，经国务院证券监督管理机构主要负责人或者其授权的其他负责人批准，可以冻结或者查封；在调查操纵证券市场、内幕交易等重大证券违法行为时，经国务院证券监督管理机构主要负责人或者其授权的其他负责人批准，可以限制被调查的当事人的证券买卖；通知出入境管理机关依法阻止涉嫌违法人员、涉嫌违法单位的主管人员和其他直接责任人员出境；可以采取责令改正、监管谈话、出具警示函等措施。

此外，《中华人民共和国证券投资基金法》第112条规定，国务院证券监督管理机构依法履行下列职责：对基金管理人、基金托管人及其他机构从事证券投资基金活动进行监督管理，对违法行为进行查处，并予以公告；制定基金从业人员的资格标准和行为准则，并监督实施；监督检查基金信息的披露情况；等等。《中华人民共和国证券投资基金法》第113条规定，国务院证券监督管理机构依法履行职责，有权采取下列措施：对基金管理人、基金托管人、基金服务机构进行现场检查，并要求其报送有关的业务资料；进入涉嫌违法行为发生场所调查取证；询问当事人和与被调查事件有关的单位和个人，要求其对与被调查事件有关的事项作出说明；查阅、复制与被调查事件有关的财产权登记、通信记录等资料；查阅、复制当事人和与被调查事件有关的单位和个人的证券交易记录、登记过户记录、财务会计资料及其他相关文件和资料；查询当事人和与被调查事件有关的单位和个人的资金账户、证券账户和银行账户，对有证据证明已经或者可能转移或者隐匿违法资金、证券等涉案财产或者隐匿、伪造、毁损重要证据的，经国务院证券监督管理机构主要负责人批准，可以冻结或者查封；在调查操纵证券市场、内幕交易等重大证券违法行为时，经批准可以限制被调查事件当事人的证券买卖。《期货交易管理条例》第46条规定，国务院期货监督管理机构对期货市场实施监督管理，依法履行下列职责：制定有关期货市场监督管理的规章、规则，并依法行使审批权；对品种的上市、交易、结算、交割等期货交易及其相关活动，进行监督管理；对期货交易所、期货公司及其他期货经营机构、非期货公司结算会员、期货保证金安全存管监控机构、期货保证金存管银行、交割仓库等市场相关参与者的期货业务活动，进行监督管理；制定期货从业人员的资格标准和管理办法，并监督实施；监督检查期货交易的信息公开情况；对期货业协会的活动进行指导和监督；对违反期货市场监督管理法律、行政法规的行为进行查处；等等。《期货交易管理条例》第47条规定，国务院期货监督管理机构依法履行职责，可以采取下列措施：对期货交易所、期货公司及其他期货经营机构、非期货公司结算会员、期货保证金安全存管监控机构和交割仓库进行现场检查；进入涉嫌违法行为发生场所调查取证；询问当事人和与被调查事件有关的单位和个人，要求其对与被调查事件有关的事项作出说明；查阅、复制与被调查事件有关的财产权登记等资料；查阅、复制当事人和与被调查事件有关的单位和个人的期货交易记录、财务会计资料以及其他相关文件和资料，对可能被转移、隐匿或者毁损的文件和资料，可以予以封存；查询与被调查事件有关的单位的保证金账户和银行账户；在调查操纵期货交易价格、内幕交易等重大期货违法行为时，经国务院期货监督管理机构主要负责人批准，可以限制被调查事件当事人的期货交易，但限制的时间不得超过15个交易日；案情复杂的，可以延长至30个交易日。

（三）保险业执法的内容

《中华人民共和国保险法》规定，国务院保险监督管理机构依法对保险业实施监督管理，根据履行职责的需要设立派出机构，派出机构按照国务院保险监督管理机构的授权履行监督管理职责。目前，中国国务院保险监督机构是中国银保监会，由银保监会行使对保险业的执法权，主要有以下几点内容：

第一，对关系社会公众利益的保险险种、依法实行强制保险的险种和新开发的人寿保险险种等的保险条款和保险费率进行审批。

第二，有权责令保险公司停止使用违反法律、行政法规或者国务院保险监督管理机构有关规定的保险条款和保险费率，并限期修改；情节严重的，可以在一定期限内禁止其申报新的保险条款和保险费率。

第三，对偿付能力不足的保险公司，有权根据具体情况采取下列措施：责令增加资本金、办理再保险，限制业务范围，限制向股东分红，限制固定资产购置或者经营费用规模，限制资金运用的形式、比例，限制增设分支机构，责令拍卖不良资产、转让保险业务，限制董事、监事、高级管理人员的薪酬水平，限制商业性广告，责令停止接受新业务。

第四，保险公司未依照《中华人民共和国保险法》规定提取或者结转各项责任准备金，或者未依照《中华人民共和国保险法》规定办理再保险，或者严重违反《中华人民共和国保险法》关于资金运用的规定的，由保险监督管理机构责令限期改正，并可以责令调整负责人及有关管理人员。如果保险公司逾期未改正，国务院保险监督管理机构可以选派相关人员组成整顿组，对公司进行整顿。整顿组有权监督被整顿保险公司的日常业务，国务院保险监督管理机构也有权责令被整顿公司停止部分原有业务、停止接受新业务，调整资金运用。

第五，有权对偿付能力严重不足，或违反法律规定，损害社会公共利益，可能严重危及或者已经严重危及保险公司的偿付能力的保险公司实行接管。如果被整顿、被接管的保险公司有《中华人民共和国企业破产法》第 2 条规定的情形，国务院保险监督管理机构可以依法向人民法院申请对该保险公司进行重整或者破产清算。

第六，保险公司因违法经营被依法吊销经营保险业务许可证的，或者偿付能力低于国务院保险监督管理机构规定标准，不予撤销将严重危害保险市场秩序、损害公共利益的，由国务院保险监督管理机构予以撤销并公告，依法及时组织清算组进行清算。保险公司在整顿、接管、撤销清算期间，或者出现重大风险时，国务院保险监督管理机构有权对该公司直接负责的董事、监事、高级管理人员和其他直接责任人员采取以下措施：通知出境管理机关依法阻止其出境；申请司法机关禁止其转移、转让或者以其他方式处分财产，或者在财产上设定其他权利。

第七，有权要求保险公司股东、实际控制人在指定的期限内提供有关信息和资料。

第八，保险公司的股东利用关联交易严重损害公司利益、危及公司偿付能力的，由国务院保险监督管理机构责令其改正。在按照要求改正前，国务院保险监督管理机构有权限制其股东权利。拒不改正的，可以责令其转让所持的保险公司股权。

第九，有权与保险公司董事、监事和高级管理人员进行监督管理谈话，要求其就公司的业务活动和风险管理的重大事项作出说明。

第十，保险监督管理机构依法履行职责，有权采取下列措施：对保险公司、保险代理人、保险经纪人、保险资产管理公司、外国保险机构的代表机构进行现场检查；进入涉嫌违法行为发生场所调查取证；询问当事人及与被调查事件有关的单位和个人，要求其对与被调查事件有关的事项做出说明；查阅、复制与被调查事件有关的财产权登记等资料；查阅、复制相关文件和资料，对可能被转移、隐匿或者毁损的文件和资料予以封存；查询涉嫌违法经营以及与涉嫌违法事项有关的单位和个人的银行账户；对有证据证明已经或者可能转移、隐匿违法资金等涉案财产或者隐匿、伪造、毁损重要证据的，经批准，有权申请人民法院予以冻结或者查封。

（四）信托业执法的内容

根据《信托公司股权管理暂行办法》第 5 条的规定，"国务院银行业监督管理机构及其派出机构依法对信托公司股权进行监管，对信托公司及其股东等单位和个人的相关违法违规行为进行查处"。例如，根据《信托公司股权管理暂行办法》的相关规定，中国银保监会对信托业的执法权主要体现在以下几点内容：可以定期或者不定期对信托公司的经营活动进行检查，必要时可以要求信托公司提供由具有良好资质的中介机构出具的相关审计报告；信托公司的董事、高级管理人员和信托从业人员违反法律、行政法规或中国银行监督管理委员会有关规定的，中国银行监督管理委员会有权取消其任职资格或者从业资格；可以与信托公司董事、高级管理人员进行监督管理谈话，要求信托公司董事、高级管理人员就信托公司的业务活动和风险管理的重大事项做出说明；对违反审慎经营规则的信托公司责令限期改正，对逾期未改正的，或者其行为严重危及信托公司的稳健运行、损害受益人合法权益的，可以根据《中华人民共和国银行业监督管理法》等法律法规的规定，采取暂停业务、限制股东权利等监管措施；可以依法对已经或者可能发生信用危机，严重影响受益人合法权益的信托公司实行接管或者督促机构重组；在批准信托公司设立、变更、终止后，发现原申请材料有隐瞒、虚假的情形，可以责令补正或者撤销批准。

第四节 乡村振兴金融相关司法

一、金融司法的概念

司法一般指的是国家司法机关及司法人员依法根据程序和职权，

具体运用法律处理案件的专门活动。金融司法则是指金融领域或者涉及金融相关领域的司法过程，包括公安、检察机关或法院依法对金融民事、行政和刑事案件进行侦查、起诉、审批、执行等。[1] 金融司法是中国全面深化金融改革、促进金融业持续健康发展大局的重要一环，也是在金融领域全面建设法治不可或缺的一步。[2] 金融司法可以依法保护投资者的合法权益，维护社会经济秩序和公共利益，促进金融市场的可持续发展，从而达到金融司法在法律和社会上的有机统一。

二、金融司法发展现状

(一) 金融司法机构

近年来，为落实全面依法治国，完善国内司法体系，法院系统在金融领域进行了一系列探索。在国务院金融稳定发展委员会框架下，通过各方统筹、各方改革，严防系统性金融风险。其中，全面加强金融法治建设，依法监管、依法治乱、依法处置，成为防范风险的重要手段。

1. 金融审判法庭

2008年上海浦东新区法院首设全国第一个金融商事案件专项审判庭，随后北京、江苏、辽宁等省市也先后设立金融审判庭，并以此作为专门性审判庭。其中，上海市在部分中级和基层法院设立了金融

---

[1] 王兰军. 建立独立的金融司法体系，防范化解金融风险. 财经问题研究，2000年第9期.

[2] 朱大旗，危浪平. 关于金融司法监管的整体思考——以司法推进金融法治为视角. 甘肃社会科学，2012年第5期.

审判庭，并在其他法院也设立金融案件合议庭，基本形成较为独立的三级法院金融审判组织体系。通过这种审判机制，上海金融审判庭审理了一系列复杂的金融案件。但金融审判庭也存在一定的不足，即作为普通法院下设的一个部门，其本质上还是与其他法庭没有区别，无法摆脱金融全国性与司法地方性的矛盾；金融审判庭中的人员也来自普通法院内部，审委会委员并非均为金融法专家，难以避免司法不专业化、地方化的问题。[1]

2. 金融法院

2018年3月，习近平总书记主持召开中央全面深化改革委员会第一次会议并发表重要讲话，此次会议审议通过了《关于设立上海金融法院的方案》，设立了国内第一家金融法院——上海金融法院，主要试点集中管辖涉科创板案件，如科创板证券发行纠纷、证券承销合同纠纷、证券上市纠纷、证券欺诈合同纠纷等多个方面。据此，国家出台了全国首个证券纠纷示范判决机制的规定，对示范案件的选定和审理以及示范判决的效力做了明确规定，为示范案件从构想变成现实奠定了制度基础。金融法院作为专门性法院，在案件应对上采取集中管辖制度，而审判机制则大体与其他法院相同。2019年1月，上海金融法院发布了《上海金融法院关于证券纠纷示范判决机制的规定》，制定了全国首个证券纠纷示范判决机制。2020年3月，我国发布了《上海金融法院关于证券纠纷代表人诉讼机制的规定（试行）》，该规定第95条第3款直接赋予了投资者保护机构代表人的诉讼地位，并在诉讼成员范围的确定上采用"明示退出、默示加入"的方式，开创了代表人诉讼的新形式。2020年12月30日，中央全面

---

[1] 王彩萍，张龙文. 国家金融体系结构，中山大学出版社，2021年。

深化改革委员会第十七次会议审议通过了一系列文件，包括《关于设立北京金融法院的方案》，这标志着继上海金融法院后，国内第二家金融专门法院——北京金融法院的落地。① 同时，深圳市在2020年12月30日公布的《中共深圳市委关于制定深圳市国民经济和社会发展第十四个五年规划和二〇三五年远景目标的建议》中也提到推动设立金融法院。

3. 金融司法协同中心

2019年4月，厦门成立了金融司法协同中心，这是全国首家以金融司法为主题、多元协同为核心、资源集聚为特色的联合工作平台，旨在加强金融司法协同，进一步完善金融审判执行体系，防范化解金融风险，营造良好的金融法治环境。厦门金融司法协同中心提出三项金融协同工作：金融风险协同严控、金融纠纷协同化解、金融理论协同研究。厦门金融司法协同中心整合多方资源，兼具司法保障、金融监管、金融服务、行业自治等多项功能，丰富了目前国内以金融审判庭为主的单一金融纠纷化解机构形式，实现金融风险防控合力，成立多元合一的联合工作平台，充分发挥金融领域纠纷多元化解机制作用。

（二）金融司法实践

随着中国经济的快速发展，金融业空前繁荣，相关金融案件数量激增。同时，发生在金融领域的法律案件与纠纷也越发多元化、复杂化和专业化。例如，在司法实践中，金融纠纷已从银行借款合同、票据追索权等传统问题发展到金融衍生品、证券投资、互联网金融等新

---

① 周宝峰. 论民事纠纷刑事化防范体系的有效构建. 内蒙古大学学报（哲学社会科学版），2020年第11期.

型金融纠纷，但最高人民法院在《金融法院管辖规定》之前的《民事案由规定》中并未对独立保函、保理、私募基金、非银行支付机构网络支付、网络借贷等进行明确。① 现实中金融领域的案件风险传导性强、国际关注度高，这给中国的司法机构带来巨大压力。目前国内金融司法机构普遍面临着专业性不强、金融案件审判标准不统一、机构审判范围不明确、审判机制和程序不合理等困境。鉴于此，上海浦东新区法院率先在 2017 年实施了金融商事、行政、刑事一体化的专门审判机制，② 在相关领域进行了有益的探索，促进了金融案件审判标准统一、审判机制和程序科学合理、案件审判效率显著提高。

三、金融司法程序

（一）一般司法程序

根据现行的《中华人民共和国民事诉讼法》，权益受损的金融消费者与金融机构协调未果时可向法院起诉。按纠纷涉及人数，可分为一般诉讼、共同诉讼以及代表人诉讼；按纠纷的复杂程度和涉讼标的额大小，可分为普通诉讼程序和简易程序两种形式。同时，《中华人民共和国民事诉讼法》还确立了公益诉讼、小额诉讼这两种新型诉讼方式。此外，还有一些特别程序，主要包括特别程序非讼事件、特别程序婚姻和亲子关系事件、特别程序行政法律关系事件三类。中国金融案件的一般司法程序与其他普通案件诉讼程序无大差异。就民事案件而言，首先，在立案前进行资料准备，包括起草民事起诉状，准

---

① 杨飞凤. 法律解释假象的浅析. 山东青年，2019 年第 1 期。
② 范一，尹振涛. 上海金融法院对金融业发展的影响. 金融博览，2018 年第 3 期。

备证据资料，对原告和被告的基本信息、诉讼请求、事实理由及管辖法院进行陈述。其次，准备好上述材料后向法院提起诉讼，根据《中华人民共和国民事诉讼法》，符合起诉条件的，法院向原告出具一系列通知书，然后采用直接送达、电话送达、特快专递邮寄送达等方式通知，若无法送达则会进行公告，公示期满后则视为送达。此外，为保障预期生效判决的执行或避免财产损失，人民法院还可进行财产保全，其中包括诉前财产保全和诉讼财产保全。接着就是开庭程序，最后是判决。如果不服判决，则可在收到判决书的第二天起的15天之内上诉；若是不服裁定，可在收到裁定书的第二天起10天内上诉。

（二）上海金融法院司法程序

上海金融法院拥有特定金融案件的管辖权，在中国国情下积极探索满足证券市场司法需求的民事诉讼机制。要在上海金融法院登记立案，首先当事人需来院递交起诉材料，由立案人员核对起诉材料。若符合条件则当场立案；不符合要求的，则出具补正通知书进行指导和释明，一次性告知补正内容，之后再根据补正情况来决定是否立案；不能当场判定起诉是否符合法律规定的，则接收材料，出具材料接受告知书，在7天内做出立案与否的答复。① 除此之外，上海金融法院还开通了网上立案通道，当事人可以通过网站或"上海法院12368诉讼服务平台"在线启动立案流程。上海金融法院还发布了关于证券纠纷代表人诉讼机制的相关规定，对各类代表人诉讼的规范化流程做了系统规定，以提供更加高效、便捷、专业的金融司法服务。

---

① 王彩萍，张龙文. 国家金融体系结构. 中山大学出版社，2021年。

第七章
金融市场基础设施与乡村振兴

第一节 乡村振兴金融硬件设施

金融基础设施不仅是整个金融生态的核心,更是推进乡村金融体系运行的基础条件。一般而言,乡村金融市场基础设施指的是支持"三农"经济相关金融市场和金融中介有效运行的机构、制度、信息和技术,具体包括法律制度、会计与审计制度、信息披露机制、征信机制、支付与清算组织、监管机构等。从这个定义可以看到,通常意义上的金融市场基础设施有硬件和软件两个方面。[①] 其中,乡村金融市场基础硬件设施是指支付清算系统等为金融机构和市场运行提供服务的机构与设施,是乡村金融系统的物质保障。国际清算银行支付与结算委员会和国际证监会组织于 2012 年共同发布了《金融市场基础设施原则》,按照该原则,可以将乡村金融市场的金融基础设施划分为支付系统、中央证券托管系统、证券结算系统、中央对手方、交易

---

① 程炼. 金融科技时代金融基础设施的发展与统筹监管. 银行家,2019 年第 12 期。

数据库等五类。①

按照《金融市场基础设施原则》中的定义，支付系统指的是两个或多个参与者之间资金转账的一套工具、程序和规则，包括参与者和运行上述安排的单位。其通常分为零售支付系统和大额支付系统。零售支付系统通常为处理大量金额相对较小的支付业务的资金转账系统，小额支付业务的形式包括支票、贷记转账、直接借记以及卡支付交易等。② 大额支付系统通常为处理大额和优先支付业务的资金转账系统。与零售支付系统相比，很多大额支付系统由中央银行运行，使用实时金额支付系统或类似机制。中央证券存管提供证券账户、集中保管服务和资产服务，在确保证券发行完整性方面发挥重要作用。证券结算系统通过预先设定的多边规则，支持证券通过簿记系统进行转让和结算。该系统可以在付款后完成证券转让。当以付款为条件过户时，很多系统可以进行付款交割，当且仅当付款完成时才进行证券交割。中央对手自身介入一个或多个市场中已成交合约的交易双方之间，成为每个卖方的买方和每个买方的卖方，并据此确保履行所有敞口合约。③ 交易数据库是集中保存交易数据电子记录的单位，其重要功能是为单个机构和整个市场提供信息，这有助于降低风险、提高经营效率和节约成本。

---

① 尹振涛，潘拥军. 我国金融基础设施发展态势及其统筹监管. 改革，2020 年第 8 期.
② 叶林. 金融基础设施的金融法解读. 社会科学，2019 年第 11 期.
③ 高阳宗. 金融基础设施的核心：支付与市场基础设施发展. 金融博览，2019 年第 21 期.

一、支付清算体系

支付清算体系包括提供支付清算服务的中介机构和实现支付指令及货币资金清算的专业技术手段,是中央银行向金融机构及社会经济活动提供资金清算服务的综合安排。支付清算的本质是货币的转移和债权债务关系的变更,是一切经济活动的最终目标和结果,因此,需要建立完善、高效、严格的架构体系。支付清算体系由支付结算工具、支付清算系统、支付服务组织以及统筹、协调、监督支付清算的法律法规、监管机构共同组成。[①]

(一)支付结算工具

支付结算工具是用于资金清算和结算过程中的一种载体,可以是授权传递支付指令并能进入金融机构账户执行资金划转的证件,也可以是支付发起者合法签署的可用于清算和结算的金融机构认可的资金凭证。[②] 具体包括现金工具和非现金工具,随着网络的兴起,网络支付结算的资金转移成本大幅度降低,非现金工具成为支付清算的主要承担者。

(二)支付服务组织

中国人民银行是中国支付体系的管理部门,其职责包括制订全国支付体系发展规划,统筹协调全国支付体系建设,会同有关部门制定

[①] 刘向明,童领,孙宇. 民间融资风险与支付市场监管关系研究——以陕西省榆林市为例. 西部金融,2015 年第 9 期。

[②] 黄立文. 我国支付工具发展的瓶颈因素分析. 中国外资,2014 年第 4 期。

支付结算规则,负责全国支付、清算系统的正常运行。① 目前人民币支付清算组织为银联和网联,都受中国人民银行的监管。银联即中国银行卡联合组织,借助银联跨行交易系统,促进商业银行系统间的联通和资源共享,为银行卡跨行、跨地区和跨境使用提供支持。网联即非银行支付机构网络支付清算平台,搭建共有转接清算平台,服务于支付宝、财付通等非银行的第三方支付机构,并通过网联统一和商业银行系统进行互联。

(三) 支付结算监管及法律法规

支付清算系统是中国经济金融最重要的基础设施之一,对促进国民经济健康平稳发展发挥着越来越重要的作用。因此,在法律层面规范和引导支付结算体系,在监管层面不断监督法规的落实,促进支付结算体系平稳运行,对于国民经济的发展是极度重要的。支付结算系统的法律法规主要可以分为基础法律法规、支付结算系统法律法规和支付结算业务法律法规。基础法律法规涉及《中华人民共和国票据法》《中华人民共和国人民币银行结算账户管理办法》《支付结算办法》;支付结算系统法律法规有《大额支付系统业务处理办法》《大额支付系统业务处理手续》《中国现代化支付系统运行管理办法》《中国人民银行自动质押融资业务管理暂行办法》等;支付结算业务法律法规有《客户交易结算资金管理办法》《非金融机构支付服务管理办法》《银行卡收单业务管理办法》《支付机构付卡业务管理办法》等。②

---

① 石海城. 汲取百年党史智慧力量 构建现代化金融基础设施. 青海金融, 2021年第4期.

② 王彩萍, 张龙文. 国家金融体系结构. 中山大学出版社, 2021年.

（四）支付清算系统

1. 央行支付清算系统

中央银行现代化支付系统具有完成支付体系中金融机构间资金清算的职能，是支付体系的基础和核心。具体包括：

（1）大额支付系统

该系统是现代化支付系统的重要组成部分，主要用于处理单笔金额在5万元以上的跨行普通汇兑或5万元以下的跨行紧急汇兑业务，同时还负责处理国库资金汇划，资金拆借市场、证券买卖、外汇交易等金融业务的资金清算，现金存取、缴存款、再贷款等中央银行业务的资金清算以及同城票据交换净额清算等，是大额资金汇划清算的主渠道。[①] 大额系统实行对支付指令逐笔发起、全额清算的方式，加快了大额资金汇划到账及社会资金周转的速度。

（2）小额支付系统

该系统是现代化支付系统的主要组成部分，主要用于处理单笔5万元以下的普通贷记业务和定期扣划业务。与大额支付系统相比，小额支付系统采取了批量发送业务、定时清算轧差的业务处理方式，故其资金划拨的实时性没有大额支付系统高。小额支付系统的主要优势在于其支持的支付业务种类繁多，可以处理与单位和个人相关的业务，且划款费用低廉。

（3）网上支付跨行清算系统

网上支付跨行清算系统一般支持一定金额以下的网上支付、移动支付等新兴电子支付业务的跨行（同行）交易，逐笔、实时发送，

---

① 中国人民银行南京分行清算中心课题组. 支付清算系统数据治理及指数编制研究. 金融纵横，2022年第2期。

定时清算，客户在进行支付操作时，可以实时获知处理结果。该系统为符合条件的非金融支付服务组织提供公共清算平台。

（4）同城票据交换和清算系统

同城票据交换由中国人民银行分支行组织运行，主要处理支票等支付工具的交换、清分和轧差清算。同城清算系统主要处理同城贷记支付业务和定期借记支付业务的清分和轧差清算。

（5）境内外币支付系统

该系统作为中国人民银行建设运行的、支持多币种运行的全国性银行间外币实时全额结算系统，为中国境内的银行业金融机构和外币清算机构提供外币支付服务，支持美元、港币、日元、欧元、澳大利亚元、加元、英镑和瑞士法郎八个币种的支付与结算，资金结算通过代理结算银行处理。代理结算银行由指定或授权的商业银行担任，代理资格实行期限管理。

2. 金融市场交易系统

境内金融市场交易系统主要完成交易成员之间的资金划付和金融工具交割功能。具体包括：

（1）中央国债登记结算公司业务系统

该系统服务于全国银行间债券市场，提供国债、金融债券、企业债券和其他固定收益证券的登记、托管、交易结算等服务，通过与大额支付系统连接，实现债券交易的票款对付结算。

（2）上海清算所综合业务系统

上海清算所综合业务系统是上海清算所的核心业务系统，主要功能包括债券簿记、债券实时逐笔清算、现券净额清算、人民币外汇即期竞价等方面。此外，综合业务系统还具备债券回购交易中央对手清算、债券交易代理清算、外汇远期和掉期中央对手清算、外汇交易代理清算等功能。该系统在现有生产系统的基础上进行了全面的升级，为上海清算所提高服务质量服务和水平，更好地服务银行间市场的创新和发展，更好地支持上海国际金融中心建设，提供了有力的支持与保障。

(3) 全国银行间外汇交易系统

其交易系统包括电子竞价交易系统、询价交易系统。前者在会员自主报价的基础上按照"价格优先、时间优先"的原则撮合成交。后者为会员根据"双边授信、双边清算"原则直接进行交易币种、汇率和金额等交易要素磋商提供技术便利。人民币资金清算通过中国人民银行支付系统办理，外币资金清算通过境外清算系统办理。[1]

(4) 全国银行间拆借交易系统

银行间本币市场目前由拆借市场和债券市场组成。通过信用拆借、债券回购、债券买卖、债券远期交易等途径，金融机构利用银行间市场管理资金头寸、调整资产负债结构和进行投资理财。

(5) 中国票据交易系统

中国票据交易系统作为全国统一的票据业务交易平台，为票据市场参与者提供票据登记托管、报价交易、清算结算、风险管理、信息服务等全方位服务。引入了非银行金融机构和非法人产品，创设了票据信用主体概念，实现了直通式处理和票款对付结算机制，有效防范了操作风险，极大提高了交易效率，为上海票据交易所的业务发展奠定了坚实的基础。

(6) 中央证券登记结算公司业务系统

中央证券登记结算公司业务系统负责上海证券交易所和深圳证

---

[1] 吴术，李心丹，张兵. 基于计算实验的卖空交易对股票市场的影响研究. 管理科学，2013年第4期。

交易所等证券市场中各类证券交易的证券结算，证券交易对应的资金结算则通过银行业金融机构行内业务系统完成。

二、金融信息服务系统

(一) 金融信息服务系统概述

科技信息系统是串起金融基础硬件设施的重要保障，是保证中央证券存管机构、证券结算系统、中央对手方、交易报告库等系统安全、稳定、高效运行的技术支撑。这个概念与当下流行的"金融科技"有许多不谋而合之处，但又有些许不同。根据金融稳定理事会的定义，金融科技主要是指由大数据、区块链、云计算、人工智能等新兴前沿技术带动，对金融市场以及金融服务业务供给产生重大影响的新兴业务模式、新技术应用、新产品服务等。金融基础硬件设施的科技信息系统所指的信息技术范围更广，不局限于新兴前沿技术带动，也不强调新兴的业务模式等，侧重于追求各基础设施、系统之间协调高效运行的信息技术，职责在于保障和支持金融市场、金融中介、金融监管有效运行。[1] 科技信息系统的主要作用包括以下四个方面。

1. 提高风控水平，辅助金融机构决策

科技信息系统有助于将大量碎片化的信息进行智能化整合，用于判断用户的信用情况和偿还能力，为金融机构决策提供支持。

2. 增强金融惠民，提升金融服务效率

随着科技信息系统的不断完善，金融机构可以更加便捷地通过自

---

[1] 吴鼎纹，肖峻，王红建. 银行金融科技与企业社会责任：挤出还是平衡？. 财务研究，2022年第6期。

助柜台、手机等方式自主、快速地提供服务。如各大商业银行的 App，已经实现在线理财、信用卡申请、信息完善与更新、快速借贷等服务，无须前往线下服务网点。近年来，银行等金融机构的"智慧柜台"数量快速上升，人工窗口服务的权重开始下降，服务效率不断提高。

3. 推动金融机构转型，促进业务和模式变革

以机器来逐步实现目前由人类智慧才能完成的任务是科技发展的中长期大趋势。现阶段在金融科技实践层面，包括破除大数据资源孤岛、底层非结构化数据的海量存取、分析管理、云计算软硬件设备和机器深度学习等都已经完成了筑基动作，基本能够成熟商用。基于人工智能和大数据的"深度学习"神经网络，在未来可以替代人工进行"智能投顾"，依据资金属性和风险偏好智能化地给出股票投资组合和交易策略，并依据市场实际情况向投资者推送消息。进一步地，还可以基于投资者个人的财务状况和风险回报需求进行个性化理财分析。基于以上分析，金融机构的发展思路会从商业模式创新不断向科技赋能方向转移。

4. 提高金融监管能力，完善监管机构的监督作用

得益于科技信息系统的发展，金融监管机构可以实现全面、实时、快速的行为追踪和监控，降低金融监管的难度，提高监管效率和质量。

（二）央行数字货币

目前，在金融科技方面最值得关注的方向之一是数字货币。数字货币可被认为是一种基于节点网络和数字加密算法的虚拟货币。[1] 目

---

[1] 宋旭光，花昀，何宗樾. 区块链技术对国民经济核算发展的影响. 统计研究，2021 年第 2 期。

前市场上存在的由市场私人主体发行的诸如比特币等数字货币，由于缺乏国家信用的背书，其"价值"主要在于投机炒作。与普通数字货币不同，中国央行数字货币是经国务院批准计划发行的法定数字货币。① 除了以广义账户体系为基础、支持银行账户松耦合两大特点外，央行数字货币还具有六大个性设计：一是双离线支付，即在网络信号不佳场所也可以满足电子支付需求；二是安全保障，即数字货币可提供挂失功能；三是多终端选择，使用者可以同时选择 IC 卡、功能机或者其他的硬件作为替代方案；四是多信息强度，根据掌握客户信息的强度差异，将数字货币钱包分成多个等级；五是点对点交付，通过数字货币智能合约的方式，可以实现定点到人交付，从而杜绝虚报冒领、截留挪用的可能性；六是高可追溯性，在有权机关严格依照程序出具相应法律文书的情况下，进行相应的数据验证和交叉比对，为打击违法犯罪提供信息支持。②

三、网络金融服务

网络经济是在 20 世纪以来以信息技术为主要标志的新技术革命的推动下迅速发展的全新经济形态。随着计算机网络的广泛应用，很多金融活动也逐渐开始选择在网上进行。网络金融服务即存在于网络空间中的金融服务活动，它不同于传统的以物理形态存在并进行的金融服务，其存在形式以及运行方式都依赖于网络。网络金融服务是新时代不断发展的网络技术与现代金融相结合的必然产物，是适应新的

---

① 刘秋万. 区块链技术发展与银行业应用. 金融电子化，2016 年第 6 期。
② 贺俊铭. 区块链技术在成本调查与监审信息化中的应用研究——基于四川省成本调查与监审工作视角的前瞻分析. 价格理论与实践，2021 年第 S1 期。

网络经济大环境的实际金融运营模式，也将是未来金融行业发展的重要领域。网络金融服务包括传统金融机构提供的网络化金融服务和金融软件等通过公共信息网络提供的各种形式的金融服务，主要有网络银行、网络证券与网络保险、电子货币等。

（一）网络银行

网络银行最初诞生于美国，用户利用网络进行银行业务操作。随着网络银行从最初的电话银行发展到 PC 银行、WAP 银行，人们对网络银行的认识不断深化，但没有一个统一的定义，并且不同国家的网络银行涵盖范围也有所不同。网络银行一般情况下存在两种建立模式。

1. 基于传统业务的互联网工具模式

该建立模式是原有传统商业银行以互联网为工具，通过银行网络站点或客户端应用向个人或者企业客户提供的在线服务，这种网络银行的分支机构密集，人员众多，在提供传统银行服务的同时提供网络上的金融服务，形成营业网点、ATM 机、POS 机、电话银行、网上银行的综合服务体系。目前，中国以这种形态的网络银行为主。

2. 新兴互联网直营模式

另一类建立模式是在传统银行之外兴起的以互联网技术为依托的信息时代崛起的直接银行。这类银行一般只有一个办公地点，无分支机构，无营业网点，采用电话、互联网等技术手段与客户进行联系，提供全方位的金融服务。随着网络银行的不断发展，其所提供的网络金融服务也不断多元化。总体而言，其网络银行服务涉及将传统商业银行线下服务网络化以及基于互联网特点进行创新业务两大类别，具体包括公共信息发布、客户咨询投诉、账户查询、申请与挂失、网络支付功能以及金融创新等多个方面的功能。

（二）电子货币

货币产生后，随着生产力水平的不断提高，货币的形式也经历了商品货币—金属货币—信用纸币—电子货币的变化。电子货币是以数据或电子形式存在，通过计算机网络传输实现流通和支付功能的货币，是信息网络技术和现代市场经济高度发展要求资金快速流通的产物。电子货币具有交易方便快捷、处理简单、简化国际汇兑、安全性较高等优势，并且同传统货币一样，其职能上具有充当价值尺度、流通手段、储存手段、支付手段的作用。主要包括以下类别。

1. 电子支票

电子支票是客户向收款人签发的、无条件的数字化支付指令。所谓电子支票，也称为数字支票，是将传统支票的全部内容电子化和数字化，形成标准格式的电子版，借助计算机网络完成其在用户之间、银行与客户之间的传递与处理，从而实现银行客户间的资金支付结算。由于依托互联网，电子货币具有很多优势，如电子货币的发行与处理更为及时，节省了很多时间；减少了处理纸质支票的费用；减少了支票被退回的情况；不易丢失或被盗且不需要安全储存。

2. 电子信用卡

电子信用卡是一种由银行发行，并由银行提供电子支付服务的手段。信用卡具有购物消费、信用借款、转账结算、汇兑储蓄等多项功能。信用卡可以采用刷卡记账、POS 结算、ATM 提取现金等多种支付方式。相比于其他的付款形式，信用卡的发行范围广泛，使用简单，能给消费者提供良好的保护，且货币兑换方便。网络上的信用卡机制简单易学。为了保证信用卡的付款安全，过去的几年间建立了两个标准，即安全套接层标准和安全电子交易标准。

3. 电子钱包

在中国，电子货币的主要形式就是电子钱包，电子钱包是在小额购物时常使用的支付工具。电子钱包是个人电子货币数据储存的信息库，也是中国"金融联"支付网关的配套工具。"金融联"是全国商业银行等金融机构互联网的电子结算中心，在金融业发达和电子化程度很高的地区都有分支机构。通过电子钱包，用户可以用"金融联"入网银行的任意一张银行卡完成网上支付。电子钱包系统包括电子计算机系统、智能卡、刷卡设备、电子钱包服务系统、电子钱包微型阅读器、电子钱包终端以及其他协调统一的相关设备等。

（三）网络证券与网络保险

网络证券是以互联网为平台，运用信息技术对证券公司业务流程、证券发行与交易进行重组，为客户提供全方位证券投资服务的一种经营模式。网络证券包含三大部分：网上证券的发行服务、网上证券交易服务和网上客户理财服务。其内容具体为网上路演、网上信息披露、网上证券资讯、网上证券行情、网上证券交易、网上基金投资和网上理财等。涉及对象有证券公司、客户与上市公司、网络产业服务商与商业银行。

网络保险是指保险信息咨询、保险计划书设计、投保、缴费、核保、承保、保单信息查询、保权变更、续期缴费、理赔和给付等一系列保险相关业务全流程的网络化。无论是从概念、市场还是经营范围来看，网络保险都有广阔的发展空间。网络保险是一种以计算机网络为媒介的新兴保险营销模式，有别于传统的保险代理人营销模式，是保险公司或新型网上保险中介机构以互联网和电子商务技术为工具来支持保险的经营管理活动。

第二节 乡村振兴金融软件设施

一、基本概念

乡村金融市场基础设施中的软件设施是指约束与支持金融运行的各种制度与规则，从大的范围看，可以划分为三类：法律基础设施、会计基础设施和监管基础设施。这些基础设施的正常运作是在银保监会、证监会、中国人民银行等国家机构的监督下建设和完善的。法律基础设施是金融基础软件设施的核心，完善的金融法律为金融市场的健康运转提供有效保障。其涉及范围广，包括金融领域相关的法律法规、规章制度。高效的法律基础设施还必须有高效的执法、司法与之相配套。

会计基础设施是良好金融基础软件设施的重要组成部分。在市场经济条件下，会计工作不仅为各利益相关方了解企业经营提供了详细的信息，也有助于相关方对经济影响做出判断和决策。如果无法获取企业经营状况的充分信息，市场约束就无法产生效力，因此，相应的会计、审计制度必不可少，需要有权威的会计师事务所和审计机构参与其中的运作。

监管制度也是金融基础软件设施的重要组成部分。现代金融监管的目的在于促进金融市场信息效率的提升，保护消费者权益，保持系统稳定运行。这对监管制度提出了更高的要求。具体而言，监管制度应从以下五个方面强化建设：一是监管应独立于政治行为；二是监管制度要给予主动保护存款、保险资金和税收资金的监管者以激励；三是监管者的责任意识要强；四是监管者要同时关注银行的风险形势以及风险管理过程；五是金融监管应利用好市场工具。

在以上三大金融基础软件设施的互相配合下，国家金融体系构建了包括信息披露机制、征信机制、评级机制、信用机制在内的各类准则、协议、标准、方法等。① 这些都属于国家金融基础软件设施，能够保障金融市场基础硬件设施的平稳运行和金融体系的稳定。

二、金融法律体系

金融法是调整金融关系的法律的总称。金融关系由金融监管关系与金融交易关系组成。前者主要指政府金融主管机关与金融机构、金融市场、金融产品及金融交易的监督—管理的关系。后者主要指在货币市场、证券市场、保险市场和外汇市场等各种金融市场之间，金融机构之间，金融机构与大众之间，大众之间进行的各种金融交易的关系。具体而言，金融法是银行法、证券法、票据法、保险法、外汇管理法等的总称。②

（一）银行法

银行法是调整银行和非银行金融机构的主要组织和业务行为的法律规范的总称。银行法按不同的标准，可以划分成不同的类别。例

---

① 刘妍. 大学生信用素养现状调查——基于上海某高校的实证分析. 国家教育行政学院学报，2009 年第 10 期。

② 张晓红. 美国金融监管漏洞对我国金融法建设的启示. 特区经济，2011 年第 6 期。

如，按银行的类型，银行法可以分为中央银行法、普通银行法和非银行金融机构法；按银行的运作情况，银行法可分为银行组织法和银行活动法。目前，中国银行法相关的立法包括《中华人民共和国中国人民银行法》《中华人民共和国商业银行法》。银行法由调整对象决定，兼具公法、私法特征，主要为经济法；调整方式涉及刑事、民事、行政等。银行法在中国金融法律体系中具有重要的功能与作用，它确认了普通银行的法律地位，强化了中央银行的地位，同时能够建立健全银行组织体系以规范银行的经营和防范风险。

(二) 证券法

软件设施是调整证券发行和流通中发生的资金融通关系的法律规范的总称。证券法依据不同的角度亦有不同的分类：从静态上，可以分为债券法和股票法；从动态上，即从证券融资的运作过程来看，可以分为证券发行法和证券交易法。目前，证券法和有关规定的调整范围主要限于股票、债券、基金以及国务院依法认定的其他证券，其调整对象为该类证券发行与交易中产生的社会关系。证券法的颁布促进了证券发行和交易行为的规范化，有利于保护投资者的合法权益，维护社会经济秩序和社会公共利益。

(三) 票据法

票据法是调整票据关系的法律规范的总称。广义的票据法是指涉及票据关系调整的各种法律规范，既包括专门的票据法律、法规，也包括其他法律、法规中有关票据的规范。一般意义上所说的票据法是指狭义的票据法，即专门的票据法规范。它是规定票据的种类、形式和内容，明确票据当事人之间的权利与义务，调整因票据而发生的各种社会关系的法律规范。票据法以票据关系为调整对象,票据关系是因为票据的签发、转让、承兑、保证等形成的以金钱利益为内容的财产关系。票据关系是财产关系,具有司法上财产关系的基本特点,理应受私法调整。① 同时,票据关系又具备私法上物权关系、一般债权关系所不具有的特点,难以用物权法、债权法加以规范。

(四) 保险法

保险法有广义和狭义之分。广义的保险法包括专门的保险立法和其他法律中有关保险的法律规定;狭义的保险法则指保险法典或在民法、商法中专门的保险立法,通常包括保险企业法、保险合同法和保险特别法等内容,另外国家将标准保险条款也视为保险法的一部分内容。通常所说的保险法指狭义的保险法,它一方面通过保险企业法调整政府与保险人、保险中介人之间的关系;另一方面通过保险合同法调整各保险主体之间的关系。在中国,保险法还有形式意义和实质意义之分,形式意义指以保险法命名的法律法规,即专指保险的法律和法规;实质意义指一切调整保险关系的法律法规。

(五) 外汇管理法

外汇管理法又称外汇管制,通常涉及一个国家对外汇买卖和国际结算实施的限制性政策,以维持国际收支平衡和汇率水平稳定。外汇管理法是指调整外汇管理活动中发生的社会关系的法律规范的总称。这些法律规范主要存在于中国的相关行政法规和部门规章之中。

---

① 曾红. 我国中小商业银行票据业务发展策略研究. 全国流通经济, 2019 年第 33 期。

三、信息咨询服务类金融中介

金融中介是借助金融机构的服务将储蓄者的资金转移给最终的资本投资者的间接融资者。[1] 金融中介机构从贷款者手中借入资金，之后再将资金贷放给借款者，通过自身的经营活动对整个国民经济起着增量增加和存量调整的作用。金融中介在构造和活化金融市场的同时，活化了整个社会经济。[2] 金融中介按照在金融活动中所起的作用，可分为融资类金融中介、投资类金融中介、保险类金融中介、信息咨询服务类金融中介。信息咨询服务类金融中介是指以合同关系为基础，以知识、信息、经验、技术和技能为载体，针对特定的对象进行财务分析、信用调查等经营活动，为客户提供金融信息、咨询建议和策划方案的专业信息咨询服务机构。信息咨询服务类金融中介主要包含会计师事务所、资信评级机构、征信公司等。信息咨询服务类金融中介在金融活动中可以避免因不对称信息而引发的信用风险，促进储蓄资金向投资的有效转化，减少或控制不对称信息的影响。

（一）会计师事务所

会计师事务所是指依法独立承担注册会计师业务的中介服务机构，是由有一定会计专业水平、经考核取得证书的会计师组成的，受当事人委托而承办有关审计、会计、咨询、税务等方面业务的组织。中国会计师事务所在改革开放以后加速成长，总的来说，尽管起步慢

---

[1] 朱慈蕴. 论金融中介机构的社会责任——从应对和防范危机的长效机制出发. 清华法学，2010 年第 1 期.
[2] 管仁勤. 金融中介及其在社会经济中的作用. 社会科学，2003 年第 10 期.

且发展滞后，但正逐渐成熟且在中国的经济活动中占有日益重要的地位。中国的会计师事务所通过对外交流合作，不失时机地采取"请进来""走出去"的方式，加强与各国、各地区以及国际会计职业组织的交流，积极学习和借鉴行业管理经验；加强执业界之间的交往与合作，在世界范围内吸收最先进的审计理念、技术、方法和事务所管理经验；积极参与会计职业组织的国际事务，提升行业形象和国际影响力。[1] 近年中国大力开展与境外职业组织的人才培养合作，实施会计准则国际趋同战略，推动会计师事务所走向国际，开拓国际市场。

（二）资信评级机构

资信评级是由专门机构根据规范的指标体系和科学的评估方法，以客观公正的立场，对各类市场的企业、金融机构和社会组织等参与者及各类金融工具的发行主体履行各类经济承诺的能力及可信任程度进行综合评价，并以一定的符号表示其资信等级的活动，它是建立在定量基础上的定性判断。[2] 这些专门机构对发行证券的企业所处的产业部门、企业本身的经济金融状况、证券的收益率和安全性及担保情况等进行合理的分析后，就各个因素逐个打分，予以加权，然后评出各个等级。证券投资者则根据它们的评级酌情进行投资。中国的资信评级机构是从1987年左右开始发展的，虽起步较晚，但是经过调整阶段后，目前中国的资信评级机构处于迅速发展的阶段。信用评级在增强企业信用意识、提高投资透明度、促使证券市场规范发展等方面具有十分重要的作用。对投资者而言，信用评级可以揭示债务发行人

---

[1] 陈毓圭. 我国注册会计师行业发展的四个阶段. 中国注册会计师，2008年第11期。

[2] 武利红. 国内C2C电子商务信用评价模型研究. 情报探索，2012年第8期。

的信用风险,起到防范并降低投资者所面临的信用风险、协助投资者进行投资决策和提高证券发行效率的作用。① 对发债人而言,信用评级首先可为其降低融资成本。高等级的信用可以帮助企业较方便地取得金融机构的支持,得到投资者的信任,进而扩大融资规模,降低融资成本。同时,信用评级是监管部门监管的重要参考依据。

(三) 征信机构

征信机构是指依法设立的、独立于信用交易双方的第三方机构,专门从事搜集、整理、加工和分析企业或个人信用信息资料的工作,出具信用报告,提供多样化征信服务,帮助客户判断和控制信用风险等。② 征信机构是征信市场的支柱,在现代市场经济条件下扮演着至关重要的角色,是信息不对称情况下扩大市场交易规模的必要前提。若没有征信机构承担该社会功能,社会信用很难充分发挥作用。按所有权性质的不同,征信机构的组织模式可以分为公共征信机构、私营征信机构和混合型征信机构。其中,公共征信机构起源于欧洲,是指由中央银行建立的公共信用信息登记系统,采集商业银行的信贷信息,为商业银行、中央银行和其他金融监管部门提供有关个人、企业乃至整个金融系统的负债情况。私营征信机构是指产权私有、市场化运作的征信机构,包括由商会、银行协会经营的征信机构,一般独立于政府和大型金融机构之外,主要为商业银行、保险公司、贸易和邮购公司等信息使用者提供服务。混合型征信机构一般指由政府部门或行业协会等运作、建立在会员互惠互利基础上的征信机构,或者由政

---

① 秦岐. 信用评级重在公平公正. 中国金融家. 2012 年第 5 期。
② 王仁厚,韩雨霏. 加快推进小微企业征信体系建设的思考. 征信,2016 年第 1 期。

府作为征信数据库的所有者拥有所有权，但以民营方式进行市场化运作的征信机构。混合型征信机构在提供信息时一般需要收费，以保证其可持续发展。

第三节 乡村振兴金融基础设施功能设置

一、金融基础设施的作用

作为乡村金融体系的重要组成部分，涉农金融基础设施在连接金融机构、保障市场运行、服务实体经济、防范金融风险等方面能够发挥至关重要的作用，是现代化乡村金融体系的关键要素。因此，乡村振兴金融基础设施建设和发展水平直接关系到能否更好地发挥金融功能，保障乡村金融市场要素供给，推动现代化乡村振兴战略的实施。[1]

（一）"压舱石"作用

完善的乡村振兴金融基础设施是保障支持乡村振兴金融体系健康运行的"压舱石"。金融基础设施为乡村振兴金融市场稳健高效运行提供基础性保障，交易平台、支付体系、结算系统等硬件设施与法律法规、会计原则等制度软约束在金融体系中居于十分重要的地位。[2] 这些因素彼此协调配合，共同打造良好的乡村金融生态体系，

---

[1] 何德旭. 优化金融服务结构提升金融服务质量. 银行家，2019 年第 6 期。
[2] 张永亮. 金融科技视阈下金融基础设施域外适用的法治保障. 法治研究，2021 年第 5 期。

支撑乡村金融体系功能的正常发挥。[①]

(二)"催化剂"作用

高效的乡村振兴金融基础设施是促进乡村振兴产业经济发展、农户家庭增收、市场高效配置的"催化剂"。作为涉农金融工具价格发现机制的载体,乡村振兴金融基础设施通过记录信息、集中报价等市场化手段撮合交易,提高乡村金融资源配置效率。高效规范的金融基础设施能够提高资本流动的效率,更好地服务于涉农企业、农户等乡村振兴参与主体,促进乡村产业发展、农业技术创新、涉农金融制度变革。同时,高效运行的乡村振兴金融基础设施还能充分调动城乡市场要素流通,加快城乡经济互动与交流,全面推动中国经济整体发展。

(三)"助推器"作用

良好的乡村振兴金融基础设施是为乡村振兴提供高质量金融服务的"助推器"。目前,信息不对称是造成涉农企业和农户"贷款难"与涉农商业性金融机构银行"难贷款"的深层原因之一。加快对乡村金融基础设施提档升级可以弥补市场调控的缺陷,通过建立公共征信服务平台,加强政、银、企(户)投融资信息共享,有效提高金融服务实体经济的效率,加快乡村金融市场建设。

(四)"隔离墙"作用

加快金融基础设施建设是深化金融供给侧结构性改革的必然选择,也是实现经济高质量发展的必由之路。规范的乡村振兴金融基础

---

① 杜一华. 我国多层次资本市场发展路径分析. 中国流通经济, 2020 年第 7 期.

设施是确保乡村振兴国家战略有序、稳步推进的"隔离墙"。乡村金融市场目前仍存在较大的不确定性,而历次国际金融危机的爆发皆与金融基础设施不健全、不完备有关。因此,乡村振兴金融基础设施越发达、越规范,往往意味着越能识别中国农村发展中的风险和隐患,以国家为主导的乡村金融市场也能更好地应对外部冲击。总的来说,乡村振兴金融基础设施是整个乡村金融生态的关键。[①] 乡村金融市场金融基础设施健全,对乡村金融市场稳定、安全、高效运行具有十分重要的意义。

二、乡村金融基础设施体系

长期以来,中国乡村金融基础设施体系建设都尚处于发展阶段,无论是硬件架构,还是制度建设,都有待进一步完善,以为金融市场稳健运行提供有效保障。我国央行和证监会积极推动相关政策落实完善,当前涉农金融基础设施体系与中国金融基础设施基本重叠,主要包括以下方面。

(一)央行主导金融基础设施

央行体系基础设施包括中央国债登记结算公司(成立于1996年)、银行间市场交易商协会(成立于2007年)、外汇交易暨同业拆借中心(成立于1994年)、银行间市场清算所(成立于2009年)、北京金融资产交易所(成立于2010年)、上海黄金交易所(成立于2002年10月)以及上海票据交易所(成立于2016年12月)等。

---

① 张永亮. 金融科技视阈下金融基础设施域外适用的法治保障. 法治研究,2021年第5期。

(二)证监会主导金融基础设施

证监会主导金融基础设施包括中国证券登记结算公司(成立于2001年)、上海证券交易所(成立于1990年)、深圳证券交易所(成立于1991年)、中国金融期货交易所(成立于2006年)、郑州商品交易所(成立于1990年10月)、上海期货交易所(成立于1990年11月)、大连商品交易所(成立于1993年2月)、上海能源交易所(成立于2013年11月)、中国证券投资基金业协会(成立于2012年)、全国中小企业股份转让系统有限责任公司(成立于2012年)、中证机构间私募产品报价与服务系统(成立于2013年),以及全国36家区域股权交易中心。

(三)地方金融基础设施

目前我国地方金融资产交易所(简称"金交所"),或称"金融资产交易中心"(简称"金交中心"),是由地方政府(省、市政府)批准设立的综合性金融资产交易服务平台,而地方政府设立金交所的目的主要是盘活和处置各地流动性差的金融资产,建设多层次资本市场,解决微观主体融资难问题。截至2020年,全国共有70家金交所(含金交中心和互联网金交中心),包括含金交所12家,金交中心50家,互联网金交中心8家。金交所中交易的资产种类较为多元,但多属于非标资产,如应收账款、不良资产、小贷资产收益权、融资租赁收益权、商票收益权、股权转让、实物转让等。目前金交所的主要业务产品为债权收益权转让、定向融资计划和不良资产处置等。从地域分布来看,这70家金交所主要分布在24个省市,其中山东省最多,有8家;其次是浙江、江苏、山西和陕西,各有6家;贵州、辽宁和广东各有5家。从这70家金交所的股东背景来看,国资控股的金交所最多，有33家，占总数的47.14%；其次是国资参股的金交所，有17家，占总数的24.3%；民营系有13家，占总数的18.6%；上市控股和上市参股的金交所分别占比8.6%和1.4%。

此外，地方金融基础设施还包括新三板、新四板，它们与金交所共同构成证监会体系的场外市场。[①] 例如，重庆股份转让中心是在中国证监会大力发展我国多层次资本市场的总体背景下成立的，其具体职责包括培育挂牌企业资源、促进企业改制、推荐企业进入代办股份转让系统挂牌、根据授权对挂牌企业进行监管、防范化解风险等方面。作为重庆区域性股权市场的主体，重庆股份转让中心以"重庆市乡村振兴板"开板为契机，充分发挥多层次资本市场资源配置作用，吸引社会资源参与乡村振兴，着力孵化培育优质涉农企业，引导农业企业规范发展，加快推进农业农村现代化。重庆市以推动乡村振兴领域企业上市为重要牵引，已成功培育了涪陵榨菜、洪九果品等多家涉农企业，这些企业在境内外资本市场成功上市。截至2023年2月，重庆市培育区县级以上农业龙头企业3762家，一批带农作用突出、综合竞争力强、稳定可持续发展的领军型企业竞相涌现，已挂牌上市涉农企业45家。在大力支持企业上市的热潮中，在后续上市梯队中，还有中垦乳业、恒都集团等23家优质涉农企业。可见，重庆股份转让中心作为代表性的地方金融机构，在推动更多涉农企业更快更好地迈向更高层次的资本市场方面发挥了积极作用。

（四）金融业保障基础设施

金融业保障体系是有效处置防范突出风险点，不断完善金融风险防控体制机制，深化金融体制改革，化解金融风险，有力维护金融稳

[①] 杜一华. 我国多层次资本市场发展路径分析. 中国流通经济，2020年第7期。

定大局的重要部分。加快推进金融稳定保障体系建设，就要继续按照"稳定大局、统筹协调、分类施策、精准拆弹"的方针，加强金融风险处置机制和能力建设，强化监测、预警、评估，推动金融风险早发现、早纠正、早处置，持之以恒做好风险防范化解工作，坚决守住不发生系统性金融风险的底线。[1] 目前我国金融业保障体系还处在发展阶段，已经形成了由成立于 2008 年的保险保障基金有限责任公司、2015 年的信托业保障基金有限责任公司及 2019 年的存款保险基金管理有限责任公司等机构组成的体系。

第四节　乡村振兴金融科技与信用体系

一、金融科技助力乡村振兴信用体系的重要性

（一）减少信息不对称，为涉农经营主体提供多元金融产品和服务

对于金融机构而言，服务于乡村地区的业务存在高成本、高风险的难题，致使金融服务难以真正沉降到乡村地区，农村居民长期被排斥在正规金融体系之外，存在融资难、融资贵的问题。首先，农村地区居民的征信信息不完善，且缺乏可作为抵押担保物的个人资产，这使得乡村金融机构的风控难度较大。在市场机制之下，乡村金融机构

---

[1] 姚红. 提升内控合规管理效能. 中国金融，2022 年第 23 期。

在开发针对农村用户的金融产品方面激励不足,且分支机构的产品开发能力不足、产品开发权限较低,进一步遏制了农村金融产品的针对性创新,制约了农村金融产品市场的发展。此外,由于农村居民往往居住得较为分散,部分农村居民的居住地点较为偏远,金融机构工作人员在信息征集、背景调查、提供金融服务方面受到自然条件的阻碍。农村金融服务网点数量少、分布分散、服务积极性不高等也使得农村居民难以主动融入现代金融体系之中,金融机构与农村居民之间存在较强的信息壁垒,造成农村金融服务的规模不大。

金融科技赋能乡村金融有助于解决农村用户与金融机构之间长期存在的信息不对称问题。首先,金融互联网和智能金融终端的全面接入有利于实现金融服务对象与金融机构之间的实时信息互通,有效降低金融机构与农村金融用户之间的信息沟通成本和交易成本,提升农村金融服务效率。其次,依托互联网、大数据、云计算、区块链等科技手段的金融科技,可以通过农村居民网络消费、社交媒体使用等进行全方位的用户画像刻画,从而解决征信信息不足所导致的风险控制难题,缓解金融机构与农村金融用户之间的信息不对称,扩展农村金融服务的用户范围。最后,有金融科技加持的数字金融具备鲜明的普惠性特征,能够将金融服务的链条有效延伸至传统的长尾用户,以"薄利"和"微利"的金融服务理念服务农村金融用户,缓解农村用户长期被排斥在正规金融体系之外的困境,使金融资源的活水源源不断地向农村地区涌流。

(二)以产业链金融为主导,推动产业扶贫向产业振兴的转换衔接

打通脱贫攻坚与乡村振兴的关键之处在于基于产业扶贫相关成果

促进乡村的产业振兴。但在这一过程中，乡村振兴时刻面临着自然、经营和市场三方面的不确定性。囿于我国农业经济和技术发展的相对滞后，长期以来农业产业"靠天吃饭"的格局并未得到系统性的改变，气候变化、自然灾害、自然条件等因素时刻威胁着农村经营主体的投资回报。加之农业领域投资往往具有投资数额大、回报周期较长的特征，导致其暴露在自然环境不确定性中的程度更深，降低了相关金融机构参与涉农投资的积极性。在经营不确定性方面，部分地区在脱贫攻坚过程中并未做到因地制宜地发展地方特色产业，而是一味地照搬其他地区成功案例，试图"短平快"地解决农村产业发展问题，相关产业的产业链长度等也存在缺陷，致使部分地区农业产业单一，产品同质化，不利于其向高附加值的高端产业转化，缺乏长期的自我发展能力。此外，乡村产业振兴还面临着市场周期的不确定性，表现为农产品价格的周期性波动。囿于农村地区经营主体金融知识的匮乏，难以形成对产品价格长期趋势的准确把握，在生产规划时存在"从众""惯例"等定势思维，导致其暴露在农产品价格波动的不确定性中，其收益容易受到产品滞销、"谷贱伤农"等情况的损害。

为应对农村经济主体在乡村振兴过程中的风险和不确定因素，应促使金融机构与涉农经营主体之间形成紧密的合作关系，充分发挥各类金融产品分散风险和各类金融科技的信息挖掘处理能力，助力农村经济的产业融合发展，衔接巩固脱贫攻坚胜利成果，使农业农村走上振兴之路。可依托金融机构和互联网企业平台，对涉农经济主体的经营状况、自然风险、产业方向等形成系统的评估，有效做到规避风险和价值挖掘，并形成涉农信贷、农业保险、涉农支付、农产品期货等一系列金融产业链条，全面满足涉农经济主体的金融服务需求。涉农经济主体还可以凭借金融机构和互联网平台的信息优势放大自身信用,形成精准的客户画像以发展潜在的上下游客户网络,并有效解决融资难、融资贵的问题。

(三)以精准服务为要义,实现共同富裕目标

在市场机制中,营利是金融机构的商业属性要求,但其同时应承担实现乡村振兴、促进共同富裕的社会责任。然而在金融支持乡村振兴过程中,涉农金融服务的高风险、低收益之间的矛盾,极大地挫伤了金融机构参与乡村振兴的积极性。在巩固脱贫攻坚胜利成果、促进乡村振兴的过程中,以大数据、人工智能等为代表的金融科技可以有效降低金融机构的信息获取成本和金融成本,相应地,使涉农金融服务也能满足其营利需求,同时实现涉农金融服务精准度的提升和服务范围的扩大,通过多层次、多维度的针对性金融服务,有效帮助脱贫人口增收,防止其返贫。其一,相较于实地调研等传统方式,金融科技依靠用户消费、银行转账等记录精准识别用户画像,并通过大数据方式进行存储和共享,不仅降低了金融机构与用户间的信息不对称性,更能形成农村金融用户信息数据的有效整合和流动,从而有助于识别农村贫困居民并为其提供针对性服务方案。其二,对农村用户群体金融需求的精准识别有利于金融机构提供其切实所需的金融扶持,避免金融资源"大水漫灌"所导致的低效与浪费,如为贫困群体量身定制移民创业贷款、易地扶贫搬迁贷款、农林地流转贷款等,可精确发挥金融的普惠性功能,提升农民群众的金融资源可得性。

二、制约乡村金融科技发展的因素

虽然金融科技在推动脱贫攻坚和乡村振兴衔接过程中有着极其重

要的作用，但在其内部框架中，还存在农村金融机构基础设施建设落后、数据共享不足等制约；在外部环境上，"数字鸿沟"问题、乡村金融科技人才的缺乏以及对监管的不适应等问题日益凸显。[1]

（一）机构改革不彻底影响金融机构创新动力

农村信用社系统的金融机构占据了我国农村信贷市场的大部分份额，但是在我国乡村金融机构经历了若干次改革后，不少农村信用社改为农村商业银行，造成原有的涉农金融主体农信社系统已经趋于商业化运营。在业绩压力下，农村信用社将重心放在城市，而对农村地区的基础设施投入不足，且由于担心金融创新过程中造成的潜在风险，因此对金融科技存在一定的排斥心理，金融科技创新动力不足。[2]

（二）基础设施建设落后制约金融科技嵌入乡村经济

当前乡村信息基础设施建设仍然较落后，贫困村通光纤和4G网络还未做到全覆盖，5G网络建设仍在探索之中，相当数量的涉农企业以及居民家庭无法获得高质量的宽带服务，这样的基础设施难以提供金融创新发展所需的数据信息、数据采集和加工平台。此外，金融基础设施建设力度不足限制了乡村信用体系建设进程，而农村数字教育、数字医疗等非金融应用场景建设不足，理财、保险等金融产品在村一级发展缺失，这些都导致金融机构无法获得多维度、及时准确的信用数据以支撑信用体系建设。

---

[1] 张永亮. 金融科技视阈下金融基础设施域外适用的法治保障. 法治研究, 2021年第5期.

[2] 吴寅恺. 脱贫攻坚和乡村振兴有效衔接中金融科技的作用及思考. 学术界, 2020年第12期.

（三）行政分割限制农村金融数据共享

我国农村农业数据数量大、类型多，在条块分割的行政体制下，数据缺乏统一的标准和管理，不仅造成核心数据缺失、数据质量不高、数据开发利用不足等问题，技术层面也不利于数据的共享。特别是部分农信社、农商行与政府数据对接不畅，无法有效利用大数据分析客户需求，对涉农金融支持乡村振兴产业发展，为其提供普惠金融资金造成了影响。

（四）"数字鸿沟"问题阻碍数字普惠金融

农村数字技术应用和数字金融发展过程中，普遍面临"数字鸿沟"等现象，即在数字科技飞速发展过程中，乡村弱势群体因为无法熟练运用数字产品和数字技术而利益受到损害的现象。例如，农村的老人因为不会使用智能手机，无法正常使用手机银行从事存贷、支付等活动，造成原本便捷的金融服务，反而成为这些群体参与金融的障碍。更加值得关注的是，金融能力和科技素养的不足导致农村居民成了金融诈骗的主要对象，这些被金融诈骗所伤害的农村居民，可能在乡村群体中传播抗拒情绪，影响数字科技和数字金融下乡。可以说，当前在乡村地区加强数字金融风险意识和金融权益保护意识是破除"数字鸿沟"的一个关键。

（五）人才支撑不足制约乡村金融科技服务能力

乡村金融科技人才需要既懂金融又懂科技，还需要熟知农业农村发展历程，因此农村金融科技人才一定是复合型人才，要深层次地了解三者结合后带来的新模式、新规则。[①] 农村金融科技人才不足，使

---

① 孙萌. 金融科技对农村经济发展的影响研究. 商业经济，2021 年第 8 期。

得大部分金融创新技术在研发初期都集中在城市试点应用，从而制约了农村金融科技的服务能力。

三、乡村金融科技发展路径

长期以来农村金融所表现的高风险特征加强了农村金融机构风险内控和监管层监管的双重高压，这些监管在事实上提高了农村金融服务门槛，在一定程度上加剧了金融抑制现象。[①] 除此之外，由于农村金融科技的相关法律法规不健全，农村金融数据采集和管理仍存在风险和漏洞，所以进一步推进涉农金融科技创新改革，加强金融科技基础设施建设，对于防止金融科技"暴雷"，真正保护涉农金融机构与经营主体的金融安全具有十分重要的意义。

(一) 推动乡村金融机构改革，建立专门组织

推动金融机构体制机制改革，大型国有商业银行和中小型股份制商业银行可以为服务乡村振兴建立特色事业部和特色支行，率先启动在经济实力较强的乡村开展乡村普惠金融和金融科技相互促进的"试验区"，进而为进一步在区域甚至全国范围内推广提供经验。适当放开农信社和村镇银行的经营区域限制，允许符合条件的金融机构在相邻地区开展金融服务，利用金融科技拓展金融服务覆盖面，加强涉农金融机构的应用场景，通过市场化手段提升其市场竞争力。此外，鼓励金融监管部门积极创新，鼓励其成为专门为农信社提供科技服务和市场投融资服务的技术平台，释放涉农金融机构活力。

---

① 马悦，李存，杨昕. 区块链+供应链金融助力乡村振兴的作用及思考. 农业与技术，2021年第18期。

（二）加强乡村金融基础设施建设，完善信用体系

加强乡村金融基础设施建设顶层设计，加大财政投入和补贴力度，提高农村地区通信和光纤宽带的覆盖面，推动5G基站等基础设施建设，将网络通信从行政村向自然村覆盖，加大"数字乡村"的建设力度，为金融科技下乡提供基础设施保障。大力推动数字人民币和数字移动支付的普及，鼓励和支持各类数字移动支付服务主体参与到乡村振兴中来，提升场景化金融服务的推广深度和广度，推动数字移动支付向乡村生活、生产和经营等全领域的渗透，以提升数字移动支付服务水平。加强顶层设计，统筹农村信用体系的平台建设，省、市、县落实农村居民的信息收集及信息共享，避免各级平台的重复开发和建设，建成上下联动的一体化乡村信用体系。例如，借鉴浙江丽水和广东梅州农村信用体系建设的经验，推广"政府+平台运营""政府+人民银行"等信用体系建设模式，鼓励社会力量参与农村信用体系平台建设；结合大数据和互联网金融技术，推进各类农业经营主体的电子信用档案建设。

（三）畅通"三农"领域数据，实现数据共享

通过国家立法和地方立法，解决数据信息"孤岛"问题，促进金融机构所需信息与政府平台数据对接，高效率发挥大数据技术在金融领域的挖掘、分析能力，以"数据驱动"提升农村金融机构的服务水平。积极搭建"三农"数据共享平台，在农业农村数据平台中全面覆盖各项涉农数据，包括政府平台的农业农村土地数据、房屋数据、气象数据、遥感数据、农产品加工业数据、农产品进出口数据等，并提供对相关数据接入、管理、共享交换等服务机制，实现高通量的涉农数据资源的融合共享。从数据获取行政层级角度来加强整

合,实现县、乡、村的三级数据联动,采集、整理、分析和运用农户信息数据,为金融机构开展农村数字普惠金融业务提供多层级的信息资源。①

(四) 解决"数字鸿沟"问题,提升农村居民科技素养

在顶层设计层面,重视"数字鸿沟"问题,制定与完善相关的法律法规,保障金融科技造福于民。加强对农村地区居民特别是贫困户的数字金融知识、金融科技产品及相关法律法规的宣传教育及公益培训,提升农村居民的金融素养和科技本领,让他们不断提高自我风险防范意识、防骗意识以及运用金融科技资源的能力。此外,可以通过"数字反哺"的方法,利用居住在城乡的家庭成员的信息分享和代际支持,让弱势群体融入乡村数字社会,加速乡村数字文化建设,从而解决"数字鸿沟"的问题。

(五) 保障数据安全,健全农村金融科技监管制度

要保障农村金融信息数据的安全,首先,需要对数据源头做好管控,保证物理节点的具体分布不受影响,通过不断完善制度、优化流程,结合技术建设,真正做到对农村金融信息数据全生命周期的监管。其次,需要加强相关金融从业人员的职业道德规范,做好金融机构工作人员的安全警示教育工作,建立对相关管理人员的问责机制,真正实现人控与技控的有机结合。②再次,需要完善相关监管政策法律法规,建立全流程管控制度,对不法行为加大处罚力度。最后,需

---

① 吴寅恺. 脱贫攻坚和乡村振兴有效衔接中金融科技的作用及思考. 学术界,2020 年第 12 期。
② 吴寅恺. 农村商业银行数字化转型研究. 时代金融,2021 年第 7 期。

要加快建立乡村金融科技预警监测制度。监管机构要加强对农村数字金融资金动向的监测力度，建立风险评估模型，将模型应用于现有的金融机构，实时侦测现有金融机构异常的资金流动和风险点，对金融风险及时预警。同时，可以成立专门的农村数字金融产品及服务投诉平台，充分保障农民的合法权益。除此之外，我国还可以尝试构建乡村金融科技差异化监管制度：可以根据我国东、中、西部农村地区的金融发展现状，以及不同规模的农村金融机构，建立差异化的农村金融科技监管体系，允许各地监管部门因地制宜、因城施策制定具体的监管要求；对于不同类型和不同规模的农村金融机构，可以差异化地放宽贷款利率管制。

第八章
金融市场监管与乡村振兴

中国改革开放40多年来，中国金融市场监管从无到有，不断发展。改革开放以来中国金融业发展迅速，但与此同时，中国金融业的风险也在不断积聚和积累，如果不及时认真地防范和化解市场风险，任由金融市场无序发展，就有可能引发系统性金融风险，酿成全国性甚至全球性的金融危机。[①] 金融市场监管是一种干预金融市场与经济活动的政府行为，主要是指国家为了金融体系的安全与发展，建设公平、有序、高效的市场环境，保障金融活动各方参与主体的利益诉求，依据法律法规授权特定机构依法对金融机构的市场准入、经营活动、市场退出等实施一系列检查及督促性和控制性举措。[②]

我国乡村地区地域广阔，人员居住相对分散，农村金融服务运营成本相对更高，经营不确定性较大，并且农村金融业务具有金额相对小、缺乏标准化抵押品、市场信用体系不够完善等特点，因此，在中国金融体系结构中应加强对乡村金融市场的监管。有效加强乡村金融市场的监管一方面有利于确保乡村振兴金融市场的健康发展，另一方面有利于保护农民和涉农企业在乡村振兴过程中合法的金融利益，助

[①] 宋清华，祝婧然. 中国金融风险管理40年. 中南财经政法大学学报，2018年第5期。

[②] 王彩萍，李建平. 国家金融视角下现代金融体系理论的衍化和创新——基于"六要素论"体系的新思考. 金融经济学研究，2022年第2期。

推乡村经济持续增长。

第一节 乡村振兴金融监管体系

一、国家层面金融监管概述

乡村振兴金融市场是中国金融市场体系的重要组成部分。乡村振兴金融监管体系（见图8-1）是一个多元监管的体系，包括职能监管部门、参与监管部门、非参与监管部门。[①] 中国金融监管体系的职能监管部门体系，经历了从"大一统"到"一行三会"，再到"一委一行两会"，从统一监管走向分业监管，再走向综合监管的过程。乡村

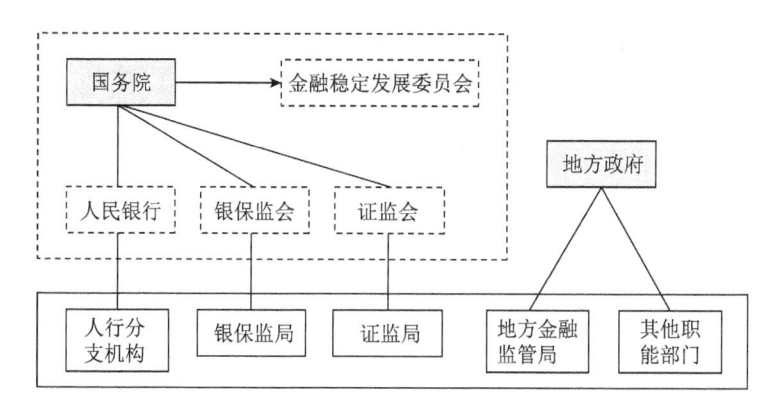

图 8-1 乡村振兴金融监管体系

[①] 冉光和. 农村金融制度构建与创新方法论. 学术前沿，2012年第2期。

振兴金融监管体系是对涉农银行类金融机构和非银行类金融机构开展的金融活动进行金融监管的职能监管综合体系。所谓"一委",是指国务院金融稳定发展委员会(以下简称"金融委")。该委员会成立于2017年,是国务院统筹协调金融稳定和改革发展重大问题的议事协调机构。金融委履行金融稳定、金融发展两大职能,对金融监管进行协调。所谓"一行",是指中国人民银行,其不仅负责对银行体系进行监管,而且担负着维持整个金融市场和国民经济稳定运行的职责,任何银行性金融机构的设立、运营都置于中国人民银行的监督之下。所谓"两会",是指证监会和银保监会。中国证券监督管理委员会成立于1992年10月,证监会依法对全国证券期货市场进行统一监督管理;而银保监会于2018年3月成立,其为中国银监会和中国保监会合并而成。

参与监管部门主要包括信用评级机构、审计事务所、资产评估机构、律师事务所等中介机构。它们通过参与农村信贷市场的活动,对农村银行进行评价,并在一定的利益机制驱动下揭示农村银行和农村信贷市场中存在的问题。它们的言论或行为虽不是惩戒性的,但同样可以约束农村银行和农村信贷市场。此外,非参与监管部门主要是新闻媒体,它们并不直接参与农村信贷市场的活动,但可以对农村银行的经营行为和农村信贷市场的运行进行评论,从而引入社会舆论的监督,避免债权人和社会公众的利益受到侵犯。

(一)国务院金融稳定发展委员会

国务院金融稳定发展委员会成立于2017年7月。设立国务院金融稳定发展委员会,是为了强化人民银行宏观审慎管理和系统性风险防范职责,强化金融监管部门的监管职责,确保金融安全与稳定发展。国务院金融稳定发展委员会的主要工作原则包括：一是回归本原，服从服务于经济社会发展。金融要把为实体经济服务作为出发点和落脚点，全面提升服务效率和水平，把更多金融资源配置到经济社会发展的重点领域和薄弱环节，更好满足人民群众和实体经济多样化的金融需求。二是优化结构，完善金融市场、金融机构、金融产品体系。要坚持质量优先，引导金融业发展同经济社会发展相协调，促进融资便利化，降低实体经济成本，提高资源配置效率，保障风险可控。三是强化监管，提高防范化解金融风险能力。要以强化金融监管为重点，以防范系统性金融风险为底线，制定和完善相关法律法规，完善金融机构法人治理结构，加强宏观审慎管理制度建设，加强功能监管，更加重视行为监管。[1] 四是市场导向，发挥市场在金融资源配置中的决定性作用。坚持社会主义市场经济改革方向，处理好政府和市场之间的关系，完善市场约束机制，提高金融资源配置效率。加强和改善政府宏观调控，健全市场规则，强化纪律性。

（二）中国人民银行

按照《中华人民共和国中国人民银行法》的规定，人民银行作为中央银行的金融监管职能主要包括防范和化解金融风险，维护金融安全与稳定。[2] 具体来讲，一是依法对其负责监管的相关主体的经营状况及其资本充足率进行监测；二是依法对银行间的同业拆借以及债券、外汇、黄金等金融市场进行监督管理；三是组织实施金融业的综合统计制度，包括数据的汇总以及宏观经济分析和预测、承担反洗钱

---

[1] 郭德香，李海东. 金融改革背景下我国地方金融监管模式研究. 郑州大学学报（哲学社会科学版），2016 年第 5 期。

[2] 单飞跃，吴好胜. 地方金融管理法律问题研究. 法治研究，2013 年第 6 期。

等监测职责；四是为执行货币政策和保障金融安全，可以对负责金融机构进行监督检查。

（三）银保监会

1. 基本介绍

中国银行保险监督管理委员会成立于2018年，是国务院直属事业单位，其主要职责是依照法律法规统一监督管理银行业和保险业，保障银行业和保险业合法、稳健运行，防范和化解金融风险，保护金融消费者合法权益，维护金融稳定。[①] 中国银行保险监督管理委员会内设27个机构，下辖2个事业单位，在地方有36个银保监局。设立银保监会的主要目的是深化金融监管体制改革，解决现行体制存在的监管职责不清晰、交叉监管和监管空白等问题，强化综合监管，优化监管资源配置，统筹金融机构监管，逐步建立符合现代金融特点、统筹协调监管、有力有效的现代金融监管框架，守住不发生系统性金融风险的底线。

2. 基本职能

根据国务院在2018年颁布的《中国银行保险监督管理委员会职能配置、内设机构和人员编制规定》，银保监会的主要职能包括：对全国银行业和保险业进行统一监督和管理，对银行业和保险业改革开放和监管有效性开展系统性研究，制定银行业和保险业审慎监管与行为监管规则；对银行业和保险业机构及其业务范围进行管理，制定银行业和保险业从业人员行为管理规范；对银行业和保险业公司的经营行为和信息披露等实施监管，对银行业和保险业机构实行现场

---

① 王勇. 关于国务院机构改革方案的说明. 人民日报, 2018-3-14。

检查与非现场监管并依法查处违法违规行为，统一编制全国银行业和保险业监管数据报表，建立银行业和保险业风险监控、评价和预警体系并关注其运行状况；会同有关部门提出存款类金融机构和保险业机构紧急风险处置的意见和建议并组织实施，指导和监督地方金融监管部门相关业务工作，开展银行业和保险业的对外交流与国际合作事务，负责国有重点银行业金融机构监事会的日常管理工作；等等。

银保监会对中国的银行业和保险业相关企业和机构进行统一监督管理，包括监督银行、保险机构的业务范围，审查高级管理人员，监督银行业、保险业法律法规和相关制度的运行情况，等等。其中，银保监会在立法方面，还涉及《中华人民共和国商业银行法》《中华人民共和国信托法》等法律修订工作，配合司法部做好《处置非法集资条例》《非存款类放贷组织条例》《信托公司条例》等行政法规制定工作；健全监管制度体系，印发《商业银行股权托管办法》，提升股权管理的规范性和透明度；印发《商业银行理财子公司净资本管理办法（试行）》，引导理财子公司审慎经营；印发《健康保险管理办法》，推进健康保险行业规范发展；印发《保险资产负债管理监管暂行办法》，加强对保险公司资产负债管理的硬约束；印发《中国银保监会关于银行保险机构员工履职回避工作的指导意见》，加强对银行保险机构人员行为的监管；制定《银行业金融机构反洗钱和反恐怖融资管理办法》，健全银行业反洗钱制度体系。[1]

---

[1] 王彩萍，李建平. 国家金融视角下现代金融体系理论的衍化和创新——基于"六要素论"体系的新思考. 金融经济学研究，2022年第2期。

（四）证监会

1. 基本介绍

中国证监会成立于1998年，由原来的国务院证券委员会与中国证券监督管理委员会合并而成，对全国证券期货市场依照相关法律法规和国务院授权进行统一监督管理，维护市场秩序，保障市场合法运行。截至2022年12月，证监会下属共20个部门、1个稽查总队、3个中心，在地方设有36个证券监管局，在上海和深圳证券交易所设有证券监管专员办事处。[①] 在新《中华人民共和国证券法》实施前，证监会设有股票发行委员会，负责对公司股票上市进行发行审核并决定其能否上市，其成员由证监会专业人员和证监会聘请的专家组成。此外，证监会还设有行政处罚委员会，负责制定违法违规认定规则和对相应的违法违规行为进行行政处罚。证监会的职能主要体现在对证券市场和期货实施监督管理。

中国证监会的监管对象包括：证券期货交易所、上市公司、证券期货经营机构、证券投资基金管理公司、证券期货投资咨询机构和从事证券期货中介业务的其他机构等。中国证监会统一监督管理全国证券期货市场，目的是维护证券期货市场秩序，保障其合法运行，防范和化解证券期货市场金融风险，促进金融稳定发展。2023年3月，党的二十届二中全会通过了《党和国家机构改革方案》，提出中国证券监督管理委员会由国务院直属事业单位调整为国务院直属机构。该方案指出，强化资本市场监管职责，划入国家发展和改革委员会的企业债券发行审核职责，由中国证券监督管理委员会统一负责公司（企业）债券发行审核工作。

---

① 王彩萍，张龙文. 国家金融体系结构. 中山大学出版社，2021年。

2. 基本职能

中国证监会主要是对证券市场实施监督管理，其职责包括：研究和拟订证券期货市场的方针政策、发展规划；起草证券期货市场的有关法律法规，提出制定和修改的建议；制定有关证券期货市场监管的规章、规则和办法；监管股票、可转换债券、证券公司债券和国务院确定由证监会负责的债券及其他证券的发行、上市、交易、托管和结算；监管证券投资基金活动；批准企业债券的上市；监管上市国债和企业债券的交易活动；监管境内期货合约的上市、交易和结算；按规定监管境内机构从事境外期货业务；监管境内企业直接或间接到境外发行股票、上市以及在境外上市的公司到境外发行可转换债券；监管境内证券、期货经营机构到境外设立证券、期货机构；监管境外机构到境内设立证券、期货机构，从事证券、期货业务；等等。

在乡村振兴方面，证监会联合中国人民银行、银保监会、财政部、农业农村部等五部门印发《关于金融服务乡村振兴的指导意见》，对标实施乡村振兴战略的三个阶段性目标，明确了相应阶段金融服务乡村振兴的目标。[1] 促进和管理资本市场参与，不断加大金融支农资源投入，不断增加、持续改善农村金融服务，优化涉农金融机构治理。在中长期，证监会应致力于推动建立多层次、广覆盖、可持续、适度竞争、有序创新、风险可控的现代农村金融体系，全面推进城乡金融资源配置合理有序和城乡金融服务均等化。

---

[1] 曾刚. 强化监管引导 促进金融服务乡村振兴. 中国农村金融，2021 年第 21 期。

二、地方层面金融监管体系

近年来地方性金融呈现出爆发性增长态势，并集中体现为样式繁多的地方金融组织类型和民间投融资存量与增量的快速膨胀，而针对传统正规金融机构所建立的国家层面的金融监管体制已难以对地方金融的扩张性发展形成有效性监管。[1] 目前，中国地方层面的金融监管机构，主要由中央金融管理部门派出机构，包括中国人民银行分支机构、银保监局、证监局，以及地方政府职能部门地方金融监管局或金融工作局组成。[2]

(一) 中央派驻金融监管机构

中央金融管理部门派出机构中，中国人民银行在省、市、县三级均设置有分支机构，银保监会在地市一级设有银保监分局，而证监会则只在省级单位设有派出机构。

(二) 地方金融监管局

1. 基本情况

地方金融监督管理局是省或直辖市政府直属机构，其为贯彻落实党中央关于金融工作的方针政策、决策部署和市委有关工作的金融指导性政府部门。地方金融管理事项由省级人民政府授权地方金融监管局负责，主要职责是拟订当地金融工作总体规划和促进金融发展的政

---

[1] 刘志伟. 地方金融监管分权：协同缺失与补正路径. 上海金融，2017 年第 1 期。
[2] 刘志伟. 地方金融监管权的理性归位. 法律科学（西北政法大学学报），2016年第 5 期。

策措施并组织实施，组织协调推动地方金融机构改革，负责所监管机构的风险监测、评估、预警和处置等。

2. 基本职能

地方金融监管局的工作包括：配合国家金融管理部门驻京机构做好货币政策落实与金融监管相关工作；研究拟订本市金融业发展规划和政策措施并组织实施；指导、推动本市金融市场、要素市场体系建设和发展，组织推进多层次资本市场建设发展；指导、规范各类交易场所的设立和发展；指导推动地方股权交易中心规范发展；统筹推进本市企业融资工作；协调推进企业上市和并购重组；协调推动企业发行公司债券、短期融资券和中期票据等债务融资工具；推动农村金融体系建设和产品服务创新；协调、推进农村金融改革、创新与发展；负责地方小额贷款公司、融资担保公司、区域性股权市场、典当行、融资租赁公司、商业保理公司、地方资产管理公司行政审批工作，并依法依规监管；配合推进市属金融机构改革重组；承担集体改制企业上市的产权确认职责；指导、规范金融中介机构发展；等等。

（三）其他地方金融监管相关机构

除此之外，地方政府还赋予多个部门承担具体的金融管理职能。[①] 例如，省级信用联社受省政府委托对农村信用社行使管理指导、协调和服务的职能；国资委对同级金融机构行使出资人职能；经贸委负责管理典当行；中小企业局负责管理融资性担保公司。[②] 地方政府金融管理机构的设立与相关职能部门的金融监管赋权促使地方政府金融监管基本形成了以省级政府为领导，省级地方金融监管局

---

① 刘志伟. 地方金融监管分权：协同缺失与补正路径. 上海金融，2017 年第 1 期。
② 单飞跃，吴好胜. 地方金融管理法律问题研究. 法治研究，2013 年第 6 期。

为主,省级商务部门、经信部门、发改委等部门为辅,各级政府地方金融监管局、商务委、经信委、发改委等部门参与的组织架构。①

第二节　金融监管体系服务乡村振兴

一、涉农金融相关市场监管问题

我国采用巴塞尔银行监管委员会主导的以风险为主的金融监管标准,其要求将农村金融与城市金融置于统一的监管标准之下。但事实上,我国长期以来存在城乡经济发展的二元制结构,相较于城市地区而言,农村地区的金融服务风险高、成本高、利润低,且长期存在政策性金融机构主导的格局,使得金融机构更倾向于在城市地区开展金融业务,农村地区金融资源供给相对贫乏。② 因此,在农村地区实行以统一市场准入和市场退出监管为代表的统一金融监管标准,可能会在一定程度上导致农村地区的金融压抑。

因此,我国农村地区的金融监管体制机制仍需进一步优化。国务院金融委通过举行各职能部门和监管部门之间的定期会议、筹办内部刊物、信息共享等方式,形成了有效的信息沟通平台,但此平台仍未在县域层面建立,使得地方金融职能部门和监管部门间尚缺乏高效的沟通交流渠道,存在信息沟通不畅、信息碎片化的困境,降低了农村

---

① 张健华.深化地方金融管理体制改革.金融发展评论,2013 年第 10 期。
② 范方志.乡村振兴战略背景下农村金融差异化监管体系构建研究.中央财经大学学报,2018 年第 11 期。

地区的金融监管实效。

(一) 监管工作任务化

近年来，金融监管部门对于农村地区金融监管的检查呈现出形式化、任务化特征，农村地区的金融监管检查并未单独立项，也未对检查中出现的疑似违法违规行为或高风险行为再次进行现场检查，检查过程流于形式，未能有效抑制农村地区金融风险的累积。

(二) 发挥非现场监管作用有限

除了金融监管机构的现场检查以外，非现场监管也是我国维护金融稳定、打击金融犯罪活动的重要安排。但是，涉及农村地区金融活动的非现场检查仅通过收集、整理、汇总与上报相关金融机构的报表资料这种方式进行，并未对其进行深入的研究分析，难以察觉涉农金融机构及活动中的潜在问题与风险，使得其作用受到限制。此外，我国农村地区之间也存在发展不均衡的现状，各地区间农村经济发展水平差异显著，相应地，其金融活动规模、形式等也存在差异。而我国尚未建立适合农村实际的金融监管指标体系，存在农村地区金融监管的"一刀切"现象，可能使得东部发达地区农村金融发展的积极性受到打击，西部欠发达地区的金融业务难以满足标准，由此导致监管标准与发展需求不匹配的问题。[①]

---

① 陈明荣. 构建农村金融差异化监管体系. 中国金融, 2022 年第 14 期。

二、差异化乡村金融监管体系

(一) 构建符合乡村振兴战略的金融监管体系

构建符合乡村振兴战略的金融监管体系,应以提高农村金融服务能力为监管目标。首先,维护经济安全是我国农村金融监管的第一要务。农业农村的发展涉及我国的粮食安全和社会稳定,而其相应的金融服务活动与金融资产安全也事关我国金融的稳定、健康发展。因此,乡村振兴相关金融监管体系建设必须针对性地考虑涉农金融业务的特征,以维护国家安全为首要目的,严厉打击相关违法犯罪活动,降低农村金融风险,促进农村金融市场良性发展。其次,农村金融监管体系的设立必须维护农村经济的稳定,必须实现对于农村金融业务的广域覆盖,兼顾各地区农村经济不同发展阶段的金融需求,有效防止单一金融风险向系统性金融风险的累积和转化,抑制农村金融产品价格的剧烈波动,促进脱贫攻坚成果向乡村振兴的稳定转化。最后,应兼顾金融发展的公平与效率,既要实现金融的普惠性功能,使金融资源与金融发展的成果由全民共享,抑制金融机构的过度逐利动机,也要以市场的机制驱动金融市场发展,做大金融资源的蛋糕。[①]

(二) 监管依据应包括法律、规章等不同效力的制度体系

我国当前的农村金融监管立法和管理规定主要包括《中国人民银行法》《银行保险业监督管理法》《村镇银行管理暂行规定》等,而随着农村金融市场的发展和农村经济结构的转型,其中的部分法律

---

① 陈明荣. 构建农村金融差异化监管体系. 中国金融, 2022 年第 14 期。

条款及监管规定已不适应当前我国农村金融发展的实际,迫切需要寻求法律制度规范的革新,提升农村金融相关法律法规的监管范围、监管效力以及针对性。新时代农村金融法律体系的构建需要将系统性、协调性等纳入考量,实现立法工作的全盘兼顾、重点突出。

(三)围绕"一委一行两会",强化综合监管

在监管体制改革方面,注重改革的渐进性与兼容性,破解各层级、各地区监管机构各自为战、沟通成本过高的问题,构建统一、协调、点面结合的农村金融监管体系,确保监管无死角、全覆盖。使农村金融监管进一步下沉到乡、村,打击基层的金融腐败和违法违规行为。同时,金融监管体制改革也应充分考虑各涉农金融机构的生存发展问题,做好各方权益的协调工作,构建金融支持乡村振兴战略的长效机制,盘活农村金融发展的大局。①

三、中央—地方金融监管组织关系

我国现行中央与地方分权的金融监管体制,在后续改革过程中,应促使中央"一委一行两会"牵头领导并适当下放部分金融监管权力,增强地方金融监管的灵活性与适应性,使二者之间的责任划分更为明确,分工更为细致,在促进农村金融市场繁荣的同时严守金融风险的底线,形成促进我国农村金融健康持续发展的长效机制。②

---

① 陈明荣. 乡村振兴战略下农村金融差异化监管体系构建研究. 甘肃金融,2022年第6期。
② 郑联盛,孟雅婧. 地方金融监管体系的发展难题与改进之策. 银行家,2019年第6期。

第三篇

---◇---

金融赋能乡村振兴实践探索

第九章
重庆市金融赋能乡村振兴案例

近年来,重庆金融界,无论是人民银行、政策银行,还是国有大型银行、中小型股份银行,或是保险和期货等金融机构,均深入贯彻党中央、国务院"三农"工作决策部署,始终坚持面向"三农"基本定位,把服务乡村振兴、助力共同富裕作为整个金融体系工作的重中之重,使金融资源持续向"三农"地区倾斜,不断改革创新,强化科技赋能,努力打造服务乡村振兴的金融活水,为全面推进乡村振兴、促进全社会共同富裕提供高质量的金融服务。[①]

第一节 金融市场巩固脱贫攻坚 有效衔接乡村振兴

农业、农村、农民的"三农"问题是关系国计民生的根本性问题,而金融是经济发展的核心,金融作为乡村振兴的重要支撑,是建设现代化经济体系、实现全体人民共同富裕不可或缺的构成因素。在

---

① 本部分所列数据由各金融机构提供或由笔者调研所得。

全面推动乡村振兴的背景下,新发展阶段如何进一步深化农村金融改革与创新,加快完善农村金融体系,是当前战略主基调下需要探讨的重要课题。金融有其内在的基本逻辑,而涉农金融服务是我国金融服务中的短板和弱项。全面推进乡村振兴,需要健全乡村振兴金融服务体系。客观上,金融要服务好乡村振兴,就要不断地健全农村金融服务体系,统筹政府、金融机构、农村、农民的协同发展,使银行、担保、抵押、保险、信托、证券等金融机构各司其职、合作互补,基本建立多层次、广覆盖的开发性银行、政策性银行、大中型商业银行、城市商业银行、农村中小银行互为补充的金融机构服务体系和共同服务乡村的格局,综合提升系统性的金融市场体系服务乡村振兴的水平和成效。

一、"六个强化"引入金融活水

近年来,人民银行重庆营业管理部深入贯彻党中央、国务院巩固拓展脱贫攻坚成果、全面推进乡村振兴战略部署,按照人民银行总行和市委、市政府有关工作要求,将金融支持乡村振兴发展作为党史学习教育"我为群众办实事"的重要内容,主动发挥金融服务在乡村振兴中的支撑作用,围绕"六个强化",多措并举引导更多金融资源投入乡村振兴重点领域和薄弱环节,为巩固拓展脱贫攻坚成果、全面推进乡村振兴提供有力支撑,并取得积极成效。

(一)强化统筹协调部署,凝聚多方工作合力

1. 完善协调机制

充分发挥金融支持全面推进乡村振兴总牵头职能作用,建立由人

行重庆营管部牵头,市农业农村委、市乡村振兴局等多个部门共同参与的乡村振兴工作协调机制,定期共同研究细化政策措施,动态掌握辖区金融服务乡村振兴的工作进展,及时发现和解决存在的问题。同时,指导辖区各级人民银行参照市级在辖区建立相应的协调机制。

2. 强化工作部署

牵头6家市级部门联合印发《关于金融支持巩固拓展脱贫攻坚成果全面推进乡村振兴的实施意见》《关于金融支持新型农业经营主体发展的实施意见》等系列政策文件,围绕4个国家乡村振兴重点帮扶县,出台"一县一策"金融支持方案,多次组织召开全市金融支持巩固拓展脱贫攻坚成果、全面推进乡村振兴相关会议,引导金融机构加大乡村振兴重点领域的金融资源投入。

(二) 强化政策支持引导,加大信贷支持力度

1. 强化央行资金精准直达区县

创新推出支农再贷款乡村振兴贷专属产品,开通线上便捷申贷入口,持续推进建设支农再贷款示范基地48个,开设线下办贷绿色窗口,配备服务专管员,提供政策、产品、融资等一站式服务,引导法人金融机构围绕乡村振兴等重点领域,创新"再贷款+欣农贷"等专属信贷产品68个,加大对乡村振兴重点领域的信贷投放。2022年1—6月,全市累计发放支农再贷款37.2亿元,同比增长29.3%,惠及农户、涉农企业等市场主体1.4万户。

2. 强化金融政策与财政政策互动

推动市政府出台《关于加强财政金融联动支持实体经济发展的通知》,针对性提出实施新型农业经营主体及农产品加工贷款贴息、提高政策性农业保险风险保障水平、实施农村产权抵(质)押融资

风险补偿等措施,全力支持金融服务乡村振兴。会同市财政局等部门联合印发《关于完善政府性融资担保体系切实支持小微企业和"三农"发展的实施意见》,完善"国家融资担保基金—市级再担保机构—政府性融资担保机构"三级联动体系。推动地方法人银行与市级政府性融资担保机构和巴南、江津等21个区县政府性融资担保机构签订银担合作协议。支持金融机构加强与政府性融资担保机构创新"见担即贷""见贷即担"等产品,如指导辖区银行机构与市农担联合推出"央行再贷款+乡村振兴青年贷"产品。截至2022年6月,已累计为1523户农村创业青年或涉农市场主体,发放贷款5.7亿元。

3. 强化脱贫人口小额信贷政策带动作用

会同市级部门联合制定脱贫人口小额信贷政策文件,为过渡期内脱贫人口小额信贷工作提供制度保障。建立再贷款+脱贫人口小额信贷"一比一"全额报账机制,支持脱贫人口发展生产,稳定脱贫成效。多次召开全市脱贫人口小额信贷业务座谈会,并先后赴巫山、梁平等区县开展实地调研,深入了解并研究解决政策执行过程中存在的问题和困难。截至2022年6月末,全市脱贫人口小额信贷余额30.9亿元、支持户数7.9万户。

(三)强化金融科技赋能,提高金融服务效率

1. 推进重庆市金融科技赋能乡村振兴示范工程

将示范工程项目纳入重庆市金融支持乡村振兴总体工作规划,全面推进"空中柜台""方言银行""生猪活体抵押融资平台"等30项示范项目建设,截至2022年6月末,全市已有27个项目上线运行。这些项目指导和推动金融机构探索运用互联网、物联网和传感技术等新一代信息技术,不断优化乡村振兴金融服务。

2. 推广"长江渝融通"普惠小微线上融资服务平台

迭代升级"长江渝融通"普惠小微线上融资服务平台功能，升级后的平台在为新型农业经营主体提供惠企政策解读、金融产品查询、融资业务办理、融资问题反馈等"一站式"线上综合服务的基础上，还开设人民银行支小再贷款帮扶贷、支农再贷款乡村振兴贷、新型农业经营主体、乡村振兴青年贷专门线上申贷入口，并引入市农担等政府性融资担保机构提供融资增信服务。截至 2022 年 6 月末，已累计为 3951 户包括新型农业经营主体在内的各类农村市场主体发放贷款 93.3 亿元。[①]

3. 开发"1+2+N 普惠金融到村"线上服务平台

全面推广"1+2+N 普惠金融到村"线上服务平台，并将其打造成集信贷支持产业发展、农民金融消费权益保护、便民金融服务等功能为一体的农村金融服务平台，让村民足不出村即可享受信贷、存汇款、金融知识宣传、国债购买等综合金融服务。2022 年，已在长寿、秀山等 9 个区县上线"1+2+N 普惠金融到村"线上服务平台，平台访问次数超过 68 万次。

(四) 强化产品服务创新，开展五个专项行动

1. 开展"线上+线下"乡村振兴政银企融资对接专项行动

加强与市农业农村委协调联动，常态化梳理新型农业经营主体、种子生产经营企业等乡村振兴重点融资需求清单，并依托"长江渝融通"货币信贷大数据系统，组织金融机构实现精准对接。截至

[①] 邹沛思，冉小华. 人行重庆营管部"五个聚焦"全面推进乡村振兴. 金融时报，2022-1-25。

2022年末，已累计为清单内的880余个涉农主体发放贷款约200亿元。按照有需求清单、有政策宣传、有产品手册、有全程督导、有改革创新、有现场签约的"六有"标准，全面开展稳大盘融资对接区县行，上半年累计组织各类银企对接活动70余场，促成融资超过1000亿元，其中在城口县、彭水县、巫溪县、酉阳县4个国家乡村振兴重点帮扶县召开金融支持乡村振兴政银企融资专题对接会，促成融资金额57.2亿元。

2. 开展打造金融支持乡村振兴示范基地和乡村振兴金融服务港湾专项行动

指导辖区金融机构在农业产业强镇、现代农业产业园区等打造金融支持乡村振兴示范基地和"1+5+N"乡村振兴金融服务港湾，结合基地产业发展和融资需求，主动创新具有针对性的服务模式和信贷产品。截至2022年6月末，全市已建成乡村振兴金融服务港湾49个、金融支持乡村振兴示范基地22个。

3. 开展信贷支持乡村产业兴旺专项行动

开展农村产业发展供应链金融"一行一品"创新专项行动，推出"乡村振兴贷"等10余款专属产品；探索创新农村集体经营性建设用地、集体资产股权等抵质押融资，探索推进"三社"融合发展；推动山羊、肉牛活体抵押贷款及圈舍质押贷款等创新产品实现零的突破。截至2022年6月末，全市农村土地经营、农房财产权、林权等产权抵押融资金额近114.5亿元。

4. 创新开展重点农业产业链金融链长制专项行动

在万州、涪陵、黔江、长寿、开州、梁平、忠县等7个区县创新开展重点农业产业链金融链长制试点工作，围绕辖区乡村振兴产业发展核心，明确金融链长银行和协办银行，引导金融机构建立"一企一策"帮扶机制,聚焦企业融资需求特点,创新推出"乡村振兴贷"等专属信贷产品,全力支持重点农业产业链发展。截至2022年6月末,已累计为1806个项目发放贷款9.7亿元。

5. 开展乡村振兴直接融资专项行动

建立乡村振兴发债项目储备库,依托"长江渝融通"货币信贷大数据系统组织金融机构开展融资对接。指导法人金融机构用好"三农"、小微、绿色专项金融债券,募集资金加大对乡村振兴等领域的支持。累计支持重庆企业发行乡村振兴票据28亿元。截至2022年6月末,远郊区县企业通过银行间债券市场发行债务融资工具募集资金426.4亿元,同比增长6.7%。

(五)强化农村基础服务,提升金融服务水平

1. 大力推动移动支付便民服务下沉县乡

依托云闪付移动支付平台发放政府惠民消费券,带动消费升温效果初显。截至2022年9月,云闪付已经承接了渝中区、南岸区、渝北区等9个区县消费券发放工作,总计投入3135万元。大力推广应用"乡村振兴主题卡"等为"三农"量身定制的特色支付产品,不断提升农村支付服务体验。2022年1—6月,全市新增发行"乡村振兴主题卡"36.2万张,同比增长81%。积极引导移动支付便民服务下沉到县域农村地区,制定《2022年重庆市移动支付便民服务下沉区县及农村地区工作方案》,明确5个方面、13条工作措施,聚合产业各方力量,拓展移动支付县乡村受理场景,探索农村支付服务可持续、精准化发展路径。

2. 全面推动农村信用体系建设

重庆市印发了《关于深化信用村镇创建助力乡村振兴的通知》,

制定了6大类、13个细项的信用村评定参考标准，指导辖内各级行、各金融机构持续深化农村信用创建工作。截至2022年第二季度末，全辖已评定信用村1701个、信用乡镇85个，评定信用户213.4万户。持续加强农村信用信息基础数据库的推广和应用，推动涉农信息采集。截至2022年6月末，该数据库已采集544万名农户、7万余个农村经济组织的相关信息，缓解了信息不对称困境，为涉农银行办理贷款提供参考。

3. 持续优化国债下乡服务

推动开展科技赋能国债下乡—POS机销售储蓄国债（凭证式）试点工作。截至2021年11月，重庆市726个乡镇授牌承销银行网点，建立"国债宣传服务站"1126个，开办"村民理财课堂"10467期，实现了远郊区县村社全覆盖，顺利完成了三年下乡规划目标。在川渝推广"切块+竞售"农村保护性发售国债的创新模式，联合推动国债下乡，截至2022年9月，在全市乡镇以下农村地区累计发行储蓄国债4.8亿元，占全市发行总量的20.6%，为农村地区居民增收6272万元。[1]

（六）强化考核评估宣传，营造良好融资氛围

1. 强化考核评估通报

按照人民银行总行金融机构服务乡村振兴考核评估办法，细化考核指标体系，对辖区内金融机构服务乡村振兴情况进行按季评估，并按季通报各金融机构服务乡村振兴情况，引导金融机构切实加大对巩固拓展脱贫攻坚成果和乡村振兴领域信贷资源的投放力度。

---

[1] 根据人民银行重庆营管部官网信息整理。

2. 加大宣传推广力度

全面梳理涉农主体政策内容，制作"重庆市延期还本付息政策明白卡""重庆市助企纾困金融政策明白卡"，帮助涉农主体对政策"应享尽享""可享快享"，通过开展金融纾困政策线上网络直播、创设《乡村振兴》专刊及在人行重庆营管部微信公众号开设"金融助力乡村振兴"系列宣传栏目等方式，加大政策、案例宣传力度，其中发布《乡村振兴》专刊6期，在微信公众号发布专题文章10余篇，线上网络直播观看量达138万人次，对涉农主体通过线下宣传政策超过百次，为金融支持全面推进乡村振兴营造良好氛围。

二、"四个精准"助力成片助农

"一村一落皆美景，美丽乡村入画来。"在重庆铜梁，每年有百万人慕名游览西郊绿道沿线的玄天秀水生态画廊、荷和原乡西郊花语悠游谷等乡村旅游景区。2018年以来，铜梁在实施乡村振兴战略过程中，以建设60千米长的西郊绿道为突破口，成功打造串联5个镇街、24个村，面积达120平方千米的西郊示范片。乡村要振兴，金融要先行。人民银行重庆营管部合川中支积极运用货币政策工具，引导银行向示范片投放基础设施贷款22.2亿元、涉农贷款20.7亿元，支持新型农业经营主体1.7亿元，为示范片的发展提供了强劲的金融支撑。当前，示范片已呈现出"产业兴旺、生态宜居、乡风文明、治理有效"的乡村振兴美丽画卷，获评全国美丽乡村建设示范区、全国乡村振兴先锋十大榜样。[①]

---

① 邹沛思，杨婷婷. 绘就乡村振兴美丽画卷. 金融时报，2022-2-8。

(一) 精准滴灌，充分运用再贷款撬动信贷投放

人民银行重庆营管部合川中支发挥央行再贷款精准滴灌作用，指导地方法人银行推出"央行再贷款+乡村振兴贷"等信贷产品，推动信贷资源向示范片倾斜。2018年以来，铜梁地方法人银行累计使用支农再贷款12.4亿元，其中与示范片相关的贷款发放量占比超七成，并积极培育土桥镇等3个乡镇为"央行再贷款示范基地"，让央行资金尽可能惠及更多西郊涉农主体。在央行再贷款资金的撬动下，当地银行机构共向西郊示范片投放涉农贷款20.7亿元，实现了金融资源向示范片的汇集。

(二) 精准对接，实现政银企良性互动

2018年以来，铜梁西郊示范片已引进培育134个新型农业经营主体，发展花卉苗木等30多个产业基地，培育了原乡小艾、铜梁龙柚等一批特色农产品品牌。为打通银企信息不对称的梗阻，人行合川中支联合铜梁区农业农村委筛选出有融资需求的新型农业经营主体43家，录入"长江渝融通"大数据系统，推动银企对接。例如，组织银行"一企一策"为铜梁禾盛园农业开发有限公司制定融资方案，弥补其960万元资金缺口，助力其实现年产值1000万左右，带动当地20余人就业，发挥了良好的示范带动作用。

(三) 精准创新，以个性化产品满足农村融资需求

西郊示范片内的LY村是重庆市莲藕种植大村，种植面积达3000亩，其中观赏荷花500多亩，已注册"龙乡莲藕"商标。农行铜梁支行创新推出"惠农e贷—莲藕贷"，发放2462万元贷款用以支持莲藕种植，并向爱莲湖畔提升工程项目投放美丽乡村建设贷款1351.9万

元,支持改造原乡藕寓、临荷梦舍、山间民居等高端特色民宿,解决了 80 多位村民的就业和闲置农房浪费问题。当下,LY 村已形成了一条从美食到美景的特色产业链,并成功创建国家 AAA 级旅游景区,连续举办 8 届荷文化旅游节。

"莲藕贷"只是人行合川中支积极引导银行进行精准创新的一个缩影。除此以外,还有哈尔滨银行铜梁支行针对枳壳种植农户创新推出的"渝枳贷",累计发放 189 万元;铜梁浦发村镇银行向西郊绿道餐饮个体户发放的"兴隆贷+",累计已发放 190 万元,以及由区供销社配套 1000 万元风险补偿金的三社"融合贷",已落地 48 户、2699 万元等等。截至 2021 年,人民银行重庆营管部合川中支共指导银行创新推出专属信贷产品 10 余种,精准对接示范片的产业链发展。

(四)精准服务,多措并举提升农村基础金融服务水平

人民银行重庆营管部合川中支创新推动铜梁建成以金融综合服务示范站、金融消费权益保护与金融知识宣传站为载体的"1+2+N 普惠金融到村"基地 88 个,其中西郊的行政村覆盖率已达到 80%。在全区累计评定信用户 2175 户、信用村 35 个,有效解决了村民金融知识匮乏、信用意识不足的问题。助农取款服务点已实现行政村全覆盖,全部加载云闪付功能,为村民提供小额提现、转账、社保缴费等日常金融服务。当前,铜梁区正把西郊示范片乡村振兴的成功经验向蒲吕、安居等 4 个示范片推广,以"产业兴、风景美、百姓富"为目标,做大做强"绿道经济"。人民银行重庆营管部合川中支将继续引导金融资源顺势而为,积极支持,实现经济金融良性互动。

三、融资促进"农户+农企"双赢发展

产业振兴是巩固拓展脱贫攻坚成果的根本之策。近年来，农发行重庆市分行深入贯彻落实习近平总书记关于"三农"工作重要论述和指示批示精神，秉承创新驱动战略，聚焦解决国家乡村振兴重点帮扶县特色产业发展的"痛点""难点"，加大对产业发展模式的探索力度，按照"政府主导、龙头带动、联合经营、一县一品"的工作思路，积极支持脱贫地区特色产业后续发展，带动脱贫人口增收致富，取得明显成效。"政策性金融支持酉阳县油茶全产业链发展模式"成功获评"2022年重庆金融助力乡村振兴优秀案例"。

（一）找准支持特色产业发力点

酉阳土家族苗族自治县地处重庆市东南部、武陵山区腹地，曾有15.24万人建档立卡贫困人口，是重庆市面积最大、贫困人口最多的贫困县，也是原中西部169个深度贫困县之一。[①] "十四五"时期，酉阳县被确定为国家乡村振兴重点帮扶县。打赢脱贫攻坚战，实现贫困人口稳定增收致富，实现巩固拓展脱贫攻坚成果同乡村振兴有效衔接，促进地方经济发展，成为当地政府的"头等大事"。被誉为"油中之王"的茶油，拥有独特的营养价值和可观的经济价值，更重要的是产出茶油的油茶适合在高山及丘陵地带种植。面对紧张且繁重的脱贫攻坚和巩固脱贫攻坚成果任务，酉阳县政府部门着眼长远、立足现实，选择把发展茶油产业作为全县脱贫攻坚、巩固脱贫攻坚成果和农民致富的第一支柱产业，在一系列政策措施的支持下，全县油茶种

---

① 邓静秋. "1+6酉阳模式"破难题. 农业发展与金融，2020年第1期。

植企业、专业合作社如雨后春笋般快速发展,油茶种植面积很快突破15万亩,覆盖28个乡镇(街道)。

农发行重庆市分行经过实地调研发现,茶油产业大好的发展形势背后,制约产业发展的新问题也不断涌现,如有种植企业但无龙头牵引,有专业合作社但无整体协同,等等。全县茶油产业在早期发展过程中,未完全摆脱粗放式发展的路径依赖,散而多、多而不大、大而不强,产业上下游未形成良好的分工协作机制,市场供需两端信息对接不畅,存在较大的滞销和价格波动风险。同时,茶油产业各类新型经营主体也因营利能力较弱、财务状况不透明、缺乏有效抵押物等因素,直接向银行融资面临困难。

(二)创新模式提供融资融智服务

支持国家乡村振兴重点帮扶县产业发展,是农发行义不容辞的政治责任。农发行重庆市分行在调研分析基础上,聚焦茶油产业发展的各个环节,针对重点问题逐个击破,提出了一揽子方案,助力酉阳县茶油产业做大做强。

一是助力搭建农业产业化联合体。农业产业化联合体模式作为农业产业间协作共享的新机制,能够破解农业产业化各经营主体之间产业、要素、利益联结不紧密,脱贫地区产业发展资金零散、资源分散,规模化、组织化、市场化程度发展缓慢等痛点、难点,有效解决小生产与大市场的深层次矛盾。该行针对酉阳茶油产业发展现状,提出了茶油产业化联合体的发展模式构想,即构建"公司+合作社+农户"的组织模式,以参与产业链经营管理的国有实体公司带动茶油产业发展。这一构想得到酉阳县茶油产业各方的认同和支持。在该行的居中衔接下,各方分工协作又紧密联系的茶油产业化联合体逐渐建立起来。由政府龙头企业酉州生态农业公司负责提供油茶种植核心技术支持、产品最终收购和销售。专业合作社等新型经营主体负责按照龙头企业的技术标准开展生产经营。专业合作社与龙头企业实行两种合作方式：第一种是与龙头企业签订收购合同，实行订单式种植；第二种是专业合作社以"土地经营权入股+农户保底"分红。龙头企业找准了产业发展的清晰路径，专业合作社有了技术和标准指导，也不再为油茶制品的销路发愁，普通农户及脱贫户也实现了稳定增收。

二是突破新型经营主体融资瓶颈。合作社等新型经营主体扎根农村、植根农业、服务农民，把千家万户的小农生产和千变万化的大市场连接起来，是实施乡村振兴战略的重要一环。为支持合作社等新型经营主体发展，该行借鉴总行"吕梁模式"经验，创新推出"农发行+政府+龙头企业+合作社+风险补偿基金+保证担保+保险"（1+6）风险共担贷款模式，解决合作社融资难问题。"1"即农发行，负责独立评审贷款，提供信贷资金支持。"6"分别是：地方政府或主管部门，负责建立风险补偿基金项目库，审核合作社入库；龙头企业，负责提供产业核心技术支持、产品收购和销售，并对合作社派驻财务人员进行指导；农民合作社，负责按照龙头企业技术标准开展生产经营；风险补偿基金，负责在合作社贷款出现不良时，按照贷款总额的70%代偿；保证担保，是指龙头企业为合作社贷款总额的30%和贷款利息提供保证担保；保险，是指合作社自主办理生产经营保险。这种模式既破解了合作社等新型经营主体融资难、融资贵的问题，又为银行防范信贷风险提供了保障，最终实现了"双赢"。

（三）持续用力推动全产业链发展

2022年，农发行累计向59家农民专业合作社等新型经营主体发放流动资金贷款1.26亿元,用于油茶管护流动资金需求,支持新型经营主体生产经营,夯实了联合体发展根基。同时,该行先后审批中长期贷款13.5亿元,支持"产业化联合体"中龙头企业20万亩标准化茶油基地建设。龙头企业自身的发展,为各类经营主体坚定不移推动茶油产业发展注入"强心剂",茶油产业化联合体的合作进一步紧密,国有企业的实力也得到了壮大。2021年,该行向酉阳武陵山油茶研究院有限公司发放流动资金贷款800万元,并于2022年续贷,用于满足企业在制种育种过程中购买种苗、农业生产资料等流动资金需求,支持了酉阳茶油产业链"最前端",酉阳县从"一粒种子到一杯茶油"的全产业链已初步形成。

在农发行信贷资金的撬动下,龙头企业在酉阳县建设了高标准茶油基地21.7万亩,已惠及全县34个乡镇、142个村,联结带动全县农村4.4万户、近15万人,实现农户增收9800万元。龙头企业2021年实现茶油销售收入近8000万元,真正实现了兴旺一个产业、带动一方经济、致富一方百姓的良性循环。未来,酉阳县还将建设茶油加工厂、观光基地,不断延伸产业链条,推动第一、二、三产业融合发展,在3—5年内,把酉阳建成30万—50万亩的全国茶油第一大县。该行已与龙头企业达成一致意见,积极介入茶油加工厂建设项目,助力茶油全产业链高质量发展。

四、推广"富民贷",有效打通"最后一公里"

农业投入大、见效慢、周期长,缺乏有效抵押物,因此贷款难、贷款贵一直是制约农村发展的难题。农业银行重庆分行加大脱贫人口产品服务模式创新力度,不断推出"富民贷"、脱贫人口小额信贷、

"惠农 e 贷"等多种产品,支持脱贫人口增收致富。在覆盖风险和成本的前提下,努力降低涉农客户融资过程中的各类成本,减轻涉农客户负担,提高信贷的可获得性,真正做到让利于农。通过批量化的经营模式、标准化的业务操作,真正实现了"以产品为中心"向"以客户为中心"的转变。①

(一)加大对脱贫人口的信贷投放

脱贫人口小额信贷单户最高贷款额度由 5 万元提升至 10 万元,最长贷款期限延长至 5 年。在脱贫地区大力推广农民专属线上融资产品"惠农 e 贷",简化申贷程序,提高金融机构办理贷款效率,支持脱贫户发展生产经营。加大乡村振兴重点领域信贷投放力度,持续为"三农"县域输送更多金融活水,围绕粮食安全、乡村产业、乡村建设、农业农村绿色发展等乡村振兴重点领域和薄弱环节,加快产品创新,出台专项服务方案。

(二)加强对脱贫区县的支持力度

农行重庆分行与重庆市农业融资担保集团有限公司和安诚财产保险股份有限公司重庆分公司签署"富民贷"的"银行+担保+保险"业务合作协议,充分发挥信贷支持、担保增信、保险保障等功能,切实满足涉农经营主体资金需求,有力推动农业产业发展,高效助力乡村振兴。② 例如,"富民贷"以服务家庭农场、种植(养殖)大户、农民合作社、农业社会化组织、小微农业企业等农业经营主体为切入

---

① 中国农业银行. 金融助力乡村振兴 耕耘美丽中国. 人民日报,2022-3-9。
② 云梦丽. 重庆金融支持农村产业发展的模式与路径研究. 当代金融研究,2023年第 3 期。

点，重点围绕支持粮油生产、农业种业、畜牧水产养殖、菜果茶等农林优势特色产业，重点支持重庆38个涉农区县。贷款金额单户最低10万元、最高300万元，贷款期限一般不超过3年。

第二节　金融下沉力挺农户农企经营

全面推进乡村振兴是新时代建设农业强国的重要任务。田野"沃土"是金融服务的"热土"。金融机构提供的金融服务对做好经济工作和农村工作具有重要的支撑作用，其中，普惠性金融工具和服务下沉到"三农"领域是支撑乡村振兴的关键一环。金融机构可通过全面服务的下沉，充分发挥其特殊优势，为"三农"客户提供全方位的金融服务。一方面，可以扩大自身客户基础，带动金融业可持续健康发展；另一方面，可以为乡村振兴发展提供支撑和帮助，实现乡村发展和金融业务发展双赢局面。[①] 从实践来看，重庆市辖内金融机构坚持普惠特色，纷纷瞄准乡村产业发展的关键领域，鼓励普惠金融下沉到乡村金融市场，以新金融实践服务"国之大者"，用金融"活水"浇灌广袤的农村大地，在乡村振兴领域开展了大量新金融实践，积极探索金融支持乡村建设的新路径，全力做好乡村振兴金融服务。各大金融机构纷纷进行普惠金融产品和服务创新，让金融产品和服务更好地走进农村、服务农民，不仅支持农村集体经济组织发展，而且加大农户信贷投放力度，强化涉农产业链金融服务，以高质量普

---

① 杨颖航. 金融机构下沉助力乡村振兴建设. 商业观察，2021年第19期。

惠乡村金融服务助力农业高质量发展，为推进农业强国建设和中国式现代化贡献力量，推动广大农民群众共享发展成果。

一、"1+2+N 普惠金融到村"

为切实贯彻落实《国务院关于印发推进普惠金融发展规划（2016—2020 年）的通知》，在人民银行总行的指导下，近年来重庆金融业针对重庆市"大城市、大农村"共生，"大山区、大库区"共存的特点，不断探索普惠金融改革创新之路，充分发挥金融赋能经济的作用，因地制宜形成了"1+2+N 普惠金融到村"支持脱贫攻坚及乡村振兴服务模式，既体现了重庆特色，又拓展了普惠金融的广度和深度，提升了服务能力和效率，为重庆脱贫攻坚与乡村振兴工作贡献了金融力量。

（一）金融下乡推进思路

人行重庆营管部以普惠金融"服务到村，帮扶到户，惠及到人"为目标，探索打造"1+2+N 普惠金融到村"模式，即在每个村确定主办银行，以打造 1 个普惠金融到村基地和到村线上服务平台以及普惠金融大数据监测分析系统为基础，以建设金融综合服务站、金融消费权益保护与金融知识宣传站 2 个站点为载体，以农村信用体系建设等 N 项行动计划为抓手，计划在 5 年内实现重庆市 8000 余个行政村普惠金融线上线下全覆盖，破解金融产品和服务"最后一公里"问题。截至 2022 年 6 月底，在人行重庆营管部的推动下，重庆已建成普惠金融基地 4778 个，累计惠及 831 万人。

1. 坚持党建引领与金融服务的统一

2019年以来,中央和国家机关工委部署人民银行系统首批开展创建"让党中央放心、让人民群众满意的模范机关"活动。人行重庆营管部秉承"以人民为中心"的发展理念,将普惠金融到村作为创建模范机关的重要体现,激发基层党组织和党员干部发挥模范带头作用,主动参与农村金融环境建设,切实提高精准服务水平。同时,加强与地方党委政府的协调配合,通过共建金融服务体系和服务设施、明确双向联络员等举措,形成党委合作、支部协同、党员互助的合作模式,实现了推动普惠金融、加强基层党建与完善乡村治理的多赢。

2. 坚持全域推进与精准施策的统一

普惠的基础是夯基垒台、不留空白。人行重庆营管部相继出台《"1+2+N普惠金融到村"实施方案》《关于率先在全国乡村旅游重点村推进"1+2+N普惠金融服务到村"工作的通知》《关于推进2021年"1+2+N普惠金融到村"工作的通知》等系列文件,通过"一村一主办行"、基地标准化管理等举措抓实责任,同时,以"N个行动计划"为载体,精准对接"三农"金融需求,以脱贫攻坚为优先任务,以特色产业为发展重点,因地制宜、因户施策,实现由"普"到"惠"、由量到质的提升。

3. 坚持兼容并蓄与各取所长的统一

以普惠金融到村基地为框架,正确处理其中各类主体、各种要素之间的关系,着力形成良性、可持续的普惠金融发展有机整体。在参与主体上,既要求传统涉农银行在基地基础建设中切实发挥主力军作用,又鼓励其他金融机构,特别是新业态金融机构进行农村普惠金融的探索创新。在改革举措上,既对标全国普惠金融改革试验区的优秀经验,全面地学习借鉴,又鼓励有条件的区县开展形式多样、各有侧重的先行先试和优化迭代,重点健全银企户合作及财政风险补偿机制,提升各类金融服务到村质量。在创新政策工具上,充分运用信息科技赋能金融服务创新、产品创新和市场创新,助力农村金融普惠化、农业产业现代化和农民公共服务便利化。

(二)主要经验做法

1. 四力齐聚,夯实农村普惠金融工作机制

联动政府,凝聚合力。 与各区县政府联合发文共建,加强区县农业农村、财政等部门的参与,做好与人民银行的信贷供应精准对接,及时提供民营小微企业、农业经营主体、建档立卡贫困户等有效信贷需求名单;落实国、市各类贷款贴息和担保费补贴等财政金融政策;协助开展"政担银企户"五方联动的融资对接活动;协调乡镇街道,为普惠金融到村基地建设提供必要场所和人员,为普惠金融发展创造良好条件。

抓实"主办",注入动力。 建立基地主办行制度,每个基地由1家涉农银行主办,或者由1家涉农银行与非涉农银行联合主办,其余驻村金融机构为辅办行,引导银行尤其是非涉农银行通过基地迅速拓展农村金融市场。为充分发挥主办行主体作用,主办行将负责承担普惠金融基地金融宣传服务、机具配置等经费,并指定专人负责牵头包括日常金融知识宣传、金融业务咨询服务、处理金融消费纠纷等基地基础工作,重点对接农村地区多样化、多层次的金融需求,精准推出适合的金融产品和服务。

双向联络,激发潜力。 建立基地双向联络员工作机制,负责信息收集和传递。其中,村组方联络员由村干部担任,金融机构方联络员由主办行工作人员担任。通过建立"一对一"联系,确保主办行及

时受理和快速回应村民各类金融诉求和建议,精准提供专业化、个性化金融服务,缓解了因时间和空间限制基地主办行工作人员无法每日到村服务的困境,为金融机构在农村地区优化金融服务提供了第一手信息。

规范标准,强化效力。为确保场地、人员、牌子、设施四到位,制定《普惠金融到村基地建设标准化规范化操作手册》,明确了银行卡受理终端、验钞机等硬件设施设备的配置标准及布放要求,统一基地标识牌内容、尺寸和材质,规范"两站"工作内容、金融消费者权益保护及银行卡助农取款服务等相关业务流程,突出可视化、实用性和吸引力。

2. 双向驱动,打造线上线下工作载体

以"两站"为载体,建立普惠金融到村线下基地。在村委会、助农取款服务点等地建立普惠金融基地,配备金融综合服务示范站、金融消费权益保护与金融知识宣传站各1个。金融综合服务站配置业务柜台、银行卡受理终端、验钞设备、保险柜、电视机、书柜等,让村民在家门口就能"一站式"享受小额取现、零钞兑换等服务的基础上,精准对接"三农"多样化的金融新需求,直接将征信、国债下乡、理财、电商融合等综合金融服务一揽子下沉到村,实现了"金融基础服务不出村,综合服务不出镇"的目标。[1] 金融消费权益保护与金融知识宣传站则公示了投诉咨询电话、投诉受理处理及调解流程,摆放了投诉咨询登记簿,书柜中还摆放了金融知识宣传作品,电视中滚动播放金融知识宣传作品,宣讲防金融诈骗、金融消费等知识,在潜移默化中提升村民金融意识、诚信意识、风险意识以及运用

---

[1] 向往. 推进普惠金融进村入户. 中国金融, 2021年第17期。

金融工具的能力。

打造"1+2+N普惠金融到村"线上服务平台。充分发挥科技赋能作用，先行先试打造"1+2+N普惠金融到村"线上服务平台，使辖区内各线下普惠金融到村基地和线上普惠金融到村服务平台双线联动，进一步拓展线下普惠金融到村基地的服务功能和辐射范围，实现村企、村民通过扫描二维码即可"足不出户"便捷获取金融服务。重庆市"1+2+N普惠金融到村"线上服务平台以区县为单位，模块设置标准化，8个模块均对应普惠金融到村线下基地的"1+2+N"，其中"1"对应的是党建引领，"2"对应的是"金融综合服务站"和"金融消费权益保护和金融知识宣传站"，"N"对应的是N项行动计划，推动形成政策发布、宣传发布、产品发布、需求发布的功能集合，并开放式一键链接各银行金融服务入口，精准对接供需双方，实现服务场景的线上线下融合。

3. 多点发力，不断优化迭代农村金融服务内容

随着农村金融服务不断丰富，农村主体参与金融生活越来越频繁，农村金融服务的内容也不能再局限于简单的基础金融服务，还需要发挥信贷资金的撬动作用，帮助农村各类组织和个人更好地发展产业。具体来讲，重庆市启动了"四推进、两计划"专项行动。

"四推进"包括：一是推进货币信贷到村。发挥支农再贷款、支小再贷款等货币政策工具的引导和撬动作用，指导相关银行对接央行资金创新"再贷款+"信贷产品，加大对农村专业合作社、农户、建档立卡贫困户、返乡农民工等的信贷支持力度，人民银行对符合条件的贷款予以再贷款额度优先支持。激励相关银行进一步加大资金投入，带动农户小额信用贷款、脱贫人口小额信贷、个人消费信用贷款、创业担保贷款等领域实现扩面增量。二是推进支付服务到村。推

动助农取款服务点、农村电商村级服务点与移动支付服务点"三点"融合共建，通过银行卡、云闪付、助农取款、电子商务等方式延伸普惠金融下沉支持乡村振兴的金融服务渠道；加强移动支付等新兴支付方式在农村的推广应用，稳步扩大云闪付扫码支付交易量，鼓励和引导云闪付 App 创新开发更加贴近"三农"需求的支付产品和服务；引导银行和支付机构为乡村振兴产业供销提供网银、移动机具等结算服务，为农产品销售电商平台提供网络支付服务，量身打造农村产业链定制化支付服务解决方案。① 三是推进国债下乡行动。深入开展人脸识别自动 POS 机具布放到村发行国债示范项目，完成"国债宣传服务站助力乡村振兴战略"三年规划。创新建立"切块+竞售"的销售模式和"T+1"保护机制，推动重庆农商行将额度分配精细到负责"1+2+N 普惠金融到村"基地的具体网点，重点向农村地区倾斜。四是推进农村金融素养提升。发挥"渝见金融"讲师团作用，组建"坝坝学堂"，直接到村坝院落中开展金融知识讲座；开展优秀视频展播，宣传与农民生活息息相关的基础金融知识；利用村村通广播，用通俗易懂的语言向农民宣传金融知识、金融政策、基础金融业务办理流程等；发挥"金融课校园行"活动的组织优势，联合地方教育部门、团组织，重点面向农村地区中小学生探索开展金融知识常态化普及教育的新形式。

"两计划"包括：一是农村信用体系行动计划。充分利用重庆农村信用信息基础数据库等系统，推动涉农数据跨领域共享应用，为"三农"信贷融资提供可信任、可追溯的数据源，提高信用体系覆盖面和应用成效。大力推进"信用户""信用村""信用乡（镇）"的

---

① 李铀. 创新打造"1+2+N 普惠金融到村"服务平台 为乡村振兴注入金融"活水". 金融电子化，2022 年第 6 期.

创建与评定，并对信用经营主体、户、村、乡（镇）在授信额度、贷款利率和手续等金融服务方面给予政策倾斜。二是金融消费权益保护行动计划。推进调解员进乡村活动，联合市司法局，积极发挥重庆市金融消费纠纷人民调解委员会的作用，每个基地配备1名以上金融消费纠纷兼职调解员，实现金融消费纠纷就地化解。推广违法违规广告"随手拍"小程序，发展普通用户对疑似违法违规金融广告进行拍摄、记录并完成线索报送。

（三）主要工作成效

1. 实现"三个率先"，有序拓展基地覆盖面

率先在深度贫困乡镇打造普惠金融服务到村基地，助力脱贫攻坚。重庆市在18个深度贫困乡镇同步开展幸福家园与普惠金融服务到村基地建设，筹集捐款近700万，助力巫溪县红池坝镇、黔江区金溪镇等地幸福家园及普惠金融服务到村基地建设。其中，红池坝镇已经实现全镇覆盖。

率先在全国乡村旅游重点村建设普惠金融服务到村基地，助力美丽乡村建设。引导基地主办行结合金融支持农旅、文旅、康养发展，对接央行资金创新"再贷款+"信贷产品，积极推广"景区开发贷""景区收益权贷""美丽乡村贷""惠农贷""农家乐贷"和"个人生产经营贷"等乡村旅游特色产品。

率先打造全区普惠金融服务到村基地线上线下全覆盖样板。人行长寿中支指导农业银行长寿区支行等4家涉农银行先行先试，建成4个"1+2+N普惠金融到村"线下示范基地，探索形成了"主办银行+协办银行"共建共享的可复制推广模式。2021年，该行指导长寿区15家银行采取"分片包干"方式全面推开线下基地建设工作，坚持

高标准建成"1基地""2站点",顺利在2021年6月底前实现金融基础设施覆盖全区206个行政村,并上线长寿区"1+2+N普惠金融到村"线上服务平台,覆盖全区近20万农户,使长寿区成为首个实现普惠金融服务到村基地线上线下全覆盖的区县。

2. 满足农村居民多样化金融需求

进一步夯实基础金融服务功能。截至2021年末,全市已实现金融服务村级全覆盖,全年全市助农取款服务点累计办理业务791万笔。组织全市承销银行深化"切块+竞售"T+1保护国债下乡发行机制,优先向三峡库区、武陵山区等32个区县乡镇切块发售。2020年,全市农村地区发行国债14.3亿元,同比增长43.6%,占全市的51.5%,为农村居民增收2.1亿元。通过完善反假货币工作机制、加强警银联动合作、在农村设立反假货币监测点等措施,2020年全市共收缴假人民币1058.7万元,同比下降22.8%。

进一步丰富金融创新产品。充分利用再贷款政策、再贴现政策、准备金政策等货币政策工具,引导金融机构依托政策优势推出信贷产品,如水稻贷、桑蚕贷、龙虾贷等。截至2020年末,全市金融精准扶贫贷款达1327亿元,其中产业扶贫贷款余额达345亿元,同比增速高达68.3%。重庆农商行等银行与基层政府合作,在黔江区共林村探索形成"银行+央行再贷款+风险补偿基金+保险+公司+专业合作社+贫困户"多方联动的立体化扶贫模式,帮助全村贫困户100%实现脱贫。人民银行秀山县支行推动政府建立扶贫小额信贷风险补偿基金,引导银行累计发放扶贫小额信贷3.1亿元,促使获贷率达到50.9%。[1]

---

[1] 李波. 持续增强贫困群众的金融获得感. 中国金融, 2020年第15期。

3. 金融服务效率进一步提升

进一步拓展金融产品附加功能。优化乡村振兴主题卡特色权益，融服务于农村生产生活，为持卡人提供涉农意外保险、免费医疗咨询、免费法律咨询、免费农技指导、农产品物流保鲜增值服务等特色权益。重庆农村商业银行发行的"乡村振兴卡"为农村专业大户、家庭农场、农户以及农民专业合作社的法人、股东、社员等农村经营主体持卡客户授信贷款额度，满足农户资金"短、小、频、快"需求。截至2021年末，全市"乡村振兴卡"累计实现交易124万笔、金额37亿元，融资授信超10亿元。

积极推进金融科技赋能乡村振兴。完成6599个助农取款服务点扫码取款升级改造工作，实现对市和区县两级共148个乡村振兴重点帮扶乡镇、286个乡村振兴重点帮扶村全覆盖。截至2022年6月底，90%的金融科技示范工程项目已上线运行，示范工程项目累计发放涉农信贷超过330亿元，绿色信贷超过1000亿元；搭建农产品销售平台，累计交易额超过5亿元。依托"裕农通"普惠金融服务点为农村居民提供助农取款、残疾证预审、社保养老待遇资格认证等民生服务。目前，残疾证预审服务已在万州、开州等三地上线，服务残疾人群众1.4万人次；社保养老待遇资格认证已在永川、大足等18个区县上线，服务14.9万人次。

4. 农村金融治理环境得到改善

积极开展信用村（镇）评定。截至2022年第二季度末，全辖区已评定信用村1701个、信用乡（镇）85个，评定信用户213.4万户。在巴南探索建立覆盖巴南区所有信用村的"互联网+"农村信用大数据平台，注册用户152户，实现融资63笔，金额1821.7万元。

农村金融消费者权益保护取得积极成效。在基地公示投诉咨询电话,设立调解员,推进金融纠纷就地化解。截至2022年6月底,已受理消费者投诉咨询2284笔。通过为每个基地设置普惠金融书柜并组建"坝坝学堂""金融讲师团"为村民授课等方式,实现金融知识宣传常态化。截至2022年6月底,基地已累计开展各类宣传9305次,其中进乡村学校宣传600次。

二、金融助力惠农"金果果"

巫山县是"中国脆李之乡",巫山脆李先后获得"中华名果""全国优质李金奖""农产品地理标志商标"等荣誉。人行巫山县支行紧紧围绕地方政府关于"1+3+2"山地特色高效农业发展的战略布局,引导辖内银行机构加大信贷投入,为脆李等产业发展注入金融活水,助推乡村振兴。2022年1—6月,共计发放脆李贷款729笔、5515.7万元,脆李保险投保1032户、252.5万元,有力支持了脆李产业的发展。

(一)加强引导力度,量身定制金融产品

人行巫山县支行通过制定《中国人民银行巫山县支行货币信贷工作指导意见》等方式,引导银行机构创新金融产品和服务,加大对脆李种植大户等新型农业经营主体的信贷支持力度,助力农户通过种植脆李增收致富。如2021年,农商行巫山支行创新推出"雨棚贷",支持脆李种植户搭建防护雨棚,减少暴风雨对脆李种植造成的损失,共计为4户脆李种植大户发放贷款120万元,惠及近50亩优质脆李种植基地;农行巫山支行联合巫山县农业农村委推出了"乡村振兴—惠农果业贷",解决巫山县果农、批发商、收购商等资金难

题,已发放 36 笔、930 万元。

(二) 推出专项保险,加大兜底保障力度

脆李一般在入伏时节成熟结果,而频繁出现的暴风雨天气是影响脆李销售收成最大的不利自然因素。为了提升脆李种植户应对自然灾害的能力,人行巫山县支行推动巫山县财政局联合多部门出台了脆李政策性农业保险政策,引导金融机构积极响应,组织当地保险机构为脆李保险开通绿色通道。2021 年,巫山县各保险机构共计承保脆李种植面积 13909 亩。当年受暴风雨天气影响,共计赔付 749.8 万元,大大降低了脆李种植户的损失,保护了农户的收益和种植积极性。

(三) 打造"脆李金融",保障多重金融需求

2021 年 5 月,重庆农商行巫山支行为重庆荣科供应链科技有限公司提供贷款 740 万元,支持其优化分拣技术、收购农户脆李等。一是推动创设专属存款产品。面向从事脆李种植、销售的个人或专业合作社,适当提高存款利率,有效提振巫山脆李种植户发展脆李产业的信心。二是银企联动畅通销路。将巫山脆李纳入银行"乡村振兴"专场直播带货活动,并邀请脆李种植大户代表进驻直播间,单日销售脆李曾达 635 斤、金额达 11176 元。

在金融活水源源不断的支持下,巫山脆李种植取得了良好的社会经济效益。2021 年 1—6 月,脆李种植、加工、销售等领域的市场主体获得贷款 5500 万元,助推脆李产业不断壮大,带来了良好的经济和社会效益。7 月末,巫山县脆李种植总面积达 30 万亩,规模居重庆第一,产量达 13 万吨,产值达 17 亿元。脆李种植覆盖贫困户 10130 户,辐射贫困人口达 3.4 万人,通过种植巫山脆李获得收益的

农户达 5 万余户。

三、"以链为媒"，信息助农

（一）加强金融链与农业产业信息链对接

各大金融机构依托资金源，依托互联网场景，为重点农业产业链高质量发展注入动能。如建设银行涪陵分行积极参与"中国榨菜指数平台"建设，以"中国榨菜指数平台"生态场景为依托开展榨菜产业链金融服务，形成了农资购买、种植、初加工、深加工、仓储、运输、生产和销售全产业链的架构，汇集链条企业的概要、订单流、资金流、销售量等经营信息，对链条企业进行信用体系建设、风险画像和数据增信。2022 年以来，榨菜产业链链长行、协办行累计为 53 户产业链企业融资 6116 万元。

（二）加强链条利益链接

强化农业产业链核心企业对脱贫人口、易返贫人口的吸纳带动作用。金融链长制实施以来，通过产业链连接机制带动投放脱贫人口小额信贷余额 9312 万元。如中国人民银行长寿中心支行加强"政银企村户"模式运用，通过五方利益联动，指导链长银行加强与禽蛋行业核心企业、标杆养鸡合作社对接，辐射支持周边养殖大户，累计向蛋鸡产业供应链主体企业和养殖户投放贷款 1.5 亿元，吸纳和带动周边养殖户 193 户，提供就业岗位 156 个，带动农户每年人均增收 3 万元。

四、根植巴渝，助农创业

重庆农村商业银行作为根植重庆本土的农村金融机构，始终坚守服务"三农"、助力乡村振兴的责任和使命，积极探索乡村振兴、巩固脱贫攻坚成果领域精准对口扶持业务模式，聚焦"农民创业"重要课题，与重庆市财政局、重庆市人社局以及重庆市小微企业融资担保有限公司通力协作，做好、做实、做精创业担保贷款产品，为助力乡村振兴注入源源不断的金融活水。

（一）主要措施

作为配套国家扶持"双创"的重要金融举措，创业担保贷款具有以下扶持政策。

1. 政府性融资担保公司提供担保

针对"三农"创业就业群体普遍缺乏资产抵质押担保的情况，创业担保贷款由重庆市小微企业融资担保有限公司提供连带责任保证，借款人无需提供房屋等抵质押品作为担保，有效缓解"融资难"问题。

2. 享受财政贴息

为减轻"三农"创业就业群体融资成本，创业担保贷款执行利率最高不超过 LPR+250bp，贷款利息除 LPR-150bp 以下部分由客户自行承担之外，其他均由财政进行贴息。在此基础上，根据国家政策，区县政府可运用财政资金，对客户承担利息部分进行补贴，实现全额贴息，有效缓解"融资贵"问题。重庆农商行充分运用政策条件，在银政担合作、系统建设、营销推广等各方面相关工作中深耕细作,使其在较大的政策支持的基础上,在业务效率、服务水平、风险防控等各方面均取得了较好的成效,广为创业群体所接受。

3. 主要服务对象实例

创业担保贷款聚焦"三农"领域创业就业群体经营,将农村自主创业农民、脱贫人口作为主要发放对象,支持其创业就业,为经营注入活力。例如,武隆区农村自主创业农民工谢先生,2020年以来从事餐饮服务行业,创办"武隆区藕锅锅餐馆",创业过程中受疫情影响,资金周转困难,急需流动资金。重庆农商行在了解到谢先生的困难后,立即安排客户经理进行详细调查,结合谢先生的实际情况,为其推荐创业担保贷款。引导客户提交贷款申请,完善贷前审批资料后,重庆农商行通过创业担保智能审批,实现了当日提交当日批复,为谢先生授信贷款20万元,期限12个月,及时缓解了客户资金困难现状。再如,谭女士系万州区农村自主创业农民,外出务工返乡后,在万州区龙沙镇再次创业,从事收购农副产品、粮食及农作物初加工,因缺流动资金,便向万州区就业人才中心申请贷款。通过审批办妥担保手续后,重庆农商行于5月29日受理并向谭女士收集贷款资料,于5月30日发起授信申请,运用创业担保贷智能审批,当日即完成了审批,并于次日成功放款,迅速解决了谭女士的创业资金问题。截至2022年6月末,有2万余户像谢先生和谭女士这样的农村自主创业农民通过重庆农商行获得了创业担保贷款支持,重庆农商行为乡村振兴贡献了自己的一份力量。

(二) 主要实务模式

自2015年业务开办以来,在与重庆市财政、市人社及市小微担保公司的共同努力下,重庆农商行不断规范完善创业担保贷款业务模式，优化办贷流程。

1. 政策申请

在借款人申请创业担保贷款前，市人社各级机构对借款人进行创业就业培训、申请人资格认定等，完成后对借款人申请进行审批，其后通过线上系统将审批信息传送至市小微担保公司。

2. 担保审查

市小微担保公司根据人社机构提供的信息进行担保初审。完成后，将客户信息通过线上系统传至重庆农商行。

3. 贷款办理

重庆农商行根据市小微担保公司传来的信息，联系客户办理贷款，在贷款调查、审查审批环节后，即通知市小微担保公司落实担保手续，办理签约放款。创业担保贷款是具有较强政策性的产品，重庆农商行结合自身制度优势和科技条件，在固定流程的基础上探索业务的智能化、自动化，不断提升业务办理效率和金融服务水平。

一是线上申请和受理。借款人可通过"重庆人社"App 填写贷款申请信息，提交创业担保贷款政策申请。经借款人所在区县人社局审核同意后，业务信息通过线上渠道传送至市小微担保公司进行担保审查。通过担保审查后，市小微担保公司通过线上渠道将担保手续传送至重庆农商行。从借款人申请到重庆农商行受理调查，实现全流程线上高效化办理。

二是线上智能审批。重庆农商行为创业担保贷款在全市率先开发上线专属自动审批功能，以自主研发的智能风控审批模型代替人工审批，赋予业务即时出具审批结论的功能，实现快速审批。

三是银担交互渠道平台。自创业担保贷款业务开办以来，重庆农商行与重庆市小微企业融资担保有限公司通力合作，在全市率先开展各类系统功能的研发建设，先后开发上线了贷款信息传输、担保信息传输、反担保影像平台等特色化、专项化功能，持续提高创业担保贷款业务办理效率，优化金融服务，立足形成创业担保贷款银担系统交互标准，通过"一站式"线上服务实现让数据多跑路、群众少跑腿。

（三）主要成效

截至2022年6月末，重庆农商行创业担保贷款余额51.06亿元，当年累计投放17.86亿元，支持2万余人创业就业，在全市占有84%的市场份额，是最为民众所接受的承贷银行，获得了广泛好评。其中，重庆农商行坚守农村金融机构定位，将业务重心始终保持在"三农"领域，使用创业担保贷款政策条件和业务优势，聚焦乡村振兴领域的融资难点，疏通"三农"金融扶持政策的堵点。

1. 支持农民创业

创业担保产品以农村自主创业农民、脱贫人口两大类为主要发放对象，支持其创业就业。截至2022年6月末，支持农村自主创业农民、脱贫人口共2万户，余额36.9亿元。

2. 支持农业发展

创业担保贷款所支持的行业范围囊括了从农业生产资料制造销售、农林牧渔业以及农产品加工运输等领域。截至2022年6月末，创业担保贷款中用于农林牧渔业贷款共3100户，余额5.4亿元；用于农产品加工、运输等行业贷款共300户，余额0.5亿元。

3. 支持农村建设

重庆农商行与人社机构推动银政合作纵深化，强化基层分支机构的对接协同，重点加大对农村领域的创业担保贷款投放支持力度，尤其是做好脱贫区县的融资需求对接。截至 2022 年 6 月末，对重庆市 18 个脱贫区县投放的创业担保贷款共 1.7 万户，余额 29.9 亿元。

(四) 主要风险控制手段

相较于其他贷款，"三农"创业担保贷款在业务风险上不可控因素较多，具有一定的复杂性。一是农、林、牧、渔业的生产经营受自然因素影响较大；二是农民创业相对于城镇高校毕业生、失业人员等群体创业，在经营环境上具有第一、二、三产业融合的综合化特征；三是创业就业项目经营现金流稳定性较差，经营收入难以测算。以上情况对风险控制提出了较高的要求，为此，重庆农商行充分发挥银担合作、科技创新等优势，采取有效措施，提高风险控制水平。

1. 运用科技手段，加强风险审查

为推动业务风险有效识别，重庆农商行为创业担保贷款专门开发了智能风险审批模型，对借款人工商信息、信用记录等内外部数据综合参考、客观分析、合理测算、科学决策。以系统智能审批代替人工审批，减少人为主观因素对风险审批的影响，增添在授信审批阶段的风险识别方式，推动业务风险控制水平整体提高。

2. 深化银担合作，联动风险防控

创业担保贷款由重庆市小微企业融资担保有限公司承担连带责任保证，为加强贷款审查和担保审查的联动，双方搭建了专项线上交互渠道，强化流程管控。同时，为落实反担保手续，确保风险充分覆盖，双方搭建了专用影像信息平台，为限制性条件的落实管控增加抓手，密切配合联动，切实做好风险防控。

五、"一链一策"推动龙头产业发展

为促进金融资源与农业产业链高效对接,助力乡村振兴和农业高质量发展,2021—2022 年,人民银行重庆营管部在万州、涪陵、黔江、长寿、开州、梁平、忠县等 7 个区县创新开展重点农业产业链金融链长制试点,明确金融链长银行和协办银行,在机制建设上务实功,在产品创新上出实招,在链条连接上求实效,引金融活水为重点农业产业链注入发展动力。

(一)在机制建设上务实功,发挥金融链长"火车头"作用

1. 建立工作推进机制

推动试点区县结合当地实际,根据重点农业产业链金融链长制试点工作要求制定具体实施方案。首批选取生猪、榨菜、桑蚕、家禽、有机鱼、柑橘等 12 条重点农业产业链开展试点,明确链长银行、协办银行,建立 7 个产业链工作专班和多个金融服务团队,细化运行机制和成员职责,推动农业产业链金融链长制工作落实落细。

2. 完善需求共享机制

通过试点区县农业农村委、乡村振兴局等多方渠道,建立常态化信息共享机制,批量获取龙头企业、合作社、养殖户等经营主体真实资金需求,形成试点产业链重点企业名单库。

3. 建立融资对接机制

通过央行再贷款示范基地、"1+5+N"乡村振兴金融服务港湾、"1+2+N 普惠金融到村"基地等示范基地,常态化开展政策宣传对

接，组织链长银行和协办银行开展银企走访对接、融资对接主题月、重点农业产业链银企对接会等活动，截至2022年第一季度末，向首批试点的12条重点农业产业链发放贷款7.1亿元，惠及2861户龙头企业、种养大户、农民合作社、家庭农场等新型农业主体和农户。

（二）在产品创新上出实招，"一链一策"加大支持力度

在重点农业产业链金融链长制的推动下，试点区县聚焦重点农业产业链融资堵点难点，加强产品服务创新。

1. 聚焦风险和抵押物不足

聚焦生猪养殖价格波动大、养殖风险高、缺乏担保物，创新能够有效缓释信贷产品的风险。人行黔江中支推动重庆市首笔"信贷+保险+期货"项目落地，为生猪养殖企业提供了约840万元的生猪价格风险保障和500万元的生猪活体抵押贷款，为企业对冲养殖风险并满足其短期流动资金需求。人行涪陵中支推动政府部门建立生猪养殖贷款相关押品价值评估和流转机制，推动发放养殖圈舍、生猪活体抵押贷款。

2. 聚焦重点农业产业链贷款成本高

聚焦重点农业产业链贷款成本高，将再贷款资金向重点农业产业链倾斜。以央行再贷款撬动更多低成本金融资源投入重点农业产业链，运用再贷款支持重点农业产业链贷款余额1.2亿元，通过打造央行再贷款示范基地，为禽蛋、有机鱼等重点农业产业链提供优惠利率信贷资金。

3. 聚焦产业链上小微企业贷款需求"短小频急"特点

优化推进"见贷即担""见担即贷"合作新模式。如重庆农商行涪陵分行与重庆市农业担保集团有限公司合作创设的"渝快乡村振

兴贷—涪陵榨菜贷"放款 14 户，发放金额 530 万元。工商银行长寿支行推出"兴农养鱼贷"产品，利用"银行+农担"模式，通过养殖面积快速测评给予授信，从申请到放款仅需 5 个工作日，累计为链上企业农户提供信贷支持 713 万元，解决了鱼类养殖户的融资难题。通过银担合作创新，降低产业链主体融资成本和融资难度，缩短办贷时间，提升金融服务效率。

第三节　金融创新保障农业生产组织

　　实施乡村振兴战略，是党中央的重大决策部署，是决胜全面建成小康社会、全面建设社会主义现代化国家的重大历史任务，是新时代做好"三农"工作的总抓手。人民银行、银保监会等持续鼓励引导银行保险机构不断扩大金融服务覆盖面，深入推进金融机构下沉农村、创新乡村振兴金融服务，提高农村金融服务覆盖率、可得性、满意度。金融赋能乡村振兴，既需要中央决策层高瞻远瞩、自上而下的顶层设计，又需要各地农村金融机构根据自身的资源禀赋、所处环境条件等进行自下而上的积极探索，找到一条适合自己的发展之路。重庆市金融机构高度重视改进农村金融服务，始终把改进农村金融服务作为重点工作来抓，以农村金融创新为改进农村金融服务的突破口，从基层金融服务农业生产组织的过程中，创新推出一系列具有较强可操作性、可学习参考、可借鉴复制、可交流推广的金融创新产品和服务模式，为有效化解农村融资难、融资贵的问题发挥了积极作用，体现了金融支持乡村振兴战略的实践和成果。

一、柑橘气象指数保险护航生产组织有序开展

安诚保险重庆分公司多年来以满足农险市场多元化保险保障需求为目的，助力重庆地区特色农产品产业高质量发展，为服务乡村振兴战略贡献国企力量。

（一）主要背景

2016年，重庆市开州区"开州春橙"被评为全国名优果品区域公用品牌，成为全市唯一一个被授予该项殊荣的品牌。为支持开州区进一步做大做强"开州春橙"品牌，降低柑橘产业生产、经营风险，助力脱贫攻坚，推进乡村振兴，安诚保险重庆分公司于2017年向开州区农委、财政局等部门提出了开发柑橘气象指数保险产品的思路，并在开州区农委、农业服务中心的大力支持和悉心指导下启动了柑橘气象指数保险的研究。2017—2019年，安诚保险重庆分公司与中国农业共保体等单位的气象指数保险专家团队深入合作，结合开州区过去30年的气象数据，初步拟订了柑橘气象保险指数保险方案。2020年，为了深入贯彻落实2019年10月12日财政部等四部门《关于加快农业保险高质量发展的指导意见》中"拓宽农业保险服务领域""稳步推广指数保险"的要求，在市农业农村委、市农科院的指导和支持下，与中国农业保险再保险共同体合作研发出了创新险种，即柑橘气象指数保险。

该机构现有的柑橘产业保险保障体系包括种植保险和收益保险，分别对种植风险和市场风险进行保障。但现有的种植保险存在两个突出问题：一是保障程度低；二是部分品种虽然不面临低温冻害风险，

但缴纳的保险费与面临低温冻害风险的品种一样,保险产品的公平性无法保证。安诚保险重庆分公司就此问题做进一步思考,若通过柑橘气象指数保险引入低温气象指数保险,可将原有种植保险的低温冻害责任剔除,在不增加保费前提下可适当提高对其他灾害的保障程度,两方面问题均能得到一定程度的改善,而需要获得低温冻害保险保障的种植户可购买低温气象指数保险。

(二)主要措施

2020年11月,安诚保险率先在开州区签下重庆市第一单柑橘气象指数保险,试点面积2万亩,该险种在2020—2021年保险期间内为开州区柑橘种植户提供4000万元的风险保障。

1. 加强保险力度

作为政策性保险支农惠农的又一新举措,开州区政府给予参保橘农70%的保费补贴,农户只需承担30%的保费。同时,根据保单约定,当气温低于约定温度时,农户即可获得赔偿。

2. 增强风险预警

柑橘低温气象指数保险运用气象监测数据,为柑橘种植户提供风险预警,有效提升种植户的风险意识和防范能力,同时根据监测数据对低温冻灾进行定损。

3. 促进防灾减损

当种植户遭遇低温天气时,通过开展防灾减损工作降低了损失的,依然可以获得保险合同所约定的赔偿,避免发生种植户对保险产生依赖性而放弃防灾减损工作的情况。

（三）主要成效

2020年12月初至2021年1月中旬，开州区遭遇连续低温天气，最低温度达到零下4度，此次低温天气持续时间长且霜冻灾害强度大，导致果农种植的柑橘受到严重损失。在接到灾情讯息后，安诚保险重庆分公司开州区支公司迅速制定和启动应急预案，工作人员立即实地走访受灾严重的种植户，勘察灾情损失情况，积极与气象站联系并指定专人时刻关注气象局发布的天气变化情况，做好相关信息的收集工作，通过短信、电话、登门提示等多种途径，及时将天气变化信息通知投保客户，让他们做好防灾减损工作。本次受到低温气象灾害影响的柑橘种植户34名，公司累计支付赔偿金额201.8万元，单笔最高赔款达到25.3万元。柑橘气象指数保险及时、高效的理赔对农户灾后再生产起到积极作用，也进一步增进果农对政策性农业保险的依赖和信任，有效弥补果农因冻灾导致的损失，为当地柑橘产业发展助力。

二、"银保期"组合拳助推生猪产业安全生产

为全面落实乡村振兴战略重大决策，充分发挥保险、期货等金融工具作用，有效增强农业保险防灾减损能力，保障农民降本增效，促进生猪产业和农业保险高质量发展，拓展农业保险的宽度和深度，重庆市首单政府指导、多方筹资、市场运作的政策性生猪"保险+期货"产品正式落地，由中华财险重庆分公司率先承保。

（一）首个政策性生猪"保险+期货"项目落地荣昌

2022年5月，中华联合财产保险股份有限公司重庆分公司荣昌

支公司与荣昌区9户生猪养殖户签订了"保险+期货"承保合同，为荣昌区1.5万头生猪提供了2760万元的价格保障，签单保费为120万元。生猪"保险+期货"项目模式是生猪养殖户向保险公司购买政策性生猪目标价格保险，由保险公司对生猪价格进行保障。同时，保险公司向期货公司买入场外期权进行再保险，最终形成风险分散、各方受益的闭环。该项目保费由财政补贴40%，期货公司及其他主体承担30%，养殖户自缴仅30%。可有效解决商业性生猪"保险+期货"保费较高、养殖户参保积极性低的问题；财政持续提供支持，亦可确保该项目的普惠性和可持续性。该笔保单的签订，标志着重庆市政府指导、多方筹资、市场运作的政策性生猪"保险+期货"项目正式落地。当市场生猪价格低于保险合同约定价格时，保险公司将为养殖户提供差价补偿，使养殖户提前锁定猪价下跌风险，为广大养殖户应对猪价持续下跌提供有力金融支持。截至2022年，由中华财险推动的"保险+期货"项目，约承保生猪15万头，提供风险保障2.6亿元，将为全面落实乡村振兴战略，助力生猪产业"保供稳价"发挥重要作用。[1]

（二）"银行+保险+期货"联动服务金融扶贫，解决养殖户融资难题

2022年5月11日，中华财险联合邮储银行永川分行以养殖户658头生猪投保的养殖险和"保险+期货"产品为风险缓释措施，向其发放流动资金贷款50万元，用于补栏和购买饲料。这种"银行+保险+期货"模式，基于已有的生猪养殖险解决生猪养殖中的生产风

---

[1] 孙章龙，王志帅. 打好金融"组合拳"全面助推生猪产业高质量发展. 重庆日报，2022-5-17.

险，"保险+期货"解决生猪养殖面临的猪价下跌的风险，两种产品组合解决了生猪活体灭失或大幅贬值的风险，达到为猪"保值"的目的。银行机构可以放心接受生猪活体抵押或保单所保利益作为风险缓释措施，为养殖户融资，有效解决养殖户因缺少抵押物而融资难的问题。

上述政策性"保险+期货"和"银行+保险+期货"的落地，是重庆首笔生猪活体抵押贷款、首笔商业性"保险+期货"等金融产品创新后的又一新产品，是探索用金融工具缓解"猪周期"及猪瘟等对生猪产业的冲击的重要举措。

（三）探索全国首批病死猪无害化处理与保险联动机制建设试点

2019年，中华财险荣昌支公司在全市率先开发并推广启用"荣昌区畜禽无害化处理保险监管平台"，实现了保险赔付和处置病死猪只的联动模式，确保信息实时共享。同时，通过该平台，保险公司利用手机软件线上处理核保、查勘、定损、核场查勘拍照。病死猪只数据通过手机上传平台，获得畜牧部门在线确认后，中华财险荣昌支公司第一时间开展理赔，减少了资料传递和人工跑腿，理赔周期从传统的纸质件理赔模式下的70天缩短到3天之内。截至2022年，该平台顺利完成猪只赔付85万头，理赔金额1.5亿元，极大提高了理赔效率，也有效阻断了猪瘟造成的人畜交叉感染。

基于上述探索经验，荣昌区顺利申报成为全国首批病死猪无害化处理与保险联动机制建设试点区。中华财险荣昌支公司将以前期开发的"荣昌区畜禽无害化处理保险监管平台"为基础，通过将原有无害化处理设施设备进行升级改造、完善无害化处理监管平台、开展信息化联动管理、加强保险机构与监管部门的信息互联互通等措施,使病死猪集中无害化处理率达90%以上,保险与病死猪无害化处理联动理赔率达到100%,并最终形成可操作、可复制、可推广、可持续发展的保处联动"荣昌模式",在全国起到示范带动作用。

(四)构建"金融+生猪大数据"模式,科技赋能生猪产业高质量发展

中华财险荣昌支公司将加大投入,进一步健全"金融+生猪大数据"模式,充分发挥大数据效能,科技赋能生猪产业高质量发展。一方面,加强数据信息交流。推动银行保险机构强化与国家级重庆生猪大数据中心、国家生猪线上交易平台合作,加强信息交流共享,建立通畅的数据交流机制,使保险机构可以快速、准确地掌握全区生猪具体养殖数量、分布情况,为扩大生猪保险承保范围、实现应保尽保提供数据支撑;配合银行机构,依托产业数据,开发普惠金融产品、生猪产业专属信贷产品等,打造生猪产业金融服务中心。另一方面,开发"产业链保险",支持建设智慧化养猪场。对重点企业的楼宇式大型种场的智慧养殖管理、数字化精准饲喂、模块化智慧养殖等应用场景提供金融保险支持。

(五)推动生猪应保尽保,保障惠及基层养殖户

中华财险荣昌支公司率先在全市推动生猪全域保险试点,推动在荣昌区重点镇街实现无论是仔猪、母猪还是育肥猪均可参保,改变了散养户达不到一定规模无法投保的情况。全域保险试点项目已于2022年5月全面开启,后续将在区内全面推广。联合有关企业推动"公司+农户"订单化养殖模式,将基层养殖户整合在一起,以公司为主体参保养殖保险并提供全产业链服务指导,解决其购买饲料成本

高、技术能力薄弱、销售渠道窄、抗风险能力弱、投保难等难题。探索建立了特色金融机构,与重庆农商行荣昌支行合力,选取汇宇分理处作为乡村振兴特色机构,专营生猪产业链信贷业务,下沉服务重心,提升金融服务的针对性和有效性。

总体来讲,中华财险金融支持生猪示范区建设是深入贯彻落实党中央、国务院"十四五"规划的重要工作部署,全面推进乡村振兴的重点工作安排。中华财险将进一步统一思想、提高认识、主动作为,有目标、有计划、有步骤地推进该项工作,满足示范区建设多样化、多层次、特色化金融服务需求。

三、绿色金融助力乡村能源基础设施

在重庆巫山、黔江的广袤山地上,一块块多晶硅板错落有致地铺满一道道山梁,好像为绿色大地洒上一幕幕蔚蓝色的光。巫山三溪两坪和黔江五福岭光伏发电场是长江三峡集团旗下公司修建的两大乡村能源基础设施项目。中国银行重庆黔江支行为该公司提供近8亿元授信支持专项用于可再生能源光伏发电,不仅将闲置的山区土地资源充分利用起来,还为当地农民解决了就业难题,同时农民获得了土地使用补贴,增加了收入。

在坐落于重庆武隆弹子山山巅的和顺镇四眼坪风力发电场,星罗棋布的风力发电机高耸入云,场面颇为壮观;在山高坡陡、沟深谷狭的重庆石柱县中益乡,利用当地丰富的水能资源开发的水电项目正在如火如荼地建设。这两个项目是中行重庆丰都和梁平支行在分别为一家风电开发公司和一家水电开发公司提供超3亿元的授信支持下投入开发建设的。项目采用全额上网方式实现并网发电,既有效解决了当地乡村通不上电的基础设施难题,还让绿色资源变成绿色能源,实现了经济效益和生态效益的双赢。

2022年中行重庆市分行充分发挥中长期固定资产项目贷款期限长、利率低的优势,在大力支持风电、水电等常规绿色能源以及光伏发电、垃圾焚烧发电等新能源基础设施项目建设中,不仅改变了当地农村以柴、煤为主的能源消费结构,有效带动了乡村能源结构由传统向绿色转型,同时还实现了变废为宝和生态环境的修复保护,拉动了上百户农民就业增收,极大促进了山区经济社会的可持续发展。截至2022年5月末,该行农村基础设施建设贷款增幅达到87%。

四、"以砂兴水"模式破解水利建设融资瓶颈

近年来,农发行重庆市分行深入贯彻落实习近平总书记关于治水的重要论述和指示批示精神,坚持规划部署先行、认真研究用好政策、积极创新还款来源、全力推动项目落地,着力破解水利建设项目融资瓶颈。该行已成功审批并发放辖内首笔将河道采砂权作为水利项目还款来源的贷款,该项目共涵盖重庆市丰都县6座中小型水库,将重点服务库区周边19个村、建档立卡脱贫人口5000余人。由此开创了"政府引导+银行支撑+公司经营+市场运作"的"以砂兴水"新模式,打通了以河治砂、以砂带水、以水促建、以建利民的新路径,实现了重庆市金融支持水利信贷项目的重大突破,取得了良好的社会效益、生态效益和经济效益。①

---

① 李美丽. 农发行用足政策性金融资源 做好"水"文章. 农村金融时报,2023-4-3.

（一）统筹谋划，协同推动

农发行重庆市分行坚持提前谋划、主动对接，紧紧围绕重庆市作为农发行总行与省级人民政府共建的政策性金融服务乡村振兴实验示范区这一定位，推动发挥政策性金融特殊融资机制优势和政府组织优势，与市水利局联合印发了《关于推动政策性金融加大水利建设支持力度的指导意见》，明确了支持领域、优惠政策和保障措施，着力构建内外联动、上下协同的工作机制。为进一步推动水利建设等基础设施信贷业务合规有效发展，该行制定印发《关于进一步聚焦主责主业推动基础设施信贷业务高质量发展的实施意见》，在提升政策执行力上下功夫，全力指导各分支行抢抓机遇，切实做好项目跟踪、建立对接机制、提供融智服务、强化要素保障，及时详细了解各级水利重点工程综合规划、专项规划以及水利建设等重点项目覆盖范围，会同区县政府、相关职能部门对有投融资对接需求的水利项目进行梳理，为支持水利建设项目打下了坚实基础。

（二）聚焦关键，把握政策

该行紧盯国家政策变化新趋势，以新出台的《重庆市深化水利投融资改革创新十条政策措施》等政策为契机，从"公益性项目可授予与项目实施相关的资源开发收益权""水利投融资企业可与区县政府根据项目情况依法依规建立资源匹配机制"等角度出发，针对水利基础设施资产规模大、公益性强、建运周期长等特点，市分行领导挂帅赴区县开展专题调研，找准制约水利建设项目融资的问题瓶颈，并通过召开项目评审工作视频例会等形式，科学谋划布局创新项目，主动策划推出创新举措，先试先行开展创新试点，积极探索水利项目市场化运作的有效路径。

(三) 因地制宜，科学论证

该行主动会同各级水利行政主管部门，为区县量身定制政策性金融服务水利项目实施方案，在丰都县6座水库项目中，立足该县境内流域沿岸砂石资源丰富的优势条件，深入寻求项目实施与内外部政策的契合点，提出以长江砂石开采经营权为水利项目还款来源的"以砂兴水"模式，并全面解释了政策结合点、金融支撑点、利益连接点，政、银、企三方很快达成一致意见。该模式通过市场化招标形式，将河道采砂特许经营权匹配至项目实施单位作为项目还款来源，中标人负责水库项目的建设、投资、运营和河道采砂的经营，水库项目资金缺口通过融资解决，还款来源为项目产生的经营收益收入及河道采砂经营获得的收益，有效解决了水利建设项目公益性较强、收益较少等融资制约。

(四) 凝聚合力，高效办贷

为了使项目融资尽快落地，项目建设尽早开工，农发行重庆市分行开通了水利建设贷款办贷"绿色通道"，明确了水利项目优先受理、优先入库、优先调查、优先审查、优先审议、优先审批、优先发放的"七优先"政策，组织由前、中、后台业务骨干组成的项目评估组赴丰都县开展项目评估。2022年6月，丰都区4亿水利建设贷款正式获批，并顺利实现首笔9075万元贷款投放。从提出"以砂兴水"模式的概念到贷款落地，中间只用了17天时间。

全面推进乡村振兴战略实施以来，农发行重庆市分行累计支持水利建设项目38个、金额159.8亿元，贷款份额在重庆市金融同业处于领先地位。未来该行将继续深化各方合作，进一步探索"水利+文旅""水利+养殖"等创新模式，积极推广"以砂兴水"的成效和经验，不断加大水利有效投资，切实擦亮"水利银行"的特色品牌，为服务区域经济发展做出更大贡献。

第四节 金融普惠提振乡村振兴消费市场

金融支持农业高质量发展，既是稳增长、惠民生的现实需要，也是发展普惠金融、激发农村经济内生动力的重要途径。普惠金融具有共享、便捷、低成本、低门槛的特点，与传统金融服务形成有机互补，有效增强了金融服务的普惠性，为提升金融服务水平注入了新的发展动能，提升了金融机构"能做会做"的服务能力。[①] 重庆金融机构通过普惠金融实现服务对象的下沉和多元化，面向农户、涉农生产经营主体提供支付、借贷、保险等多种金融服务，充分体现数字金融的普惠性、公平性和共享性。[②] 金融机构大胆尝试依托平台数据，开发、定制适合的金融产品，实现精准画像以更好识别客户，为村集体、农户、新型农业主体提供各类金融服务信息，优化金融生态并推动金融机构更加贴近和了解客户。

一、"裕农朋友圈"助农腾飞

脱贫攻坚取得全面胜利并全面开启乡村振兴，意味着"三农"

---

① 徐向梅. 有序推进数字普惠金融发展. 经济日报，2023-3-27。
② 谭乐之. 农村金融创新的五个维度. 中国银行保险报，2021-12-2。

工作重心发生历史性转移。实施乡村振兴战略，是党的十九大做出的重大决策部署，是决胜全面建成小康社会、全面建设社会主义现代化国家的重大历史任务，是新时代"三农"工作的总抓手。农民是乡村振兴的受益者，也是参与者、实践者。推动实现农民就业乐业、富裕富足，既是乡村振兴的重要目标，也是检验乡村振兴工作成色的重要标准。

由中共重庆市委宣传部、中国建设银行重庆市分行、重庆市农业农村委员会、重庆市乡村振兴局、重庆市地方金融监管局、重庆市就业服务管理局指导，在中国建设银行总行的部署和推动下，重庆市分行在全国先行先试，联合西南地区最大的党报媒体重庆日报报业集团，联合打造了全国首个专为农户服务的线上综合社交服务平台"裕农朋友圈"，有效满足农民在信息咨询、增收致富、金融服务、文化生活等方面的需求，帮助农民解决致富路上的烦心事、操心事。

"裕农朋友圈"依托人际关系建立相互信任的圈子，引导农户分享生活中的点点滴滴；依托金融科技，聚合各方社会资源，共同为"三农"服务，为乡村振兴服务。平台的建成是贯彻落实党的十九大精神，巩固脱贫攻坚成果，服务"三农"，助推乡村振兴战略，发挥金融机构和党媒资源优势的积极尝试；是推动新时代"三农"工作强有力地落地的措施，开创了"党媒+金融+互联网平台"服务乡村振兴新模式，对利用"互联网+"技术，以新金融服务"三农"的创新模式有借鉴意义，也是中国建设银行"裕农通"品牌服务"三农"的重大创新。

（一）发挥示范作用

"裕农朋友圈"积极解决农户日益增强的社交需求、金融服务需求、政务服务需求，以平台为纽带，增强金融机构与农户的联系，下沉金融服务重心，将金融服务延伸到村。该平台深度融合建设银行线上金融服务资源，报业集团丰富的媒体资源，"渝快办"、农委、学信网等丰富的政务资源，以金融科技为支撑点，打造综合线上社交服务平台；通过平台的聚合效应为百亿级农贸农批市场"双福国际农贸城"建立服务专区，将全市的"菜篮子"工程和"民生工程"最大的农贸交易市场的保供、防疫、管理等措施向全市展示，让全社会对市场放心，提升市场的吞吐量；整合裕农优品、农户资源和裕农通服务点农特产品资源，创新打造"裕农团购"等助农品牌，助力农产品进城，提高农民收入；整合报业集团的公共关系资源，与重庆市乡村振兴金融局、市农委、农办、金融监督局等建立联系，拓展重庆市分行各项业务的发展宽度，推进各项业务健康积极发展，延伸金融业务到村，共助实现乡村振兴的共同目标。

（二）发挥社会性圈层辐射作用

"裕农朋友圈"是以社交为核心的综合服务运营模式的积极探索，上线后取得较好的溢出效益和社会效应，平台浏览量已超10亿人次，日均超200万人次；为农户发放"裕农快贷"上千万元；"惠懂你"注册用户上千户，成功授信上亿元，贷款余额上千万元。"裕农朋友圈"获得了良好的社会效果，主要体现在：一是该项目荣获中国建设银行2021年"三大战略"优秀案例一等奖，建设银行重庆市分行也因此成为市地方金融监管局、市农村农业委指导的2021年重庆优秀案例获奖机构。"裕农朋友圈"已成为建设银行重庆市分行与重庆日报报业集团合作共建的助力乡村振兴的创新案例；二是利用新华社、人民网、央广网、澎湃新闻等主流媒体强势聚焦，形成较大的社会影响力。

（三）打造服务功能作用

平台上线以来，从基层行、市分行管理部门、农户、乡村振兴工作者、金融业务从业者、市场管理者、市场商户等多个视角，通过建立主题专区、开展专题系列报道、开展主题活动等方式，抓住重要农时，反映了社会关注"三农"、服务"三农"、从事"三农"的方方面面。一是开设各种专题报道，平台建立之后，陆续推出"建设乡村·行行有我——重庆市金融助力乡村振兴大型采访暨区县行长访谈"系列、"裕农·畅行"、"裕农·助残"、"遇建生活——春夏乡游季"等专题报道，提升平台的可读性、针对性，提升读者与平台的黏性；二是创新打造"裕农团购·好物推荐"等助农品牌，助销农产品；三是创新开展"裕农朋友圈+建行生活"融合发展，陆续整合渝快办、天气与农事、高等学历查询等十余项非金融服务功能，为近百万人提供服务，尤其是"拣耙活""善融商城"等服务受到农民朋友的青睐。

（四）打通联通性共享作用

"裕农朋友圈"发挥自身流量优势，为农产品打开销路，创新推出一套"媒体矩阵引流+新闻官分享传播"的裕农直播和裕农团购模式，帮助优质的地标农产品品牌突围并走向全国，畅通"工业品下乡、农产品进城"双向流通渠道，为当地经济发展提供可持续的动力，挖掘金融业务潜能。一是裕农团购助力农产品下乡。自上线开展"裕农团购"以来，已为奉节脐橙、长寿沙田柚、黔江豆干等十余种特色农产品带货多次，关注量超百万人次，农产品销售达数万斤。不只是重庆本地读者，北京、上海、湖南、湖北、云南、贵州等地的读者都踊跃下单，纷纷购买各类农产品。例如，"裕农团购"销售水果超4000斤，为滞销的雷竹笋打开了产品销路。二是助力家电、汽车下乡。重百电器、东风小康等知名企业围绕"工业品下乡"，在"裕农朋友圈"展开合作，仅重百电器合川店、居然之家二郎店、居然之家金源店三家涵盖城乡、多元融合的家装直播，就使近千个家庭获得了实惠。

（五）强化强音宣传作用

平台自上线以来，开展"最美乡村"拍客大赛、"最美乡村·声动中国"歌唱大赛，向全社会展示新农村的新风貌，奏出乡村振兴最强音。2021年底，"裕农朋友圈"组织开展"最美乡村"拍客大赛，500余幅展现新农村风貌的乡村题材照片线上角逐，50余万人在线围观；2022年7月，"裕农朋友圈"组织开展"最美乡村·声动中国"歌唱大赛，200余人参赛，700余万人在线围观，13人参与最终的线下角逐。北碚柳荫镇、建行北碚区支行、上游新闻签订三方合作协议，重庆市乡村振兴局、重庆市农业农村委、北碚区政府、建设银行重庆市分行、重庆市音乐家协会派代表出席此次比赛。通过比赛，培养了一批"裕农朋友圈"的忠实粉丝。比赛结束后，这个群体仍然源源不断地为平台提供新农村风貌的第一手素材，向身边人分享平台的各种服务，成为平台的最好体验传播者。

（六）赋能价值导向作用

创新打造"裕农朋友圈+建行生活"融合发展模式，依托"裕农朋友圈"广泛开展"建行生活"县域政府消费券、定向优惠券和商户减费让利活动宣传,通过服务点和"裕农朋友圈"平台实现引流上万人次,同时,建设银行重庆市分行通过"建行生活"承接县域政府消费券超 2000 万元。

二、"四个创新"探索消费帮扶新模式

中国农业银行在定点帮扶秀山县的过程中,积极探索消费帮扶模式,大幅提升消费帮扶质效,直接购买和帮助销售累计超过 5 亿元,为巩固拓展脱贫攻坚成果、助推乡村产业振兴提供新动能。

(一)创新战略合作模式,消费帮扶提层次

一是总行战略引导。中国农业银行与秀山县签订中央单位定点帮扶协议,制定年度定点帮扶计划,明确消费帮扶重点和计划目标。二是分行战略合作。秀山县与农行重庆市分行签署金融服务"十四五"规划暨乡村振兴战略合作协议,与农行广东省分行签订对口帮扶合作备忘录,将消费帮扶作为重要合作内容。三是支行战略落地。银企创新达成金融服务消费帮扶战略合作协议,农行秀山支行和秀山县消费帮扶优质农产品供应商签署金融服务消费帮扶供应商合作备忘录,在信贷支持、支付结算、消费帮扶等方面建立长效合作机制。

(二)创新银政联荐模式,消费帮扶塑品牌

一是加强银政共推。2022 年,秀山县联合中国农业银行总行、农行重庆市分行举办以"凝心助帮扶,携手促振兴"为主题的推荐会,向农行系统、群众推荐和展示 15 家消费帮扶优质农产品供应商,助力打响秀山特色农产品品牌。二是加大银政共销。举办"秀山消

费扶贫周·中国农业银行消费扶贫专场"等帮扶活动,引导农行系统购买,进一步拓宽销售渠道,让秀山特色产品走出武陵、走向全国。三是加快银政共建。与农行广东省分行签订消费帮扶战略合作协议,已建成秀山消费帮扶产品供应链基地并投入使用,进一步加快了秀山县农特优产品融入粤港澳大湾区市场的进程。2021年运行以来,累计销售额达到600余万元。

(三)创新精准支持模式,消费帮扶优服务

一是金融产品更精准。农行秀山支行作为中国农业银行"三农"产品创新基地,在全国农行系统创新推出消费帮扶专属融资产品"乡村振兴·消费帮扶贷",具有额度高、利率低、期限长的特点,解决消费帮扶供应商融资难题。二是金融渠道更便捷。农行智慧乡村综合服务平台在秀山县成功上线,新增贷款客户推荐功能场景,实现消费帮扶贷产品的县乡村三级线上联审推荐,进一步提升金融服务的可获得性、针对性和时效性。积极引导秀山消费帮扶产品上线农行兴农商场等线上销售渠道。三是金融场景更丰富。秀山县政府与农行秀山支行联动,创新推出数字人民币消费帮扶体验区,进一步深化和丰富数字人民币的使用场景。

(四)创新电商带动模式,消费帮扶拓渠道

一是电商大赛带动。中国农业银行赞助秀山县连续举办"农行杯"青年电商直播带货大赛,带动更多优质农特产品借助电商平台"飞出大山",2021年,助力秀山县销售农产品5140万元;支持开展"巴味渝珍"杯重庆市第五届斗茶大赛暨川渝茶叶品牌联展,以电商搭桥实现南茶北销。二是直播带货拉动。举办"情系武陵山,我来

拼一单"武陵山集中连片特困地区四省（市）大型公益消费直播活动，直播3小时，助销秀山农特产品320万元；农行重庆市分行在全国金融系统首创"慧生活"公益直播平台，帮助销售秀山农特产品2621万元。三是专业市场驱动。安排150万元定点帮扶资金，已建成投用武陵山茶叶交易市场、茶叶电商孵化园，开展茶文化展示、干毛茶交易展示、品牌品鉴、茶叶电商孵化等活动，充分激发市场主体活力，运行4个月，实现销售额200余万元。

第五节　金融科技服务赋能现代农业

乡村振兴离不开金融科技的支持。当前，金融科技发展迅猛，大数据、人工智能、5G等新技术在金融领域广泛应用，为破解农村金融服务难题开辟了新路径。金融科技对农民、农业数字足迹的可记录、可追溯将有效缓解农村地区长期存在的信息不对称难题，降低农村融资门槛，扩大农村金融供给，提高农户和涉农企业的金融可得性。[①] 不仅如此，依托大数据、云计算等技术，整合应用农民生产、金融等各类行为数据，可以解决农民的信用评价难问题。在农业现代化进程中，应用机器学习、深度学习等手段，完善数据分析模型，精准感知和充分满足不同农村客户的服务需求，借助电子围栏等新兴电子设备，从源头上做好农业数据全流程采集和监控，释放农产品、动物活体等抵押权能，进一步拓宽农村抵质押物的范围。在市委市政府

---

① 彭江."金融力量"支持乡村振兴.经济日报，2023-1-3。

的大力支持下，重庆市辖金融机构加强金融科技产品研发，以大数据、物联网、人工智能及云计算等技术为支撑，将金融科技应用到"三农"产业链发展所需的多个环节，激活金融资源活力，借助科技手段，为乡村振兴提供更加精准高效的金融服务。

一、普惠金融惠农新势力

（一）推出"小满助力计划"，促进乡村产业振兴

度小满于 2019 年 4 月启动了"小满助力计划"公益助农免息贷款项目，该项目面向农村地区人群，提供无抵押、无担保、无利息的纯信用贷款服务。在重庆市地方金融监管局等机构的大力支持下，当年即落地四期，陆续覆盖重庆市的秀山县、万州区、丰都县、石柱县、巫溪县等区县。资金的灵活运用，帮助当地西瓜种植户等农户扩大了产业规模，提升了收益，带动了当地贫困户和低保户的就业。

2020 年起，"小满助力计划"在重庆彭水县等地开展帮扶，扶持了地方特色产业。同时，为农户直播带货，帮助大山里的特色产业走出去，为农户带来更多收益。统计显示，经过三年多的运行，度小满发起的"小满助力计划"在重庆已覆盖了秀山县、万州区、丰都县、石柱县、巫溪县等地区的超 50 个行政村，累计发放超过 2000 万元助农免息贷款。如今，"小满助力计划"扶持的产业已涵盖了 60 多种种植业、20 多种养殖业，以及乡村民宿、乡村电商等多个新兴产业。而在全国范围内，"小满助力计划"已覆盖 31 个省（自治区、直辖市）的 242 余个行政村，间接辐射超 15 万名农户。在给农户带去资金支持的同时，也为当地人才培养和建设赋能，组织开展专业培训课

程，从产业资金和技能提升的双重维度，促进乡村带头人发展产业致富，带动更多的农户走向共同富裕。

总体而言，这种模式不同于商业贷款，也不是无偿捐赠，而是通过企业贴息的方式，为有资金需求的农户提供免息贷款，帮助那些有梦想的农户，帮助那些有能力发挥资金更大价值、带领村民致富的农户。

（二）联合社会各方参与探索消费助农实践

为了激发农户的内生动力，实现从"输血"到"造血"的转变，度小满通过公益助农直播形式，帮助农户打通了产销全链路，帮助农户增产增收。为拓宽销售渠道，提升农产品知名度，度小满先后联合央视财经、新华网客户端、央视网开展公益直播带货。在2022年9月23日农民丰收节这天，度小满携手央视网发起了"恰逢好时光"公益助农直播，为重庆等省市的近20款农产品直播带货，全场直播累计观看人次超过166万，直播间点赞数达220万次。此次公益直播活动，一方面借助抖音账号下5000万粉丝的影响力，助力优质农产品"出圈"，打造区域品牌影响力，带动产品销售；另一方面也借助直播镜头，推广优秀的农耕文化和乡村传统文化，展现大美乡村。

农产品销售问题关系到老百姓的美好生活。一方面，农民群众关心农产品怎么卖出去、怎么卖个好价钱；另一方面，城镇居民渴望买到安全、新鲜的农产品。如何破解信息不对称问题，实现农产品产销紧密衔接？度小满联合央视网开展公益助农直播，借助央视网的影响力，打破农产品销售的区域限制，提升农产品品牌知名度和销量，助力当地特色产业可持续发展。公益直播所有农产品均来自度小满公益免息贷款项目"小满助力计划"的落地地区。例如,直播热门产品金丝皇菊的产地重庆秀山县隘口镇,正是度小满"小满助力计划"首批落地地区,度小满曾为隘口镇发放 47 笔、总计 324 万元免息贷款,支持当地特色产业发展。

此外,度小满还带动更多的社会资源联合参与到乡村振兴实践中,以不断扩大公益助农的边界。2021 年 12 月,度小满和联合国开发计划署达成合作,共同推动"可持续金融助力乡村振兴项目",通过建设数字化产业服务平台,助力乡村振兴。

二、金融科技构筑"科技+保险+信贷"农业险

自 2003 年党中央出台多项扶持政策,加快推动农村金融创新发展以来,农村金融服务体系日益健全,农村金融服务能力显著增强。近年来,随着互联网和信息技术的快速发展与普及,除农商行、农信社等传统金融机构外,电商巨头、农业龙头企业、新兴科技金融企业等也参与到农村金融服务市场的大军之中,共同解决当下农村地区融资难、融资贵的问题。重庆小雨点作为金融科技的新兴力量,一直希望通过科技的手段,拓宽金融服务的边界,让绿色金融服务真正下沉到在我国金融体系中较为薄弱的农村市场。为此,公司与农业相关联的多家龙头企业深入协同,通过科技手段,打通了从原料、加工、生产到销售等各个环节串联的农业产业链。通过对核心企业的客户进行"分层管理",建立完整的"农户档案",针对不同层级的用户提供不同的金融产品。[1]

---

[1] 孙金霞. 正视自我 树信心谋发展. 农村金融时报,2022-4-4。

(一)"零息"农险贷让农户真正享受政策红利

重庆小雨点与太平洋产险签署战略合作备忘录,确定双方在农业保险及产业科技领域进行深度合作,共同探索"农业保险+信贷"的服务"三农"新模式,以有效缓解农户融资渠道少、融资效率低等状况。经过双方的共同努力,已研发出了一款保险与信贷结合的产品——农险贷。农险贷以推广和普及政策性保险为使命,致力于更好地服务"三农",让更多的农户享受政策的红利,实现增产促收,同时也实现金融为农、利农、惠农,更好地促进农村绿色金融发展,助力乡村振兴建设。

农险贷主要用于解决农户购买政策性保险资金不足的问题。产品设计的初衷是切实地保障农户生产经营的稳定性,减少自然灾害对于农业生产的影响,保障农户的收入。农险贷最高申请额度可以达到 50 万元,同时没有最低的贷款额度限制。所以,无论是小规模农户,还是大规模农户,均可以发起申请。农险贷覆盖客群范围广,满足多层次需求,同时该款产品最长使用的期限可以达到 12 个月,最大限度地减少了农户的资金占有率,使农户可将更多资金投入生产经营。

(二)创新乡村普惠金融信用评估体系

重庆小雨点还与四季为农、太平洋财险三方共同在农机领域的保险、金融方面进行了深度的合作。三方各自发挥在物联网、互联网、金融服务等方面的优势,开发以用户为中心的产品。四季为农作为农机领域的桥梁链接农机厂、经销商、合作社等 B 端用户,并由 B 端拓展到最终的 C 端用户,同时链接重庆小雨点、太平洋保险提供的信贷和农机保险等服务。依托于核心企业形成的产业信用数据,重庆小雨点凭借自主研发的信贷系统实现线上信贷服务,最大程度简化申请条件，并以太平洋财险保险形成的保障条件作为重要的核心经营风险保障措施，与之共同解决了农业农村贷款信用不足的问题。三方强强联合，优势互补，探索出了农业普惠金融的新模式，同时也探索出了一种以产业信用为基础、以保险信用为核心的评估经营风险的体系。

三、消费金融助力智慧养鸡

（一）"慧养鸡"智慧养殖项目

我国大部分规模化养殖的鸡都是笼养的，此方式的标准化、机械化和智能化程度已比较成熟，总体管理难度不大。但由于笼养鸡的活动空间不大，运动量少，且在灯光的照射下，每天要不停地进食，抗病力差，依靠疫苗和药物治疗才能保证其成活率较高，所以其肉、蛋的营养和味道都相对不好。而散养鸡一般被放养在山区、林区，通常吃大米、玉米和其他谷物以及山上的小虫子，活动范围广，运动多，在健康状况、肉质蛋质、营养价值上都比笼养鸡更胜一筹，因此也更受消费者青睐。因此，急需探索和建立一套有效的管理模式和先进技术来实现散养鸡的规模化、智能化管理，提升养殖效率和质量，并打造行业散养鸡的智慧养殖标杆，做好创新技术的推广应用，将散养鸡的智能化提升到一个新的水平。同时，随着养殖行业规模化、集约化水平的提升，利用个体电子标识技术、自动感知技术、控制技术等，采集养殖各环节的信息，不断挖掘环境、动物健康、动物疫病、生长周期之间的关系，建立了大量的养殖模型，对于需要处理大量交互数据的养殖场景来说，5G能实现养殖场的各类终端智能互联，实现毫秒级交互，为生产决策、调度运维等提供可靠的数据依据。

马上消费金融股份有限公司了解到散养鸡行业存在养殖规模小、管理难度大、销售不稳定和网络要求高等痛点，建设"马上消费数字化智慧养殖平台"，以智慧林下养鸡为切入点，利用体重传感器、RFID标签读写器、广角（红外）摄像头、热成像摄像机、温湿度和二氧化碳传感器等物联设备自动实时采集养殖数据，并利用5G、人工智能、云计算、区块链等新一代技术提升养鸡管理的数字化、智慧化水平，实现落地鸡舍环境实时监测、动态体温监测、食品安全溯源、自动称重、自动计数、健康检测预警通知等场景应用。平台当前主要包括生产管理、溯源管理和微信小程序管理三大模块，实现24小时全天候的养鸡守护，保障平台养殖数据的信息安全，有效解决散养鸡行业传统人工管理效率低下等痛点，提高养鸡业效率以及健康生态养殖水平，实现养殖智能化、溯源透明化。

（二）集成金融和科学技术形成智慧养鸡合力

"慧养鸡"项目秉持"5G+AI数字赋能，生态全链贯通"整体设计理念，利用5G、AI、物联网、大数据等先进技术，创新构建具备生产管理、溯源管理等功能模块的多端智慧养殖平台，高效支撑养殖过程中的称重、计数、体温和环境监测等多场景应用，最终实现养殖—溯源—销售—金融全链条服务贯通和智能化赋能，解决散养鸡行业规模化管理难的痛点。

1. 在落地应用场景方面

通过平台功能模块的支持，已实现智慧称重、智慧计数、病情监控、环境监测等10余个场景的落地应用，有效解决散养鸡行业痛点和传统人工管理效率低下的问题。

2. 在新技术应用方面

面对不同规模的场景应用及网络现状，以 5G 中的网关控制转发分离、切片服务等关键技术，实现 5G 基站和 UPF 共享，各场景覆盖、高灵活、低成本、快速部署；以物联网中的物联数据采集、物联多源终端等关键技术，实现数据采集的及时可靠；以 AI 中的识别算法、模型训练等关键技术，实现信息捕获的自动智能；以大数据中的分布式调度、离线实时计算等关键技术，实现数据存储加工的有序可控；以云计算中的容器化、云原生等关键技术，实现数据配置的弹性轻量；以区块链中的分布式存储、共识别机制等关键技术，实现溯源数据的真实可信。

3. 在智慧养殖平台功能方面

通过生产管理模块构建实时视频监控、可视化分析、天气温度预测和重要信息提醒等功能，实现养殖过程关键数据的实时统计监控；通过溯源管理模块构建溯源记录、产品指标、生长周期记录等功能，实现各批次鸡群健康数据的管理溯源；通过微信小程序"智慧养鸡助手"，实现对养殖过程信息的随时随地监控。

（三）"慧养鸡"为金融资本参与提供信息保障

在全链条业务赋能方面，"慧养鸡"项目的最终目标是实现养殖—溯源—销售—金融全链条服务贯通和智能化赋能，通过应用新一代信息技术，提升散养鸡智能化管理水平和效率，实现养殖智能化；通过产品溯源、养殖过程监控，提升产品附加值和形象，实现溯源透明化；通过联合本地农业龙头企业，发挥市场优势，解决农户销路问题，实现销售链条化；通过联合银行等金融机构开展精准授信，践行普惠金融助力乡村产业发展之路，实现金融普惠化。

四、金融+科技"慧种田"

(一) 智慧农业的金融需求

习近平总书记在中央农村工作会议上指出,保障粮食安全的关键是保粮食生产能力,真正把藏粮于地、藏粮于技战略落到实处。同时,在中华全国供销合作社第七次代表大会上,习近平总书记对供销合作社工作做出重要指示:牢记为农服务根本宗旨,持续深化综合改革,努力为推进乡村振兴贡献力量。《中共中央、国务院关于深化供销合作社综合改革的决定》中指出:围绕破解"谁来种地""地怎么种"等问题,供销合作社要采取大田托管、代耕代种、股份合作、以销定产等多种方式,推动农业适度规模经营。

面对日益扩大的托管规模和日益繁重的种植任务,供销社在由传统农资销售向农业托管种植服务转型过程中,存在以下亟待解决的问题:一是种植管理体系有待提升,面对百万亩、千万亩级的规模化种植任务,对人、财、物、信息等要素的管理不可或缺,在种植计划的制定、种植过程的管理、投入品的有效管理等方面,急需搭建系统性的管理体系;二是种植决策体系有待提升,农业种植涉及要素繁多,包括农业投入品、农机农具、多角色种植管理人员以及与农情农时的高效配合等,各类决策都应通过从"经验决策"向"数据决策"转变来提升决策的科学性;三是经营风险控制体系有待提升,包括自然风险和人为风险等,急需搭建风险控制体系及生产经营单元的经营后评价体系;四是新型涉农企业面临获取金融支持的挑战,财政对农业的补贴遵循"先投后补"原则,前期投入急需银行融资支持,尤其是向上游付款的时效要求很高，政策性银行项目贷虽然期限长、成本低，但条件多、使用不灵活，无法满足日常用款需求。

（二）"金融+科技"创新主要做法及成效

中信银行利用协同优势，整合集团内金融及农业资源，协同中信农业，为现代农业服务有限公司提供"金融+科技"智慧农业服务方案，并取得了良好的成效。

1. 提供"良种"，优质种源为土地"赋芯"

中信集团下属子公司中信农业，协同隆平高科提供各类优质种子保障，为种源建设提供基础，为推动农业高质量发展提供坚强保障。

2. 提供"良法"，数字农业系统为农业产业链"赋能"

中信银行协同中信农业针对供销社管理体系需求及各环节痛点，打造全产业链数字农业服务系统并分期上线，协助供销社降本增效，成果显著。通过"慧种田"驾驶舱数据建设，打造智慧农业服务平台，实现土地托管全产业链建设，农业发展提质增效。通过中信数字农业系统的应用，农服公司有效提升了运营效率，降低了人工成本。

3. 优化产品创新，提供综合金融支持

一是打造特色化融资。中信银行落地数亿元的3年期中长期流动资金贷款，有效解决财政对农业的"先投后补"客户资金短缺需求，解燃眉之急。二是科技金融发力，助力服务创新。针对供销社财务收支与农事审批"一对一"线上化操作需求，研发"业财一体化"系统，规范企业财务管理，减轻财务工作量，大大增强贸易背景和账款真实性，为农业板块集团化运作搭建司库系统打下基础。

（三）金融科技助农工作创新亮点

1. 数字化农业创新

一是打造数字系统，创新应用"慧种田"驾驶舱。将中信农业数字农业系统与中信银行支付结算系统进行整合，创新应用"慧种田"驾驶舱，为农服提供了一套"接地气、低成本、专业化"的解决方案。在系统部署上，实现了"手机干、电脑管、大屏看"的三级管理工具体系。第一步是"人上线"，建立人力资源管理体系，明确人员角色、权限范围、责任边界。第二步是"地上线"，针对托管的所有地块，建立"地块档案"，包括地块位置、环境参数（气象数据、土壤数据、遥感数据等），做到每一个地块信息完整、准确无误，人地上线后，将人地关系准确匹配，各司其地。第三步是"物上线"，将农业种植涉及的种、肥、药、农机农具等分门别类，建立系统性的资源池，以便随时调用。第四步是"事上线"，农事管理涉及"耕—种—管—收—储—运—销"等多个环节，"事上线"就是让每一件农事都能有准确的人—地—物与之对应，这是保证"种得好"的关键节点。

2. 加强数字管理，提供决策支持

农业种植虽然是最古老的行业之一，但却是高科技行业。要种好地，面临着气候变化、土壤差异、病害防治、品质不均、成本失控、决策失误等种种挑战，一着不慎，满盘皆输。管理体系的构建是决策体系的基石。中信集团协助相关农服在管理体系构建之后，便从各类"数据"入手，优化决策。由传统的"靠天吃饭，经验为主"向"数据要决策，科技要产量"的模式迭代。整个决策优化过程很像病人去医院看病——把土地比作病人，把种植者比作医生，决策优化是查

看病历本（地块档案）—做检查（目前状况）—开药方（治疗建议）—改药方（优化建议）的过程，建立一个目标对象的时间—空间序列，从历史数据、现实数据、未来预测数据中去优化每一步的决策数据。

3. 促进数字化金融创新

针对供销社财务收支与农事审批"一对一"线上化操作需求，中信银行充分发挥"金融+科技"的优势，设计创新型的涉农金融产品，规范企业财务管理，减轻财务手工工作量，提升工作效率，大大增强贸易背景和账款真实性。同时，将数字农业系统与金融端银行支付结算系统进行整合，推进了土地托管数字化、金融化，让金融活水不断流入田间地头，助力国家粮食生产安全与农业产业链提质增效，助推乡村振兴战略的实施。

4. 强化综合金融支持

中信银行为更好地支持涉农企业，助推乡村振兴战略的实施，有效满足财政对农业的"先投后补"客户资金短缺需求，给予客户数亿元3年期流动资金贷款额度，现已全部投放，用于前期农机具、种子、化肥等投入，以及高标准农田建设前期物料采购。还款来源为托管土地农作物销售回款，以及高标准农田建设财政补贴款。

5. 重视推广价值

中信银行协同中信农业，通过"金融+科技"模式，为供销社及其下属公司打造智慧农业服务方案，搭建智慧农业平台，优化农业全产业链托管服务模式，助力农业社会化服务及规模化经营。其通过中信数字农业系统赋能，帮助农服公司直接管理成本下降50%，亩产提升20%。"科技+金融"的服务模式深化产融结合，将数字农业系统与银行直联系统进行整合，推进了土地托管数字化、金融化，助力践行乡村振兴国家战略。随着供销社社会职能的恢复，该业务模式具有较强的示范效应和可复制推广价值。

五、创新金融支持高标准农田建设

（一）高标准农田建设

高标准农田建设是夯实农业发展基础、发展现代农业、实施乡村振兴战略的首要任务。近年来 A 区积极探索创新高标准农田建设工作，将高标准农田建设与优势特色产业（如蚕桑业等）发展有机结合，为该区现代农业发展和乡村振兴探索路径，发挥出基础示范引领作用。高标准农田建设有以下好处：一是可提高粮食综合生产能力，增强该区绿色农产品供应能力。完善农田基础设施，改善农业生产条件，能使亩均粮食产能增加 10%—20%，从而提高资源利用率、土地产出率和劳动生产率，为全区农业农村高质量发展奠定坚实的基础。二是可提高农业生产综合效益，拓宽农民增收致富渠道。高标准农田建设将降低农业生产成本，提高产出效率，增加土地流转收入，平均每亩节本增效约 500 元，有效增加了农民生产经营性收入，高标准农田建设已成为全区农民增收、农业增效、农村增绿的绿色"聚宝盆"。三是可推动农业生产方式转型升级，改善农田生态环境。特别是高标准农田建设将有效减少农业面源污染，削减农田排入河流的污染负荷，为进一步提升流域水质奠定基础。总之，高标准农田建设项目的实施将大力改善农业基础设施条件，推进现代农业高质量发展，助推乡村焕发新的生机与活力。

(二) 主要做法及成效

1. 金融参与实施方案制定

兴业银行重庆市分行组织专业队伍为乡村振兴涉农项目提供专项贷款、综合金融服务等多种金融产品和服务，助力高标准农田建设项目顺利实施。依据 2022 年授信政策"绿色金融业务"指导意见，该行将高标准农田建设项目纳入金融服务范围，作为银行优先支持项目。其积极参与项目开发模式试点实施方案编制，为项目提供专业咨询和指导；通过实地调研，进一步识别并明确申贷主体为 A 区最主要的基建主体，具有区域专营性，亦为 A 区国资中心全资子公司，属于优先支持主体。

2. 落实授信助力高标准农田建设

兴业银行重庆市分行为更好地支持涉农企业，助推乡村振兴战略的实施，有效解决财政对农业的"先投后补"客户资金短缺问题，给予客户 9 亿元 1 年期项目贷款，现已投放 6 亿元，其中用于高标准农田建设项目的贷款 1.3 亿元，拟建设高标准农田约 13 万亩，实施"千亩良田"约 0.7 万亩，共可新增耕地指标 4400 亩。贷款主要用于前期农机具、种子、化肥等购买，以及高标准农田建设前期的物料采购。

(三) 推广价值

兴业银行重庆市分行积极响应国家乡村振兴战略，与农业基础建设龙头企业深入合作，为高标准农田建设项目提供专属金融服务方案，降低项目成本，提高项目效益，促进农业生产链升级，加大金融支持力度，助力践行乡村振兴国家战略。从已有成效来看，该业务模式具有较强示范效应和可复制推广价值。

第六节 法制保障营造良好金融环境

法律制度是治国理政最重要的依据，而制定乡村振兴促进法，就是要把党和国家关于乡村振兴的重大决策部署转化为法律规范，确保乡村振兴战略部署得到落实。在推动高质量乡村振兴的过程中，应明确国家加强对合作经济组织发展的引导、管理和支持。而完善法律制度建设既要"塑形"，也要"铸魂"，只有以法制护航发展，才能够加快推进农业农村现代化，更好地在乡村振兴中为"三农"提供更大范围、更高层次的服务，满足其现实需求，化解社会矛盾。乡村振兴中的法制建设是重要保障，有助于明确乡村振兴各主体的权利和义务，也是全面推进乡村振兴、加快农业农村现代化的关键。

乡村振兴中的法制建设尚处在快速发展阶段，乡村振兴所涉的金融市场运作既有传统的"造血逻辑"，更具有鲜明的"新时代普惠"特质，市场运作过程中必然会孕育出很多新生金融产品，产生新的市场交易模式，诱发新的法制不匹配的问题，这就要求不断完善法制，为乡村振兴金融服务创新与发展保驾护航，使法制在乡村振兴中发挥固根本、稳预期、利长远的重要作用。在重庆的乡村振兴中，因地制宜加快农村金融立法，贯彻"三农"优先发展方针，持续优化农村金融服务保障，应充分使用和完善法制工具，确定金融机构服务"三农"的法定责任，使农村金融机构在法制轨道上运行，护航金融服务"三农"。此外，重庆市全方位加强农村信用体系建设，推进乡村金融振兴金融市场参与主体主动接受法律监督，建立失信惩罚和守信激励机制，加大对"逃废债"等失信行为的惩罚力度，对诚实守信的农户和企业在贷款时给予利率优惠，营造了良性的金融—法制互动环境。金融机构也定期安排金融知识宣讲活动，用人民群众喜闻乐见的方式宣传金融知识，加强农户对金融知识的学习，增强个人信用保护意识，全面贯彻依法持续服务乡村振兴战略发展大局。下面将通过几个案件说明法制对于营造良好金融环境、助力乡村振兴的意义。

一、依法保障金融环境优化

（一）案件基本情况

YZ 银行响应国家乡村振兴战略要求，与农户 ZSW 签订借款合同，约定贷款形式为小额信贷，借款本金 30000 元，贷款期限 24 个月，贷款用途为购买药材种子、农资及支付人工费等，并约定了利率、罚息、复利及违约情形。借款合同签订后，YZ 银行于当年 6 月向 ZSW 发放了贷款 30000 元。后 ZSW 未按约偿还本息。贷款逾期后，YZ 银行向人民法院起诉，请求由 ZSW 偿还拖欠逾期本金及利息。经审理，人民法院于同年 4 月依法判决由 ZSW 立即偿还 YZ 银行的贷款本金余额 19391.1 元和利息 1136.4 元，并按约定计付罚息、复利。判决生效后，ZSW 未履行，YZ 银行于是向人民法院申请强制执行。经多方努力，最终全部执行到位。

(二) 案件处理的主要做法

考虑到该案涉及乡村振兴过程中产生的呆账坏账问题，若执行不到位易引发连锁反应，影响金融服务乡村振兴政策的持续推广，因此人民法院成立执行专班具体推进。一是通过"执行+科技"全面查控财产。第一时间通过执行总对总、点对点查控系统全面查询被执行人名下财产线索，发现被执行人名下除有银行存款共计16740.9元外，无其他可供执行财产。二是通过"执行+联动"多方查找行踪。加强同申请执行人YZ银行以及被执行人户籍所在地镇政府和村社、公安局等的联动，经过两个多月的持续追踪，终于在城区内一出租房内成功拘传被执行人。三是通过"执行+威慑"顺利执行到位。鉴于被执行人拒不申报财产和有能力拒不履行，人民法院依法对被执行人采取纳入失信被执行人名单、限制消费等措施。最终，被执行人迫于法律威慑，主动缴纳了剩余全部案款。

(三) 案件处理的启示

人民法院通过成立执行专班，综合运用"执行+科技""执行+联动""执行+威慑"等多种措施，最终全部执行到位，表明了人民法院坚定护航乡村振兴的决心，打击了故意拖欠偿还扶贫资金的失信行为，避免出现大面积的金融扶贫呆账坏账，维护了金融资金安全。同时，该案的执行到位，加强了银行对涉农信贷的信心，有力助推了乡村振兴。

二、依法助农化解信贷纠纷

（一）案件基本情况

ZZX公司是重庆一家大型生猪养殖企业，股东JFM贷款200万元用于生产经营，普惠小贷公司A为上述贷款提供连带保证担保，XH等七人为上述债务提供连带保证反担保，ZZX公司为上述债务提供最高额浮动抵押反担保。普惠小贷公司A垫付贷款后向法院起诉，要求支付代偿款200多万元及逾期利息、违约金40万元，并要求XH等承担连带清偿责任，对ZZX公司抵押资产享有优先受偿权。该案受理后，承办法院结合当时疫情，助企纾困解难，精准服务"六稳""六保"，依法保护涉农民企，找准双方利益共同点，积极组织双方调解。最终，普惠小贷公司A做出让步，达成分期履行调解协议。

（二）案件处理的主要做法

一是贯彻疫情防控政策，组织网上调解。该案涉及借款人、反抵押人、反担保人等十多个被告，承办法官充分做好庭前阅卷、庭前主动和当事人沟通，认真听取双方诉求，对案件进行利弊分析，努力寻找双方共识，发掘当事人调解意愿，多次对调解方案的细化落地进行沟通指导。为确保网上调解的顺利进行，提前调试网络设备，提示网上庭审注意事项，为调解的顺利进行提供了充分的法律支持和硬件保障。

二是保护涉农民企，向实体企业让利。普惠小贷公司A除要求偿付代偿款200多万元外，还要求按照月利率3%支付利息，以及支付违约金40万元。为贯彻保民生、保市场主体的要求，保障疫情期间重庆肉类基本自足，经过释法说理，普惠小贷公司A主动放弃40万违约金这一不合理诉求，并按照月利率9‰计算资金占用损失，同意分期支付代偿款。承办法官依法平衡各方利益，切实降低企业融资成本，极大地缓解了ZZX公司流动资金压力，为企业复工复产赢得资金和时间，打通涉农民营企业纾困政策落地的"最后一公里"。

三是善意文明执行，保障正常运营。根据约定，普惠小贷公司A对ZZX公司所有的生产设备、原材料、半成品、产品享有抵押权，但是如果按照约定执行，会严重破坏企业正常生产运营。承办法官根据生猪养殖特点，结合当下猪肉市场行情，创造性地确认普惠小贷公司A仅对800头母猪享有动产抵押权。一方面，避免超标查封，企业其他资产可以正常利用，为企业持续创造价值；另一方面，变死封为活封，不影响抵押物的正常效用，加上母猪天然孳息，这样就保证了抵押财产足值甚至超值。同时该抵押财产具有变现性强等特点，双方均希望母猪能够健康成长、产崽，持续盈利，得到双方当事人的高度认可。

（三）案件处理的启示

地方法院坚决落实"疫情要防住、经济要稳住、发展要安全"要求，持续完善和落实惠企纾困司法政策。涉农民营企业是实现乡村振兴、带领农民走向共同富裕的一支重要力量，在疫情防控期间，也起到稳定民生的重要作用。地方法院秉承"司法为民"理念，为涉农民企复工复产、持续创造价值提供一揽子的解决方案，集中体现了地方法院的司法智慧和政治担当。不仅化解纠纷、案结事了，更为涉农民营企业健康发展提供司法保障，助推民营经济高质量发展。

三、依法解决保险合同纠纷

（一）案件基本情况

WW系江津区XP生猪养殖家庭农场的经营者，其向AC财产保险股份有限公司重庆分公司购买"能繁母猪保险"一份，为200头能繁母猪提供养殖保险，保险金额为40万元。2021年7月，WW将保费交给保险公司。2021年8月开始，案涉能繁母猪因病陆续死亡，WW遂向保险公司申请理赔保险金40万元。保险公司称，保险合同系于2021年8月完成核保并出具保单时成立，同时，保险合同约定合同成立后有15天的等待期，因此其仅对2021年8月后死亡的母猪进行理赔。而WW则认为缴费当日保险合同即成立，保险公司应当对2021年7月后死亡的母猪进行赔偿。人民法院经审理认为，本案关于保险合同成立时间的争议系由保险公司未严格落实核保制度、未规范收取保费所致，考虑到双方仍有后续合作空间，且为实现快速理赔，遂积极促成双方达成调解协议，由保险公司于2022年8月前支付WW"能繁母猪保险"理赔款15.2万元。保险理赔款现已全部履行完毕。

（二）案件处理的主要做法

一是充分调研案件情况。人民法院通过及时沟通、现场勘验，并向畜牧兽医站、农委等部门调取资料，咨询相关政策，结合案情梳理双方争议焦点，了解核心诉求。二是调解促成案结事了。充分考虑及时填补损失对农户资金周转的重要性以及为双方后续合作保留空间，邀请当地村委会、畜牧兽医站等参与调解，力促双方当事人事心双解。三是做好司法职能延伸。结案后积极向保险公司发出司法建议，建议其规范保费缴纳流程，明确预收保费性质并在保险合同中明确保险责任起始期间，避免类似纠纷再次发生。

（三）案件处理的启示

"三农"问题事关乡村振兴的实现。该案系涉农保险纠纷，涉农保险是转移和分散养殖户风险的重要方式，对保障畜牧业持续稳定和促进畜牧业高质量发展具有重要"防火墙"和"安全网"作用，是服务乡村振兴的重要一环。该案办理过程中，人民法院做足庭前调解工作，通过邀请与养殖户密切联系的相关职能部门参与调解，快速化解养殖户与保险公司的对立矛盾，促成双方达成调解协议，高效协同灵活化解纠纷，为养殖户恢复正常生产经营争取时间，有效保障了养殖户的合法权益，亦为双方继续合作保留了空间。案件办理体现了法律效果与社会效果的统一，为化解涉农保险纠纷贡献了司法智慧，为服务乡村产业发展提供了司法保障。

四、依法解决担保类纠纷

（一）案件基本情况

2020年9月，YC与CQ农村商业银行签订个人贷款合同，约定YC向CQ农商行XS支行贷款7万元用于创业，贷款期限自2020年9月至次年9月，贷款利率年利率6.4%，逾期还款加收50%。YC以位于某地的房屋提供抵押担保，并办理房屋抵押登记。YC的妻子HKZ

为该笔贷款提供保证责任担保，XW 融资担保有限公司为 YC 贷款提供保证担保。2020 年 9 月，YC 与 CQ 农村商业银行签订借款借据，CQ 农村商业银行向 YC 交付借款 7 万元，实际借款期限为 2020 年 9 月 24 日至 2021 年 9 月 15 日。后 YC 仅偿还部分贷款利息，截至 2021 年 12 月 28 日，YC 尚欠银行贷款 7 万元，利息 2248.05 元。按照担保承诺内容，XW 融资担保有限公司向 CQ 农村商业银行偿还贷款本息 72248.1 元。后 XW 融资担保有限公司提起诉讼，请求判令 YC、HKZ 偿还其代偿款 72248.1 元和资金占用费，并支付律师费 3612 元；XW 融资担保有限公司对 YC 位于某地的房屋享有抵押优先受偿权；YC、HKZ 承担诉讼费用。人民法院经审理，判决 YC 在判决生效之日起十日内偿还 XW 融资担保有限公司欠款 72248.1 元及资金占用费，HKZ 对前述款项承担连带清偿责任；XW 融资担保有限公司对 YC 位于某地的房屋享有优先受偿权。一审判决后，XW 融资担保有限公司不服，提起上诉，请求 YC、HKZ 连带支付律师费 3612 元。人民法院在审理过程中，积极组织双方调解，双方自愿达成延期还款的协议。

（二）案件处理的主要做法

在案件审理过程中，人民法院了解到农户当前的经济状况，确认其无力偿还借款本息，针对农户的还款意愿与"三农"扶持政策等问题同融资担保公司进行沟通，经多次沟通调解，最终双方达成延期还款的一致方案。根据农户的实际困难，提出以延期还款的方式解决资金问题，并协助农户加强与融资担保公司的沟通协调，注意平衡各方利益，满足各方诉求，最终在有效防范法律风险的前提下帮助双方达成调解协议。

（三）案件处理的启示

该案是帮助农户解决因疫情引发的短期资金困难，无法一次性偿还融资担保机构贷款的典型案例。疫情期间，扶持农户尽快复工复产，是决战决胜脱贫攻坚的客观需要。该案通过调解的方式促成双方达成延期还款的方案，既保障了小微担保企业的合法权益，也为农户解了燃眉之急，实现了良好的社会效果。

第七节　金融市场监管建构有序市场

金融是国家重要的核心竞争力，金融安全是国家安全的重要组成部分，金融制度是经济社会发展中重要的基础性制度。目前我国金融监管制度尚有较大的提升空间，金融监管协调性仍不强。[①] 党的二十大报告提出，深化金融体制改革，依法将各类金融活动全部纳入监管。从金融监管工作实际来看，近年来随着乡村振兴金融市场的发展，监管环境面临日益严峻的形势，金融监管能力亟待提升。

我国农村地区的金融需求逐渐呈现出多元性、复杂性等特点。在乡村振兴战略下，重庆金融监管部门始终以乡村振兴金融运行特点为基础，大胆探索，"摸着石头过河"，在优化金融监管制度、解决农村金融供给不足问题等方面形成了自己的经验。

---

① 陆敏，郭子源. 金融监管体制改革迈出重要步伐. 经济日报，2023-3-23。

一、银保监局监管守住乡村金融风险底线

重庆银保监会积极发挥金融监管性组织的作用，找准服务乡村振兴的着力点，组织对全省银行机构服务乡村振兴情况开展考核评估，引导银行保险机构提升服务乡村振兴质效，以金融撬动乡村发展新前景。

（一）加强新型农业经营主体金融服务

落实单列同口径涉农贷款和普惠型涉农贷款增长计划，力争实现同口径涉农贷款持续增长，完成普惠型涉农贷款差异化考核目标。对于完成情况较好的银行业金融机构，采取多种形式给予正向激励；对未完成考核指标且差距较大的银行业金融机构，视情况采取系统内通报、下发监管提示函、约谈高管、现场检查、调整监管评级等措施，督促其加大工作力度。

（二）开展有针对性的金融辅导

重庆银保监局积极开展有针对性的金融辅导，助力新型农业经营主体完善内部财务管理，提高信用贷款获得能力。更好地发挥全国农业信贷担保体系和国家融资担保基金的作用，扩大政府性融资担保覆盖面，拓宽农村资产抵质押物范围，注重发挥农业保险保单增信作用，强化新型农业经营主体信贷风险市场化分担。注重对贷款人真实偿债能力的评估，在风险可控的前提下，加大农户经营性信用贷款投放力度。针对农村集体经济组织、农业社会化服务组织融资需求特点，在贷款利率、担保条件、贷款期限等方面制定差异化政策，加大

信贷支持力度。[1]

(三) 建立和完善全面风险监管体系

重庆银保监局持续做好日常风险监测分析工作,强化各类风险防控,对机构进行指导与督促,加强"三农"金融风险监管。作为具有监管职能的金融服务组织,督促银行业和保险业金融机构加强涉农信贷等金融服务的管理,避免资金被挪用;引导银行业金融机构及时通过催收、核销、转让等多种渠道化解存量涉农不良贷款;切实纠正对农业经营主体过度授信、违规收费等行为;持续加大农业保险监管力度,维护市场秩序,保障广大农户的合法权益。[2] 积极推动辖区内涉农信用信息数据平台建设,加强部门间信用数据共享,健全农村信用体系。完善涉农主体增信机制和涉农贷款风险分担补偿机制,更好地发挥政府性融资担保体系的作用;建立健全农村产权流转市场体系,为拓宽涉农贷款抵质押物范围提供保障;采取有效措施,切实防范涉农领域信用风险,纠正过度授信、违规收费等行为;引导农村地区各类型银行保险机构错位竞争、良性竞争。[3]

二、证监局推动社会资本下乡兴农

重庆证监局主要以三个方面的工作为抓手,支持重庆乡村振兴战略部署。

---

[1] 刘梦雨,鲁哲. 银保监会:加大农户经营性信用贷款投放力度. 中国信用, 2022年第4期。
[2] 黄蕾. 银保监会绘就金融服务乡村振兴"路线图". 上海证券报, 2021-4-7。
[3] 金观平. 健全农村金融服务体系迫在眉睫. 经济日报, 2022-11-27。

（一）贯彻新发展理念

重庆证监局贯彻落实新发展理念，推广 ESG 投资原则，赋予 ESG 中国内涵和中国特质，推动以新发展理念为引领的 ESG 在中国的生动实践。

（二）"一司一县"促发展

重庆证监局推动"一司一县"结对帮扶，把"一司一县"作为主战场，开展助学、助老、助残、助医、助困活动，促进农民、农村共同富裕，助力提高发展的平衡性、协调性、包容性。

（三）推动资本下乡

加快推进乡村振兴公司债券等资本业务，充分发挥交易所债券和权益市场作用，推动资本市场参与"三农"发展，持续推动脱贫地区发展和乡村全面振兴的有效衔接。

三、地方金融监督管理局因地制宜振兴乡村

重庆市地方金融监督管理局联合重庆市财政局、重庆市农业农村委员会、重庆市乡村振兴局、中国农业发展银行重庆市分行印发了《重庆市政策性金融服务乡村振兴实验示范区建设工作方案》，充分发挥政策性金融特殊融资机制优势和政府组织优势，积极探索区域性服务巩固拓展脱贫攻坚成果、全面推进乡村振兴的有效模式，为重庆建成西部金融中心提供重要的政策性金融支撑。

(一)因地制宜,推动差异化信贷政策

地方金融监督管理局支持保障实验示范区建设的信贷资金需求,在政策性贷款规模方面给予优先配置、专项安排、充分保障。建立灵活调整机制,加大信贷计划资源倾斜力度,在年度信贷计划基础上,视实验示范区建设进展情况动态调整,全额满足后续信贷规模需求。同时,开辟办贷"绿色通道"。对实验示范区经重庆市分行认定的重点项目,贷款办理实行优先受理、优先调查、优先审查、优先审议、优先审批、优先发放等,畅通办贷通道,提高工作质效。此外,对纳入重庆市"十四五"规划或地方政府确定的重大项目,在项目还款来源得到落实且满足其他评审要求的情况下,可采用在建工程及未来项目形成固定资产抵押等担保方式。可采用抵押、质押、保证组合担保方式,按客户提供的担保额同比例发放贷款,担保额必须与贷款余额相匹配。

(二)创新金融服务措施,建立多元化风险分担机制

推动金融政策和产品创新,探索核心企业整体授信。发挥政府主导作用,推动乡村振兴资源整合,培育乡村振兴相关项目建设主体。探索打造市场化运作的政府投融资主体,注入有效资源资产,提升自身造血能力,专门承接乡村振兴重大项目建设和管理。利用财政奖补措施,积极引进或者鼓励本地上市公司、大型民营企业参与支持乡村振兴项目建设。同时,结合客户融资需求、还款资金来源与可担保资源等因素,探索并推动"核心企业+紧密企业"的整体综合授信。强化科技赋能,依托"长江渝融通""长江绿融通"系统精准对接涉农信息和项目,推广使用农发行小微智贷产品。建立多元化风险分担机制。推动建立健全政府性融资担保和风险分担机制,推动与市级融资

担保公司的合作，扩大和增加对农发行"三农"领域信贷业务的担保范围和数量，发挥农业信贷担保体系作用。探索新型资产权益担保方式。盘活乡村闲置资源，深入推进农村土地流转经营权、农村承包土地经营权、集体经营性建设用地使用权、林权、自然资源产权等抵押担保。积极探索排污权、用能权、用水权、碳排放权等绿色权益担保方式。探索开展大型农机具、温室大棚、养殖圈舍等抵押贷款试点。探索农机补贴贷等农业补贴确权贷。

（三）探索有效的金融支持模式和途径，聚集各方智慧助力乡村振兴

积极探索多元的金融支持模式：首先是市级投融资主体统贷统还模式。建立和完善市级乡村振兴投融资主体和投融资机制。由实验示范区内相关区县负责确定承担乡村振兴任务的投融资主体，用于承接贷款资金。对纳入重庆市"十四五"规划或地方政府确定的重大项目，由市政府确定的市级投融资主体统一承贷转借给区县级乡村振兴投融资主体和项目使用，由市级投融资公司统一还贷，破解地方融资主体融资难问题。其次是风险补偿金模式。按照"政府引导"原则，以地方政府单独或与客户共同出资建立产业振兴风险补偿金，农发行向纳入风险补偿金项目储备库的贷款客户给予信贷支持，支持乡村特色产业发展壮大。再次是产业联合体和利益联结体模式。推广"政府引导+核心企业+其他经营主体""涉农项目+地方国有企业承建运营+其他企业租赁"的信贷支持模式，积极支持地方涉农企业作为核心企业的利益联结体或产业联合体。围绕园区和特色小镇产业，大力推广"工业园区+'三生融合'+田园综合体""农业园区+高标准农田+产业基地""园区+涉农企业+基地""特色小镇+特色产业""土

地流转+高标准农田+专业合作社"等利益联结体支持模式。围绕特色产业，在地方政府的主导下，企业自愿参与，制定产业联合体章程，建立相应风险担保机制，农发行为联合体成员企业提供信贷资金支持。最后是供应链模式。围绕核心企业供应链支持产业实体经济，通过"核心企业+基地+上下游企业"供应链模式，将信贷支持向集团上下游客户有效延伸，延伸支持新型经营主体。

未来展望：发挥金融力量，建设农业强国

"务农重本，国之大纲。"实现"农业强"始终是中国农业发展和社会主义现代化的目标和重要使命。农业稳，则社会稳；"三农"强，则国家强。2023年中央一号文件对全面推进乡村振兴、加快建设农业强国做出明确部署和安排。对于中国这个人口众多的发展中大国而言，建设农业强国既是我国建设社会主义现代化强国的根基，也是促进经济社会发展和实现长治久安的战略决策。从农业大国迈向农业强国，一直是我国全面建成小康社会、促进农业农村发展的目标，也是解决新时代人民日益增长的美好生活需要和不平衡不充分的发展之间矛盾的战略选择。①

早在2013年，习近平总书记就在中央农村工作会议上的讲话中指出，"中国要强，农业必须强；中国要美，农村必须美；中国要富，农民必须富"②。2018年中央一号文件明确，"到2050年，乡村全面振兴，农业强、农村美、农民富全面实现"，"农业强"成为实现乡村全面振兴的重要标志。2018年9月，习近平总书记在十九届中央政治局第八次集体学习时的讲话中特别强调要"实现农业大国向农

---

① 魏后凯，崔凯. 农业强国的内涵特征，建设基础与推进策略. 改革，2022年第12期。

② 人民日报评论部. 习近平讲故事. 人民出版社，2017年。

业强国跨越"，明确把农业强国作为转型的目标和方向。2022年10月，党的二十大报告首次提出"加快建设农业强国"，由此把农业强国建设正式纳入中国全面建设社会主义现代化强国战略体系之中。[①] 2022年底，习近平总书记在中央农村工作会议上强调"强国必先强农，农强方能国强"[②]。可见，农业强国是社会主义现代化强国的有机组成部分和重要基础，建设农业强国关系到全面建成社会主义现代化强国的成色和含金量。锚定建设农业强国目标，尽快补齐农业强国建设的突出短板，循序渐进、稳扎稳打、久久为功，实现由农业大国向农业强国的转变，既是中国全面建设社会主义现代化强国的题中之义，又是全面推进乡村振兴、加快农业农村现代化的重要举措。[③]

重庆市为深入贯彻习近平总书记关于推动成渝地区双城经济圈建设系列重要指示精神，全面落实《成渝地区双城经济圈建设规划纲要》，引导全市各级各部门在推动成渝地区双城经济圈建设上干出新业绩，加快建设社会主义现代化新重庆，结合实际制定了《重庆市推动成渝地区双城经济圈建设行动方案（2023—2027年）》。该方案明确提出，重庆市落实乡村振兴战略过程中，拟在2023—2027年深入实施千万亩高标准农田改造提升、千亿级优势特色产业培育、千万农民增收致富促进、千个宜居宜业和美乡村示范创建"四千行动"，加快推进农业农村现代化。大力推动国家乡村振兴示范县建设，创建100个市级乡村振兴示范镇村。大力实施"稳粮扩油"工程，确保全

[①] 高举中国特色社会主义伟大旗帜 为全面建设社会主义现代化国家而团结奋斗. 人民日报, 2022-10-17。

[②] 习近平在中央农村工作会议上强调"锚定建设农业强国目标 切实抓好农业农村工作". 人民日报, 2022-12-25。

[③] 高强, 周丽. 建设农业强国的战略内涵、动力源泉与政策选择. 中州学刊, 2023年第3期。

市耕地保有量稳定在 2665 万亩以上。落实好粮食安全责任制，提高重要农产品供给能力。深入实施乡村建设行动，推动乡村建设和乡村治理融合试点，推动城市基础设施和公共服务有序向乡村延伸，加快实现城乡基础设施一体化、公共服务均等化。深化国家数字乡村试点，着力打造"数智乡村"。大力推进全域土地综合整治，优化乡村生产、生活、生态"三生"空间格局，深入开展农村人居环境整治提升行动，实现全市行政村生活垃圾收运体系全覆盖，行政村生活垃圾有效治理比例提高到 100%。建立健全农民增收长效机制，拓宽农民经营性收入渠道，促进农民工资性收入增长，激活农民财产增收潜能，强化农民转移性收入保障，持续提高农民生活水平。完善防止返贫精准监测帮扶机制，支持城口、巫溪、酉阳、彭水等 4 个国家乡村振兴重点帮扶县发展，推动巩固拓展脱贫攻坚成果同乡村振兴有效衔接。

　　田野"沃土"是金融服务的"热土"。金融在服务乡村振兴过程中发挥着重要作用，在构建农业强国的新征程上，金融将在乡村振兴领域投入更多资源。金融仍然是"三农"经济的血脉，也是乡村振兴和农业强国的关键支撑。做好乡村振兴金融服务，既是强化政治担当，以新金融实践服务"国之大者"，用金融活水浇灌广袤的农村大地，也是全力做好乡村振兴金融服务、拓展业务蓝海的重要抓手。乡村振兴金融服务要坚持发挥科技和普惠特色，在乡村振兴领域深入开展新金融实践，要继续发挥服务乡村振兴建设的"触手"作用，使源源不断的金融活水依靠金融机构流向田间地头，积极探索金融支持乡村建设的新路径。始终不忘初心，普惠兴农，在金融助力农业强国建设的重点领域持续发力，保障粮食和重要农产品在稳定安全供给等。积极发挥金融市场、金融市场组织、金融市场环境、金融法制、金融基础设施、金融市场监管等"六要素"的系统性作用，打造具有中国特色的、服务农业强国的现代金融体系，具体包括：持续做好粮食全产业链金融服务；进一步丰富农业产业链生态场景，助力提升农业产业链韧性；持续做好巩固拓展脱贫攻坚成果金融服务；助推农业科技创新和体制机制改革，助力加快建设农业强国；支持农村集体经济组织发展；加大农户信贷投放力度，助力实现全体农民共同富裕；积极服务人才振兴，助力五级书记抓乡村振兴；强化涉农业务风险管控，以高质量乡村金融服务助力农业高质量发展，同时，保险类金融机构要积极下沉乡村，在粮食主产区持续扩大完全成本保险和收入保险覆盖范围，满足农户日益增长的风险保障需求，其他金融机构也要不断创新，积极探索形成金融创新服务模式。

随着金融服务的不断创新，金融体系功能发挥之关键在于继续扎根基层，不断提升金融服务的可获得性，为乡村产业振兴提供源源不断的金融活水。此外，随着大数据、人工智能、物联网、区块链等新技术的发展，金融机构依托科技实力不断优化农村金融产品与服务供给，为农业强国建设提供持续支撑。着眼未来，金融科技助力农业强国建设，须以更开阔的视野、更全面的"打法"、更前沿的科技，打造数字化"三农"综合金融服务体系，以金融科技赋能全面乡村振兴。

图书在版编目(CIP)数据

新时代金融服务乡村振兴理论与实践：以重庆市乡村振兴实践为蓝本/高永强等著.—北京：商务印书馆，2023.9（2024.1 重印）
ISBN 978-7-100-22755-1

Ⅰ.①新… Ⅱ.①高… Ⅲ.①农村金融—商业服务—研究—重庆 Ⅳ.① F832.35

中国国家版本馆 CIP 数据核字（2023）第 136535 号

权利保留，侵权必究。

新时代金融服务乡村振兴理论与实践
以重庆市乡村振兴实践为蓝本
高永强　肖忠意　高钰　朱华娜　著

商 务 印 书 馆 出 版
（北京王府井大街36号　邮政编码100710）
商 务 印 书 馆 发 行
江苏凤凰数码印务有限公司印刷
ISBN 978-7-100-22755-1

2023 年 9 月第 1 版　　开本 890×1240　1/32
2024 年 1 月第 2 次印刷　印张 11¾

定价：68.00 元